SaaS
客户成功
实战笔记

莫小威 著

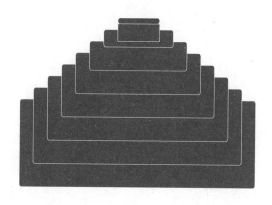

清华大学出版社
北 京

内 容 简 介

本书结合企业服务领域 SaaS 模式下的客户成功实战经验，对客户成功的定义及理解、客户成功体系顶层设计、客户成功团队的组建及发展等进行深度的总结和剖析。

本书共 9 章，其中第 1、2 章介绍客户成功的定义及客户成功相关岗位的职责；第 3～7 章介绍客户成功体系顶层设计方法论（影响续约率的九大因素、北极星指标设计、客户生命周期管理体系、客户体验体系、跨部门合作方法），这部分也是本书的核心内容，配有大量的实战案例；第 8 章介绍客户成功团队的组建及发展；第 9 章描述作者对于客户成功战略落地的一些心得体会及认知。

本书适合 SaaS 及 ToB 行业从业者阅读，包括 SaaS 企业高层、客户成功负责人、客户成功经理、产品经理、销售人员以及其他转行客户成功的从业者。

图书在版编目(CIP)数据

SaaS 客户成功实战笔记 / 莫小威著 . —北京：清华大学出版社，2024.2
ISBN 978-7-302-65457-5

Ⅰ.① S… Ⅱ.①莫… Ⅲ.①企业管理 Ⅳ.① F272

中国国家版本馆 CIP 数据核字 (2024) 第 036540 号

责任编辑：王中英
封面设计：杨玉兰
版式设计：方加青
责任校对：徐俊伟
责任印制：沈 露

出版发行：清华大学出版社
   网 址：https://www.tup.com.cn，https://www.wqxuetang.com
   地 址：北京清华大学学研大厦 A 座   邮 编：100084
   社 总 机：010-83470000   邮 购：010-62786544
   投稿与读者服务：010-62776969，c-service@tup.tsinghua.edu.cn
   质 量 反 馈：010-62772015，zhiliang@tup.tsinghua.edu.cn
印 装 者：三河市人民印务有限公司
经 销：全国新华书店
开 本：170mm×240mm   印 张：17.5   字 数：298 千字
版 次：2024 年 3 月第 1 版   印 次：2024 年 3 月第 1 次印刷
定 价：79.00 元

产品编号：098436-01

推荐语

随着 SaaS 公司进入精细经营的阶段，客户成功体系也需要开始算投入产出比了。另一方面，实践出真知，相信这本书对公司管理层及客户成功岗位的同事来说，有很好的参考及指导价值。期望客户成功岗位的同事们能找到适合自己企业的最佳实践，用客户的成功诠释自己的价值！

吴昊，SaaS 创业顾问

对于 SaaS 公司来说，客户成功体系在很大程度上决定了客户的满意度和续费率。但是和传统的项目实施相比，关于客户成功的优质书籍显得凤毛麟角。因此，本书的问世无疑可以大大促进中国 SaaS 行业的发展，推荐 SaaS 从业者都读一读。

王戴明《SaaS 产品经理从菜鸟到专家》作者，
公众号"ToB 老人家"主理人

本书对客户成功体系做了全面的梳理，包含作者的很多一线实战总结，相信对于 SaaS 从业者来说，无论是产品经理还是业务人员，都能得到收获和启发！

杨堃《决胜 B 端》作者

莫小威是问卷星 SaaS 业务的负责人，他工作经验丰富，对 SaaS 领域有着深入的理解和独到的见解。

《SaaS 客户成功实战笔记》是莫小威多年来的实践经验和心得总结，它详细地阐述了如何在 SaaS 行业中实现客户成功的策略和方法，为 SaaS 行业的从业者提供了宝贵的经验和技巧。我相信，无论是对于 SaaS 行业的从业者还是其他领域的专业人士来说，这本书都是一本非常有价值的参考书。期待更多的人能够通过阅读这本书获得启示和经验，从而实现自己的职业目标。

伍勇，问卷星 CEO

随着中国 SaaS 产品不断涌现，"客户成功"成为一个不断被提及的关键词。我们深知对于一家 SaaS 公司来说，客户成功是至关重要的，因为 SaaS 的本质在于续约，续约率是客户成功的最直接体现。SaaS 作为舶来品逐渐传入国内市场，我们通常会借鉴国外的经验和方法。然而，随着产品和市场阶段的变化，国外的 SaaS 方法论并不完全适用于中国市场。

本书通过详解客户成功方法论，并结合具体案例进行深入浅出的解读，为正确理解客户成功战略、组建和发展客户成功团队提供了宝贵的参考。相信无论是初创的、发展中的还是较成熟的 SaaS 公司，都能从本书收获启发和引导。

之余 群核科技副总裁，

酷家乐大家居 KA 事业群总经理

《SaaS 客户成功实战笔记》是一本为 SaaS 企业打造的客户成功实战指南，从客户成功的定义、全体系顶层设计方法论、全生命周期管理、客户价值提升、团队组建及发展、战略落地等方面，详细阐述了 SaaS 企业如何通过客户成功实现持续增长和盈利。 这本书非常适合缺少客户成功管理经验的 SaaS 创业者和业务负责人阅读。

如果你的企业还没有成熟的 SaaS 客户成功方法论，这本书的内容很值得借鉴学习。

司徒君，微盟云产研负责人

客户成功不是一个狭义的团队概念，而是站在整体企业和战略维度思考的内容。本书呈现了作者对客户成功理念的深刻理解，从定义到分析，从分析到落地，既有顶层的思考，也有可落地的方法及建议，是一本非常值得深刻探究的好书。

徐国波，销帮帮客户成功总监

推荐序一

如何把客户服务好、留住客户并实现续签和增购，是所有 SaaS 公司面临的难题，也应该是所有 SaaS 公司需要具备的核心能力。作为一名 SaaS 领域的从业者，我深刻理解在推进客户成功战略落地的道路上会面临的困难和挑战。

本书的作者莫小威一手搭建了小麦助教的客户成功体系，在加入有赞后也极大地优化了有赞教育业务的客户成功体系，有非常丰富的客户成功实操落地经验。本书正是来源于他这几段打磨客户成功体系的最佳实践，例如书中的"影响续约率的九大因素""客户成功三板斧"都是非常珍贵的实战经验总结。小威从客户成功的定义以及客户成功的最终目标"续约率"开始讲，深入浅出地阐述了围绕客户成功的指标体系建设、客户生命周期的管理，阐述了客户成功服务体验和团队打造，以及和销售部门、产品部门、研发部门的协同策略。并结合自己的实操案例和经验，从客户成功团队和操盘手的视角，提供了一系列实用的方法和建议。

小威是一个善于总结思考又极度理性的人，且非常接地气。不仅能做客户成功体系的顶层设计，也能落到一线帮助大家妥善解决棘手的客诉问题。在和小威共事的这段时间里，我对客户成功体系的理解变得深刻、系统很多。他的客户成功的方法论和实操经验也让我持续受益至今，特别是以下几点：

- 目标导向，以终为始。本书从客户成功的目标"续约率"出发，拆解影响客户续约的九大因素，从而引出客户成功的起点"指标体系建设"。做好顶层设计，可以让客户成功战略更稳地落地。
- 多角色协同，我非常认可真正意义上的客户成功不仅仅是客户成功团队的事，而应该是整个组织的事情，大家共同用客户视角服务于客户成功这个共同的目标。
- 从客户视角出发，建设 SaaS 业务的客户生命周期管理，并且花了不小的篇幅重点提了从服务视角出发的客户体验设计。这一点对于 SaaS 业务尤为重要。

很高兴看到这本书的出版，也很开心看到书上有我们过去碰撞过的观点和实践过的案例。正如书中说的那样，国内企业对于客户成功的理解相对滞后，也缺少专业知识、人才积累以及有效的成功经验，大家都非常需要有实战经验的方法论来指导开展客户成功的工作。我相信这本书能够对 SaaS 企业的客户成功管理落地带来一定的帮助和思考。

胡冰，有赞科技 CTO

推荐序二

本书是莫小威酝酿多年的实战总结之作。我看着小威从初入行到如今已成为 B 端领域经验丰富的老兵，其对行业的理解与认知，是在真枪实战中逐步建立的。可以说，每个理论背后都是一系列认真分析、深入研究、充分实践、反复验证的过程。本书总结的方法论对于该领域的发展具有较高的参考价值。

SaaS 行业引入国内已有十余年，但事实上，中国 SaaS 行业发展至今仍处于初级阶段，和美国 SaaS 行业的差距远比想象的要大得多：美国 SaaS 行业前十名的企业，市值加起来超过 10 000 亿美元；而中国 SaaS 行业前十名的企业，市值加起来只有不到 1000 亿美元。

中国 SaaS 面临的最大难题是产品需求方和供给方之间认知不平衡所带来的矛盾。从客户结构来看，底层是数量最多、未形成工具付费意识、对数字化转型需求不太强烈的中小型企业；上层是少量成熟型、品牌型企业，已对自身企业的经营管理有较为系统的认知，希望有定制化产品来解决细分场景的个性化需求。

SaaS 产品的功能模块这么多，客户的需求也千变万化，如何精准把握客户需求、增强客户黏性？这就要求 SaaS 厂商能够做好精细化客户分层管理，这也是"客户成功部门"成立的初衷。

本书非常难得地从客户视角出发，如"影响续约率的九大因素"理论详细解读了客户续约率漏斗，洞察不同类型的客户心理，从客户、产品、服务三个层面给出了答案。

阅读本书，感觉作者如同抽丝剥茧般，将原本错综复杂、千头万绪的问题一个个解开，让读者的思路变得更加开阔、清晰与理性。

本书不仅适合对"怎么做客户成功"感兴趣的 SaaS 行业资深从业者阅读，也适合刚刚进入行业或想要了解 SaaS 行业的初学者阅读，全书文风简洁、观点通透、案例实用，相信会给你带来惊喜与启发。

朱俊尔，小麦助教 CEO

认识小威是在一个客户成功社区的交流群里，当时大家的关注焦点集中在"怎么做好客户实施、QBR、转介绍"这些更偏向业务战术的讨论上。我留意到他负责的 SaaS 业务跟我负责的类似：客户体量很大、行业垂直度很高，便互相加了联系方式，偶尔聊两句 SaaS 行业的运营心得。

后来有机会在一场线下交流活动中见面，我们各自带了核心团队的成员，开诚布公地聊了自己的组织架构、目标体系和业务困扰。这次交流给我的团队带来了特别多的收获。

首先，小威的客户成功团队搭建得很特别。除了常见的实施、服务团队以外，在团队架构里赫然写着"服务中台"这一极少会出现在 SaaS 客户成功团队中的角色定位。由于需要服务垂直类行业、大体量客户，我们的团队都有"内部运营"这个角色，肩负着数据分析、生命周期管理、团队 SOP 等一系列重要的使命，从而确保团队沿着正确的业务策略落地执行。这个角色就是客户成功运营（Customer Success Operations，CS Ops），在北美的 SaaS 客户成功组织里是标配。受限于国内客户成功领域的发展时长和人才池成熟度，这样的角色设置在我认识的同行团队里少之又少。看到小威的这个团队配置，当时我的 CS Ops 负责人立马打起了精神。

其次，沿着服务中台的业务策略，小威团队对北极星指标（又称为客户健康分）的设定细致度与合理性，也令人印象深刻。B 端产品的客户使用数据体系设计非常复杂，接触过客户成功领域的读者应该都有非常直观的感知。这是因为 SaaS 公司功能迭代任务繁重，把指标口径和数据埋点一一落地好本就不易，更不用说基于合理的数据策略做好进一步的数据分析和业务判断。小威的团队在这个领域思考之深、落地之细，远超当时的行业均值。

最后，北极星指标所对应的具体运营动作，结合行业属性，也被小威团队规划得井井有条。而运营动作的效果，又会通过数据验证，通过中台服务策略不断调优，来持续提升最终的客户健康程度，以及续约续费的达成。

有一套合理并且可验证、可改进的业务飞轮，何愁做不好客户成功呢？

这些从真实的业务实践中萃取出的客户成功洞察，都被翔实而又体系清晰地写在了小威的这本《SaaS 客户成功实战笔记》里。如果你刚刚步入这个领域，这本书能帮你快速了解客户成功的全貌，与你所在的团队建立重要的业务共识。如果你已经是这个领域的老鸟，本书生动的实战案例和清晰的体系框架，会是你思考业务策略时极佳的经验输入。

客户成功事业，路漫漫其修远兮。哪怕有了好的方法论支撑，作为业务链条中的最后一个团队，也难免在日常工作中遇到很多困难事儿。在各种挑战面前，坚持以客户为中心、用客户价值激励团队前行，是这一切的基石。就像本书最后所述，"客户成功是 SaaS 模式的一种经营思维，客户成功路上没有大招，在客户成功价值观及顶层设计的指引下，有的是一点一滴的积累，一步一步的完善，日复一日的坚持。"

衷心希望本书的每一位读者能收获一些知识、一些能量。也期待有更多像小威这样的实干者，一起让中国的客户成功事业越走越远。

汪楚航，SaaS 连续创业者

前言

如同 SaaS 模式在国内的发展历程，客户成功作为 SaaS 企业的核心战略，经历了从"默默无闻"，到"备受瞩目"，再到"幡然醒悟"、回归理性的阶段。

和 SaaS 企业中的其他职能不一样的是，客户成功可以说是唯一的"舶来品"。产品、研发、市场、销售等岗位在 SaaS 模式之前就存在于软件服务领域，只是侧重点略有不同，而且由于这些岗位从 SaaS 模式发展之初就开始设立，市面上的人才储备、学习机会、书籍课程等都比客户成功要多。

客户成功的发展相对滞后，早期不够受重视，后期重视了又缺少人才储备和相关专业知识，导致落地效果不佳，SaaS 企业和客户成功从业者迫切需要实战意义的方法论指导。而国外客户成功相关书籍不太符合国内实际情况，实操经验差别较大。

为此，本书详细记录了笔者在客户成功领域的实战案例，并基于成功经验，结合对 SaaS 业务及客户成功的理解，总结出了"影响续约率的九大因素""客户成功三板斧"等客户成功顶层设计方法论，为正确理解客户成功战略、组建及发展客户成功团队提供参考。

SaaS 商业模式的魅力在于其后期老客户源源不断的收入及利润贡献，而客户成功战略是确保这一模式能够落地的最佳选择，客户成功体系的顶层设计，需要围绕这一经营目标来设计，流程、制度、组织、工具等都需要服务于这一终极目标。

笔者认为客户成功是一个非常体系化的工作，和产品设计一样，非常注重顶层设计和客户需求理解能力，需要系统性的方法论指导，顶层设计越清晰，客户成功战略落地越靠谱，反之，如果客户成功只停留在口号层面，客户成功团队的价值就会面临无数次的拷问，团队成员会越来越迷茫。

笔者期望本书所总结的经验（所踩的"坑"），能为所有看好客户成功事业以及正在从事客户成功事业的同仁们提供经验指导，少踩一些不必要的"坑"，期望本书能够为客户成功事业在国内 SaaS 领域的发展贡献自己的一份力量。

由于本书以实战笔记的形式来总结，而国内 SaaS 产品具体模式多样，笔者没法一一实践，所以总结部分难免有局限性和失之偏颇之处，若读者不吝告知，将不胜感激。

莫小威

2023 年 10 月于长沙

目录

如何理解和定义客户成功

正确而清晰地理解和定义客户成功，是做好客户成功工作的大前提，只有充分理解客户成功工作对于 SaaS 企业和对于客户的价值，我们才能更好地开展客户成功工作。

理解客户成功工作，需要我们对于 SaaS 模式有更深刻的理解，尤其是 SaaS 的商业模式。

定义客户成功工作，需要我们换位思考，对于 B 端客户购买决策行为的本质有清晰的认知。

1.1 如何理解客户成功工作

做好客户成功工作是 SaaS 商业模式取得成功的唯一选择，如何理解客户成功工作决定我们将如何对待客户成功工作，如何促成客户成功战略在公司的全面落地。

1.1.1 从内部视角理解客户成功工作

1.做好客户成功工作是SaaS企业盈利的最好选择

如前所述，SaaS 商业模式的独特魅力在于其老客户的不断付费，当你的金额流失率为负值时，即使没有一分钱的新增收入，每年也能实现一定比例的营收增值，而且其中大部分都是利润。

我们暂且不论 SaaS 这种商业模式和其他模式的优劣，先从一个商业组织的最基本目的来剖析一下原因。

1）SaaS 企业盈利的最好选择是提升续约率

（1）商业组织的最终目标是盈利。

一个很简单的常识是，任何商业组织的最终目标都是盈利，任何商业模式、部门、岗位都服务于这一最终目标，所以 SaaS 企业也需要盈利。

（2）SaaS 企业盈利的最好选择是提升续约率。

SaaS 产品的生命周期发展有几个阶段：产品研发－市场推广－销售转化－售后服务－销售转化（复购），如图 1-1 所示。

图 1-1　SaaS 产品生命周期图

我们在不考虑财务会计要求及 SaaS 领域专业指标（获客成本 CAC、年度经常性收入 ARR、净收入留存率 NDR 等）的前提下，用最好理解的方式来做 SaaS 企业盈利分析，就是"利润＝收入－成本"，详细拆解如下：

利润＝收入－成本＝首购收入－首购成本＋复购收入－复购成本

其中：

- 首购成本涉及产品使用的必要成本（IaaS运维费用、客户服务及支持成本）、市场获客成本、产研均摊成本、销售新签提成及管理均摊成本。
- 复购成本涉及产品使用的必要成本（IaaS运维费用、客户服务及支持成本）、产研均摊成本、续签提成（含客户成功部门工资）及管理均摊成本。

按照笔者调研的结果来看，各项成本占比数据为：产品使用的必要成本的收入占比为10%～15%、市场获客成本占30%～40%、产研成本占40%（其中新签的占一半）、销售新签提成（含基本工资）占20%～40%、管理成本占6%（其中新签的占一半）、续签提成（含基本工资）占10%～15%。

可以大概算出来，新签几乎是没有利润的，通常新签不亏本就不错了。

而续签由于没有高额的获客成本及销售新签提成，各项成本加起来仅占总成本的43%～53%，利润能够做到50%以上。

从盈利目标来看，要做到**收入大于成本**，有两种方式：

一是放弃复购，卖多年单，首购收入＞首购成本，通过拉高首次收入，同时降低销售提成率，也能实现盈利。

但这种方式就和传统IT软件没什么区别了，做一次性的买卖，利润率比较低，且需要每年新签客户才能维持盈利。而且这里只能勉强实现现金收入盈利，从财务确认收入的原则来看，通常还是会亏损，因为多年单为客户预付款项，需要消费后才能确认收入。

二是坚持复购，不卖或少卖多年单，（复购收入－复购成本）＞（首购收入－首购成本），利润率有可能做到比较高的水平，且当有足够多的老客户每年都产生复购时，即使没有新客户或者只有少量的新客户，也能够实现盈利。

从这两种盈利模式来看，后者优于前者，这也是SaaS商业模式的魅力所在，一是可以通过不断积累老客户来"滚雪球"，做利润率较高的生意；二是后期即使没有新客户，也有机会躺着挣钱。

2）不同续约率对应盈利情况的案例

为了进一步直观理解这一点，我们以一个模拟案例来看一下财务数字上的直观变化。

假设某产品的年单价即新签收入为 20 000 元，企业首次投入的各项成本为客单价的 2 倍，即 40 000 元，后续客户续费的成本暂且忽略不计，在不考虑增购的情况下，来看不同续约率下（假设次年续费比首年续约率增加 10%），收入和成本的对比数据如表 1-1 及图 1-2 所示。

表 1-1　某 SaaS 产品收入及成本数据测算

新签收入（元）	首年续约率	首年续费额（元）	次年续约率	次年续费额（元）	首次投入成本（元）
20 000	30%	6000	40%	8000	40 000
20 000	40%	8000	50%	10 000	40 000
20 000	50%	10 000	60%	12 000	40 000
20 000	60%	12 000	70%	14 000	40 000
20 000	70%	14 000	80%	16 000	40 000
20 000	80%	16 000	90%	18 000	40 000

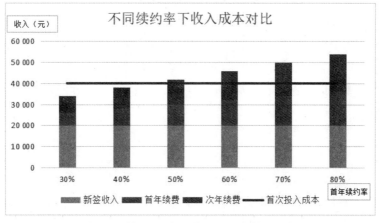

图 1-2　某 SaaS 产品收入及成本数据测算

可以看到，当客户的续约率低于 50% 时，大盘客户即使连续续费两次，也没办法实现盈利，只有当客户续约率大于等于 50% 的时候，这家 SaaS 公司才有可能在第 3 年实现盈利。（这里的案例仅仅是为了说明续约率对盈利的影响。实际中，影响盈利的因素还有很多，如获客成本，而且绝大多数 SaaS 公司做不到第 3 年就盈利。）

因此 SaaS 企业盈利的最好选择是提升复购，也就是提升续约率，要做到 50% 以上，及格线则要做到 65% 以上。

续约率做到 65%，也就意味着整体客户能够在 SaaS 企业续费 3 次左右，因为 (1/(1–0.65)=2.8，这也大概能解释"LTV/CAC > 3"这个公式的含义（其中，LTV 代表 Life Time Value，客户生命周期价值；CAC 代表 Customer Acquisition Cost，获客成本。一般通过 LTV/CAC > 3 来判断业务发展是否健康）。

从金额的角度来看，如果续约率做不到 65%，也可以通过增购等方式让金额续费率做到 65%，同样也能够实现上述盈利目标。

3）提升续约率的唯一选择是做好客户成功工作

由于 SaaS 产品采用订阅制收费，基本都是公有云部署，客单价低、客户切换成本低，客户在产品选择上占据主导地位，且新签的成本很高，只有通过续约才能实现较好的盈利，因此 SaaS 厂商必须想方设法让客户愿意继续续费。

B 端客户和 C 端客户的决策逻辑及流程是不一样的，C 端客户可能会因为我感觉很好、我喜欢某个偶像而买单，决策者和使用者大多数是同一个人。而 B 端客户采购本质上是一种投资行为，不太可能因为喜欢这个产品而买单，企业的本质是盈利，任何支出都要服务于盈利这个目标。

投资是要带来回报的，所以 B 端客户是否续费，核心是要看当时的采购有没有带来预期的回报，由此来评估再次购买是否能够继续带来预期的回报。

综上所述，SaaS 企业最终的目标是盈利，而盈利的最好选择是提升续约率，**提升续约率的关键是做好客户成功工作。因此，做好客户成功工作是 SaaS 企业盈利的最好选择。**

这一部分的详细论述，请参考 4.1.1 节。

2.做好客户成功工作是SaaS商业模式下的"先利他后利己"的用户思维

在 SaaS 独特的商业模式下，做好客户成功工作成为企业盈利的最好选择，这种选择所代表的是一种"先利他后利己"的用户思维。并非 SaaS 企业主动选择了这种用户思维，而是 SaaS 的商业模式想要成功，就必须选择这种用户思维。

并非所有的商业模式都必须选择"客户成功"思维。帮助用户获得产品价值，让用户有更好的体验，对于任何一款产品都是利大于弊的。但想要实现这一点就需要投入更多的资源，针对部分做"一次性生意"或者"流动顾客生意"

的商家来说，这种思维的动力不足。

比如旅游景点的大部分生意，几乎都是一次性生意，很少有回头客，所以针对做这部分生意的商家来说，做好"客户成功"固然有价值，但不做"客户成功"好像也能把生意做好。

"客户成功"思维对于"复购型"生意更为奏效，比如会员型产品、课程类产品以及大部分零售产品，通过更好地服务好用户，帮助用户使用好产品，获得产品的价值，享受更好的体验，以期带来复购。

3.客户成功战略是SaaS企业的重要战略选择，其落地的主要部门为客户成功部门

客户成功战略是一个选择，SaaS 企业不是一定要选择做客户成功战略。

笔者也见过像卖传统软件一样卖 SaaS 产品的企业，卖多年单加每年的服务费，只要控制好市场营销费用及销售提成率，基本上也能做到盈利，只是利润较低，且每年需要做大量的新签才能维持盈利。因此，当你选择做客户成功战略时，就需要考虑到相关的资源长期投入。

客户成功战略的落地，毫无疑问，客户成功部门是主要承接部门，但不是唯一的承接部门。客户成功部门的职责是践行和落地客户成功战略，宣传和推广客户成功文化，包括但不限于以下职责：

- 帮助客户获得产品价值。
- 给予客户良好的服务体验。
- 收集并反馈目标客户在产品及服务上的需求，改进和提升产品价值。
- 最终拿到客户续费等商业结果。

这些工作的落地和客户自身的情况息息相关，但客户成功部门很难选择客户，准确来讲是销售部门签约了什么样的客户，客户成功部门就只能想办法服务好这些客户。

因此从更上层的源头来看，销售部门对于客户的选择更为重要，销售部门如果选择错了客户，签约了大量的非目标客户，客户成功部门再怎么想办法帮助客户成功，也不太可能让客户成功，因为一开始就是错的。

再往前推导，销售部门所选择的客户，其实是市场部门引导后的选择，市场部门获得何种类型的客户线索，影响了销售部门最终转化的客户类型，因此市场部门也需要有客户成功思维，不仅需要选择合适的目标客户做营销，更需

要从目标客户的决策链路及习惯出发，设计符合客户场景及思维的营销链路。

继续往前推导，销售部门和市场部门所选择的客户，其实是产品价值及定位做出的选择，你的产品的价值和主要卖点是什么样的，决定了你所能吸引到的客户是什么样的，如果产品卖点不聚焦，目标客户群较分散，销售部门也很难聚焦精力去给客户提供匹配的解决方案，只能碰到一个卖一个。

除了客户的选择，客户进来后的服务也和产品及研发息息相关，比如产品的交互设计，如果产品部门不了解客户的操作习惯，没有主动去做客户调研，只是根据自己的"理论正确"来做判断，那么最终做出来的交互，很可能会影响客户的产品体验。

再比如 Bug 的处理，技术或技术支持如果没有用户思维，没有充分了解 Bug 对于客户经营场景的影响及客户对于 Bug 的忍受程度，那么在 Bug 修复时效性上，可能就很难和客户成功部门达成一致，最终影响客户的体验，甚至导致客户的流失。

上述客户选择、转化及留存链路如图 1-3 所示。

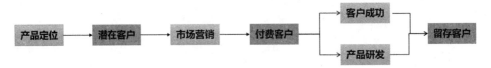

图 1-3   客户选择、转化及留存链路图

上述这些跨部门的合作，需要企业一号位或者业务一号位来亲自协调，光靠客户成功部门是很难推进、落地好的。

因此，客户成功战略不仅是客户成功部门的事，也是市场、销售、产品、研发等协作部门的事，更是企业一号位或业务一号位的"一把手"工程。

1.1.2   从客户视角理解客户成功工作

有一次我们团队小伙伴和客户介绍自己是客户成功经理时，客户开玩笑地说：客户成功是什么？有没有客户失败？

从客户角度来看，他们压根不关心什么客户成功理念，不懂客户成功，也不想去懂客户成功，客户只关心产品效果及价格。

如果非要从客户视角来理解客户成功工作，笔者认为涉及以下三点。

1.客户在乎业务结果及获得成本

1.1.1 节提到，B 端消费的本质是投资，投入资源（费用、人力）是为了获得产出，即业务结果。

从客户视角来看，采购 SaaS 软件的初衷是为了解决某个问题，从这个问题出发，然后去寻找解决方案，以期获得对应的业务结果。再次续费的评估点也是为了继续解决这个问题或者解决新的问题，如果没法实现，那么就很难再继续续费。因此不管 SaaS 厂商如何定义客户成功，如何包装客户成功服务、岗位等内容，客户对于业务结果自有判断。图 1-4 所示是客户视角和企业视角的关注点的对比。

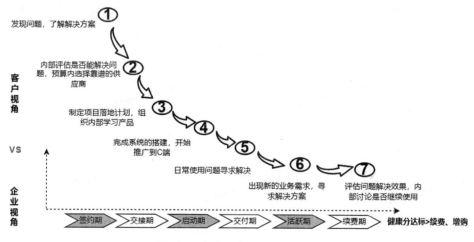

图 1-4　客户视角 VS 企业视角

唯一需要注意的点是，客户其实是一个很宽泛的概念，客户代表甲方企业，企业背后是一系列的制度及人在做决策，那么不同的人需要解决的问题是不一样的。

所以针对客户侧不同的人，需要做差异化的问题解决方案，以期帮助不同的人获得对应的业务结果，比如员工期望提升工作效率，主管期望加强过程管理，老板期望省钱省力又能获得业务结果。那么面对不同的期望及问题时，要么做差异化解决方案，尽量满足所有人的需求，要么做侧重，把某一角色的问题解决到极致。

那是不是只要能够帮助客户获得业务结果就可以了？不是的，我们还需要关注客户获得业务结果的成本，包括产品价格、上线实施成本、学习成本、管理成本等。如果用一个公式来描述，可以将客户实际获得的价值（即业务结果）做如下拆解：

客户实际获得的价值 = 交付的价值 − 获得成本

- 客户实际获得的价值是指客户实际从产品指获得了多少收益，如节约了客户的时间、降低了客户的成本、带来了新的收入等，是业务结果的核心体现。
- 交付的价值是指 SaaS 厂商通过产品和服务的方式交付给客户的产品价值，具体包括产品价值及服务体验。
- 获得成本是指客户想要获得这些价值需要付出多少成本，如系统操作成本、客户人员培训成本、客户的客户的学习成本等，获得成本越低越好，这部分和产品的易用性、产品和客户业务流程的匹配度相关。

因此，如果获得成本过高，那么客户可能也会知难而退，这个和健身变美一样，大家都知道坚持锻炼能够获得好身材，但是需要付出的太多了。

2.客户的预期会变化

客户的预期并不是一成不变的，客户的预期会随客户侧业务规划、业务进展、客户 KP（Key Person，关键人物）、市场环境等因素变化而变化。

- 当客户的业务规划或业务进展发生变化时，客户现阶段需要解决的问题也随之发生变化，这个变化可能是在原有需求上新增了需求，也有可能是原有需求发生了变化。
- 当客户 KP 发生变化时，客户的期望和需求也有可能发生变化，俗话说，新官上任三把火，新的 KP 必定要给团队带来一些新的变化。
- 当市场环境发生变化时，客户的预期及需求更有可能发生变化，比如疫情期间有线上办公的需求，当疫情结束时，这个需求可能突然就没了。

面对这些因素带来的变化，SaaS 厂商要做好两件事情：

- 及时捕捉到这些变化。
- 根据新的变化提供力所能及的解决方案。

做这两件事情的目的是，要持续地交付产品及服务的价值，让客户的预期得到持续的满足，以期提升续费的概率。

3.客户也是人，会在乎合作感受

客户也是由一个个的人组成的，只要是人就会有感受，会带着自己的主观感受来做评价，针对 SaaS 也不例外。

中大型企业涉及的人会复杂些，不同岗位的人由于对 SaaS 厂商的期望以及互动频率不一样，所获得的感受也不一样。比如客户执行层在乎的是日常产品操作、问题解答、服务及时性等诸如此类问题的感受，客户高层在乎的是专业能力、对话能力、服务温度等感受。

面对客户侧不同的人，客户成功部门需要做不同的"感受"维护，针对大客户需要建立双向连接，客户成功执行层对客户执行层，客户成功高层或企业高层对客户高层，尽量保证能够平等对话，在此基础上再去提供良好的服务体验。

1.2 如何定义客户成功

没法量化，就没法增长。

从内部视角及客户视角充分理解客户成功工作后，我们还需要给客户成功一个明确的公式定义，对客户成功进一步剖析。制定公式后，再进行量化，根据量化的维度落地到团队管理中，驱动团队做增长。

1.2.1 客户成功是什么

1.客户成功方程式

前面提到了客户成功的价值，以及客户成功在 SaaS 企业内部视角及客户视角下的不同意义，那么客户成功到底是什么？有人说客户成功是帮助客户拿到业务结果，有人说客户成功是帮助客户在产品上成功，还有人说客户成功是让重视产品和服务的商家成功。

笔者觉得这些都很有道理，也很认同，但是知道了这些，然后呢？怎么通过客户成功去驱动业务增长？怎么去落地这些听起来非常正确的话？

现代管理学之父，彼得·德鲁克说过："如果你不能衡量，那么你就不能有效增长。"所以还是得去量化客户成功的定义，然后才能在业务当中去做落地和增长。

那么有没有一个公式能够准确定义客户成功呢？Gainsight 首席客户官阿什

温·温德雅南桑一语道破天机，给出了客户成功几乎完美的方程式：

$$客户成功 = 客户成果（CO）+ 客户体验（CX）$$

这个客户成功方程式是他在《客户成功经理职业发展指南》一书中提出来的，笔者非常认同，其中：

- 客户成果（Customer Outcomes，CO）是指客户通过 SaaS 厂商的产品和服务所获得的实际价值，也就是前面提到的业务成果。
- 客户体验（Customer Experience，CX）是指客户在获得这个成果的过程中和 SaaS 厂商所有的互动体验。

如果将客户和 SaaS 厂商的合作比作一次打车经历，那么是否准时准点、安全地到达目的地就是客户成果，而路途中是否颠簸、车内环境好坏、司机态度如何、路途风景情况就是客户体验。

司机如果要做好客户成功工作，既要准时准点、安全抵达目的地，又要给乘客提供良好的乘坐体验，同时通过主动邀约或者其他方式让客户给好评，这样司机才能在平台上获得一次不错的评价。

客户成果的概念非常接近**北极星指标**的含义，即评估是否给客户创造了价值及创造了多少价值，这是客户续费的基础，客户体验再好，只要没有拿到商业成果，就很难续费。反而客户体验不理想，但是获得了客户成果，客户可能"边骂边用"，然后续费。

所以如果说客户成果和客户体验之间一定要定一个比例的话，笔者的建议是 8∶2，KA 客户的这一比例最高为 7∶3。

$$客户成功 = 客户成果（80\%）+ 客户体验（20\%）$$

根据这个方程式，如何设计客户的健康分？即如何评估一个客户是否健康？未来是否会继续留存？阿什温·温德雅南桑给出的方案是，按照客户成果健康分和客户体验健康分分别设计。

$$客户健康分 = 客户成果健康分（80\%）+ 客户体验健康分（20\%）$$

客户成果健康分可以借鉴北极星指标来设计，客户体验健康分涉及的方面就比较多了，包括客户总体满意度（CAST）或客户推荐意愿（NPS）、客户增购情况、产品决策人客情维系情况、客户需求满足情况等维度。

2.客户成功方程式组合

客户成果和客户体验需要结合在一起，才能够获得客户成功，如果只有其中的一个，结果就不是最优的。为了更好地体现两者的关系，笔者借鉴《客户成功经理职业发展指南》一书中的模型，设计了一个关系图，如图 1-5 所示。

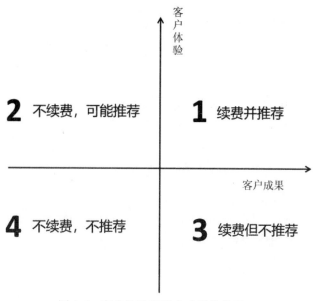

图 1-5　客户体验和客户成果的关系

客户成功的最优结果是第 1 象限，客户成果和客户体验都最大化，客户不仅能够续费，还有可能产生增购和转介绍，这类客户是我们的"忠诚客户"，需要好好维护。

需要特别注意的是第 2 象限的客户，这类客户可能整体的体验不错，对于 SaaS 厂商的服务满意度也较高，但这类客户由于没有获得业务成果，大概率是不会续费的。因此针对这类客户的判断需要谨慎，不能错位地归为健康客户。

第 3 象限的客户是比较常见的客户类型，客户获得了客户成果，但是整体的体验不佳，客户会续费，但是很难有增购和转介绍，也就是大部分边骂边续费的客户。

第 4 象限的客户就是比较糟糕的客户了，客户成果和客户体验都不佳，这类客户基本上就流失掉了，而且有可能会给产品口碑带来不好的影响。

3.客户成功方程式的设计需要和商业结果结合

客户成功方程式的设计需要结合 SaaS 企业内部视角和客户视角。

客户获得了业务上的成功，并取得了较好的体验，而 SaaS 企业最终是要盈利的，因此客户成功方程式需要和客户续约、增购、转介绍等指标形成强关联，即帮助客户达成客户成功方程式，SaaS 企业的续费、增购及转介绍也大概率会成功。

所以我们在做客户健康分设计的时候，需要和续约率等核心指标关联分析，确保通过提升客户健康分，就能够提升续约率等核心指标。

1.2.2 如何量化客户成果健康分

如前所示，客户成果（CO）是指客户通过 SaaS 厂商的产品和服务所获得的实际价值，客户成果健康分是指通过量化的指标来衡量客户获得成果的状态，分值越高，客户获得情况越好。

客户成果健康分非常接近北极星指标的概念，所以笔者一般就直接用北极星指标来代替客户成果健康分的计算。北极星指标（North Star Metric，NSM）又叫 OMTM，即 One Metric That Matters，也就是唯一重要的指标。之所以叫北极星指标，是因为这个指标一旦确立，就像北极星一样高高闪耀在天空中，指引着全公司上上下下向着同一个方向迈进。北极星指标有几个重要的设立标准：

- 能够反映客户从产品获得的核心价值。
- 能够反映客户的活跃程度。
- 能够预测公司在往好还是坏的方向发展。
- 直观、简单、可拆解、易理解。
- 是先导指标，而非滞后指标，可操作。

通过北极星指标的设立标准，我们可以很清晰地了解到，北极星指标核心反映的是产品价值的量化结果，即代表公司给客户提供的产品价值是什么，如何量化这一个结果，并持续提升。

所以北极星指标完全可以作为客户成果健康分的落地选择，而且北极星指标有一套相对完整的设计及衡量方法，这样就省去了我们从零设计客户成果健康分。北极星指标的设计一般涉及以下几个方面。

1.核心功能使用情况

核心功能指能够反映客户是否获得产品核心价值的功能。比如，IM 软件核心价值是沟通交流，那么可以考虑将消息发送数作为衡量指标；CRM 软件核心价值是做客户的管理及翻动，那么可以考虑将销售人员的跟进记录填写数作为衡量指标。

2.深度功能使用情况

除了核心功能外，其他功能的使用情况也需要考虑进来，这能够反映客户获得产品价值的多少，比如 IM 软件除了提供直接的沟通交流功能，可能还提供了新闻资讯、文档传输等功能，这些功能的使用情况也可以反映客户获得的业务成果。

3.上述功能的活跃使用账号比例

当客户在整个部门内或者整个公司推广使用 SaaS 产品时，可能就涉及不同角色的账号，每个账号的使用情况不太一样。例如，老板看得更多的是数据仪表盘和业绩详情，业务操作人员看得更多的是具体的业务操作，财务人员可能只用其中一部分核算的功能。所以针对不同角色需要考虑不同的价值获得衡量标准，然后通过一定的公式来综合判断整体健康分数据。

北极星指标的设计相对比较复杂，需要严谨的计算及推演逻辑，这部分会在本书第 4 章做详细的讲解。

1.2.3 如何量化客户体验健康分

关于客户体验，我们通常关注客户服务的体验，而容易忽视产品的体验。

客户和产品的互动是最多的，产品体验的好坏在很大程度上决定了客户整体的体验。因此笔者认为**客户体验需要包括服务体验和产品体验两部分**。客户体验健康分的量化难度要比客户成果健康分的量化难度更大，因为客户体验本身就是比较感性的。

1.服务体验

从服务体验来看，主要包括及时响应、及时解决和超预期的服务这三部分，如图 1-6 所示。

图 1-6　服务体验分层

1）及时响应

首先是及时响应，不论是 B 端还是 C 端客户，遇到问题时最需要的是能够较为方便地提出问题，并且得到及时的响应。

能找到人、有人回应，是一种最基础的安全感和信任感——我提问题的时候，我知道你在听，在帮我处理。而多久回复就是衡量这种安全感和信任感的重要尺度，更多介绍见 6.2.1 节。

2）及时解决

其次是及时解决，光响应还没有用，最终要解决客户的问题，如果问题得不到解决，秒回也是没用的。不同问题类型，对解决的时效性要求不一样，一般来讲，时效性要求从高到低依次为故障类问题→操作类问题→需求类问题。详见 6.2.1 节。

3）超预期的服务

最后是超预期的服务，就是能够给到客户一些 surprise（惊喜）。服务体验是客户和 SaaS 厂商互动而产生的，从互动的角度来看，可以分为主动服务和被动服务，详细介绍见 6.2.1 节。

除了图 1-6 所示的三层服务体验内容之外，客户转介绍推荐情况、客户干系人变动情况也可以考虑作为健康分的评估维度。

2.产品体验

对比人工服务而言，产品是客户日常接触和使用最多的，产品的体验比服务的体验更重要。从某种意义上来说，极致体验的产品是不需要人工服务的，产品体验主要包括**产品稳定性、产品易用性**两部分。这两部分相对较难收集客户的评分信息，可能从客诉的角度来评估是一个可选项，根据产品质量客诉来判断这部分的得分。

更多介绍见 6.2.2 节。

总结 1.2.2 节和 1.2.3 节的内容，通过客户成果健康分和客户体验健康分，我们可以设置一个比例关系来得出总体健康分的数据。以某工具型 SaaS 健康分为例（如图 1-7 所示），北极星指标（月度排课点名占比）反馈核心功能价值的获得情况，得分占比 70%；客户满意度、转介绍及增购、客户干系人维护情况共同构成客户体验健康分，得分占比 30%。

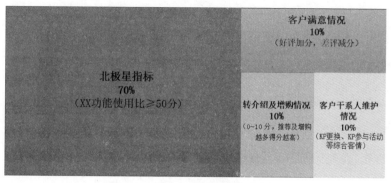

图 1-7　某 SaaS 产品健康分案例

1.3　本章小结

本章重点阐述了如何理解客户成功工作，以及如何定义、量化客户成功，两者呈先后顺序，需要对客户成功工作有正确的理解，才能准确定义客户成功。

对客户成功有充分的理解，不仅有助于做好客户成功工作，也有助于更好地理解 SaaS 的商业模式魅力，充分发挥出这一模式的价值。

做好客户成功工作是 SaaS 商业模式的最好战略选择，需要结合内部财务视角和客户视角才能够理解到位，因此建议客户成功同学多学习一些财务相关知识，产品及研发同学多跑一下客户，多了解一下客户的业务场景。这样才能将空洞的客户成功定义，落地到自身业务的实际当中。

客户成功工作的职责

明确的职责及目标，能够帮助客户成功战略更有效率地落地。

既然客户成功部门是客户成功战略落地的主力军，那客户成功部门的职责及目标就需要有清晰的界定了。在不同组织架构下，客户成功经理、实施人员、客服、客户运营分别要承担什么样的职责？客户成功团队和市场及产研团队如何更好地协同？

本章将详细阐述以上内容。

2.1　客户成功团队的职责及目标

客户成功团队的定义可大可小，大客户成功团队泛指客服、实施人员、客户成功经理、客户运营等岗位，小客户成功团队仅指客户成功经理、客户运营等岗位。

从客户成功战略落地实操来看，笔者更倾向于大客户成功团队的概念，即将客服、实施人员、客户成功经理、客户运营等岗位全部纳入客户成功部门或客户成功中心，因为不管是客服还是实施人员，最终是要一起拿到客户成功的结果的。

而且客户成功的"先利他后利己"的用户思维及价值观，能够帮助团队统一价值观，真正全面落地客户成功战略。

2.1.1　客户成功团队自身组织架构

根据产品不同的客单价、复杂度及客户成功所处阶段，客户成功团队组织架构可以分为 4 种模式：全栈式客户成功、主被动客户成功、精细化客户成功及一体化客户成功，如图 2-1 所示，其中 CSM 代表客户成功经理。

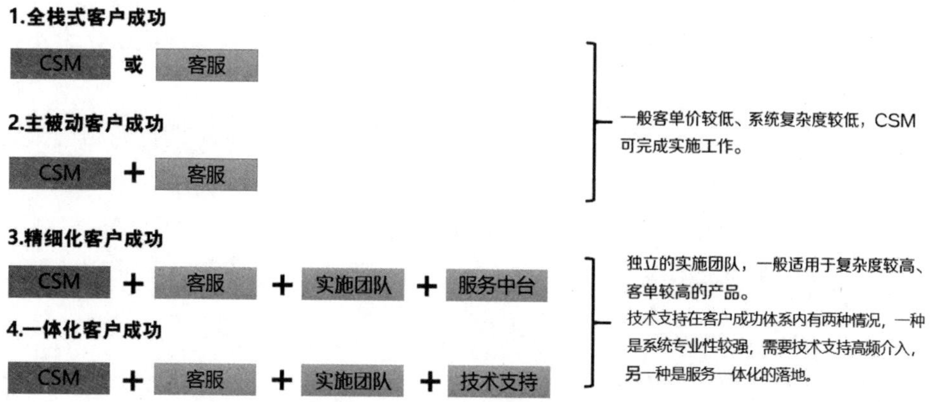

图 2-1　客户成功团队的组织架构

一般来说，产品单价越高、产品越复杂，客户成功团队组织架构越复杂。

- 从客单价来看，客单价较低的产品，能够投入的资源有限，所以一般就配客服或客户成功经理就行了；客单价较高的产品，能够投入的资源空间较大，为了更好地服务好客户，以期带来客户成功价值产出，会配备单独的客服、实施、客户运营等岗位。

- 从产品复杂度来看，产品复杂度通常和客单价成正比。产品简单易上手，产品实施的工作就可以交由客户成功经理来完成；产品复杂、实施周期长，就需要设立单独的实施岗位来完成产品上线（Onboarding）的工作。

技术支持通常会放在研发部门，但为了更好地践行服务一体化，更好地协调技术资源来快速解决客户问题，部分 SaaS 企业也会选择将技术支持放到客户成功架构内。

其中客户成功据职责分工不同可能会涉及两个岗位：一个是客户成功经理（CSM），另一个是续费经理（AM）。如果客户成功经理直接负责续费，那么只需要一个岗位；如果客户成功经理不直接做续费，由销售来做或者是单独的续费经理来做，那么续费经理这个岗位有可能在客户成功部门，也有可能放在销售部门，这部分职责的划分在第 6 章中会详细讲解。

下面我们来详细看一下这几种不同架构下各个团队的职责及目标。

1.全栈式客户成功

全栈式客户成功是指产品实施、客户成果交付、客户续费及增购以及基础的客户服务全部由一个人来完成。当然，说好听点叫全栈式客户成功，说不好听点就是"客户成功经理既当爹又当妈，啥都要干"。

一般是客单价比较低且产品相对简单的业务，或者业务早期资源相对匮乏的时候，会按照这样的方式来设置。

这种架构方式的优势是成本低、人效可能较高，一个人干了好几个人的活，在业务早期的时候确实能够节约成本，但这种模式对于客户成功经理能力的全面性、抗压能力、工作效率等要求较高。

缺点是各个板块的专业度可能不够，客户服务及时性很难保障，客户运营的深度也不够，因为当客户成功经理一个人需要同时服务这么多客户的时候，是很难做到客户的深度服务及沟通的，且客户成功经理在给客户做产品培训的时候，比较难做到对其他客户消息的及时回复。

所以针对这几个缺点，解决方案有两个：

- 一是通过设计相对体系化的客户服务及运营 SOP（Standard Operating Procedure，标准作业程序），并配套对应的工具来降低客户成功经理的执行难度，来确保基础服务质量及客户服务深度，这需要一位客户成功操盘手来完成。
- 二是客户成功经理之间相互补位，形成搭档制度，比如客户成功经理两两搭档，当其中一人没法及时回复客户时，另外一个人能够补上，至少保障基础服务质量。

在业务规模及业务复杂度提升后，就有必要进一步分工，来提升被动服务的专业度及主动服务的深度。

2.主被动客户成功

主被动客户成功体系是指将客户成功服务一分为二，将客户主动找我们所做的服务归为"被动服务"，这部分工作主要由客服负责；将我们主动找客户所做的服务归为"主动服务"，这部分工作主要由客户成功经理负责。

- 被动服务的内容包括但不限于客户问题解答、客户投诉处理、客户技术支持等内容，不管是何种渠道产生的这部分内容，都应该由客服来负责。
- 主动服务的内容包括但不限于客户主动跟进及回访、客户实施培训（视情况）、客户方案输出、客户案例打造等。

通过上述定义，就能很清楚地界定双方的工作边界：在线及 400 电话等被动咨询由客服负责处理，微信或企业微信等 IM 工具内的被动咨询也可由客服来处理；客户成功经理主要负责主动服务和运营。

这种分工方案的优势在于能够让各自聚焦自己的专业领域，客服部门专注于提升被动服务体验，及时响应、及时解决客户问题，客户成功经理专注于主动服务及提升体验，主动跟进客户使用情况，帮助客户拿到业务结果。

而且当客户规模到一定体量时，分工能够提升人效。客服相对好招聘一些，且人力成本要比客户成功经理便宜。

3.精细化客户成功

精细化客户成功体系中，增加了实施和服务中台的角色，分工进一步细化。其中实施岗位一般适用于以下两种情况：

- 一是产品相对复杂或者有一定的技术门槛，如果是客户成功经理来做，那么会占用客户成功经理大量的精力，或者客户成功经理不具备技术等相关能力，这种情况下可以考虑设定单独的实施岗位来负责交付工作，完成实施工作后再交接给客户成功经理。

- 二是产品虽然不复杂，但是客户数量较多，统一安排实施岗位或者培训岗位来做，效率更高，这种情况一般适用于线上运营为主的客户成功体系，通过线上的直播课程或者训练营的方式来做统一的产品交付，能够大幅提升交付效率。

服务中台岗位是指服务运营、客户运营等岗位。一般是到一定体量的客户规模或者产品线后，才会考虑设立服务中台来提效，或者业务复杂且量足够大，需要分工，分工后能比分工前提升效率和质量。

如果服务中台能够推动这些系统的完善，将会大幅提升整个团队的工作效率，也会间接提升客户的体验。

综上，服务中台能做的事情很多，如果能够充分发挥服务中台的价值，就能大大加速客户成功精细化运营的能力，同时降低一线执行要求，降低一线人才要求。

4.一体化客户成功

一体化客户成功是服务一体化价值导向下的组织架构，服务一体化是指将客户成功、专业服务、服务支持、客户学习等打包到一起，作为一个整体来给客户提供服务。

当客户有需求或者问题时，客户成功经理能够随时调用相关资源形成合作小组，快速解决客户的问题。

这个组织架构的核心是解决协同效率的问题。在传统模式下，技术支持一般会放在技术部门，而技术部门距离用户太远，不一定能够充分了解客户的应用场景，且技术团队的考核目标和价值导向都不太能够将响应率、解决率等技术服务指标优先级排得很高。

而且技术支持放在技术部门，客户碰到 Bug 等问题需要技术支持时，客户成功经理需要做跨部门的协同，一旦涉及跨部门，大概率就会存在更高的沟通成本。

因此，将技术支持放到以客户服务体验为考核导向的客户成功体系当中，更能够提升客户问题的响应效率及解决效率，这个是一体化客户成功体系架构的价值所在。

2.1.2　客户成功部门在整个公司架构中的位置与职责

客户成功团队在不同的业务背景及不同的职责目标下，在 SaaS 公司中会有不同的架构设计。

1.向CEO或者COO汇报

客户成功团队负责人直接向 CEO 或者 COO 汇报，如图 2-2 所示，这个是比较常见的一种架构设计，也是笔者建议的架构设计。

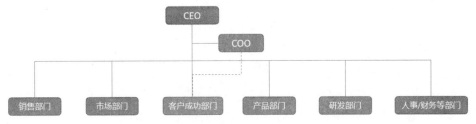

图 2-2　客户成功部门在企业中的架构 1

因为客户成功是一把手工程，客户成功战略的落地需要较长的周期才能看到效果，且过程中需要调配产品、研发、销售、市场等部门资源做大量的协同工作，这些工作如果没有 CEO 或者 COO 的支持（小公司就必须是 CEO 的支持），仅仅靠部门负责人是很难有效落地的。

而且这种架构的设计，能够保障客户成功团队和销售团队、市场团队及产研团队平等对话，能够获得更多的话语权，以推动客户成功相关项目的落地。

2.向销售VP/销售负责人汇报

客户成功团队向销售 VP/ 销售负责人汇报，也是一种相对常见的架构设计，一般在销售驱动型的公司出现较多，如图 2-3 所示。

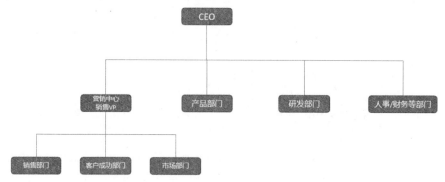

图 2-3　客户成功部门在企业中的架构 2

以下两种情况会采用这种架构设计：

一是客户成功团队和销售团队需要有很强的协同，比如在区域直销团队中，销售人员和客户成功经理需要协同做上门服务，销售人员需要协同客户成功经理做好系统上线工作以便要到更多的转介绍，这个时候区域内的客户成功经理向区域销售负责人汇报（或者双线汇报给区域销售负责人和总部客户成功负责人），能够在一定程度上推进协同工作的落地。

二是在客户成功团队需要自己做续费，且收入压力比较大的情况下，为了让销售 VP 对总体业绩负责，通常也会考虑让销售 VP 管理客户成功团队。

在这种架构下，对于销售 VP 的要求比较高，既需要平衡好售前售后的关系，也需要懂客户成功。

3.向运营VP/运营负责人汇报

除了以上两种常见的组织架构，也有少部分客户成功团队向运营 VP/ 运营负责人汇报，通过"强运营"来发挥客户成功的价值，如图 2-4 所示。

图 2-4　客户成功部门在企业中的架构 3

C端公司基本都配有运营团队，用户运营、产品运营、增长运营等，但SaaS公司很少有运营岗位，最多也就是销售运营，其实从运营的目标来看，按照"AARRR模型"，SaaS的运营和C端增长运营有许多相似之处，如图2-5所示。

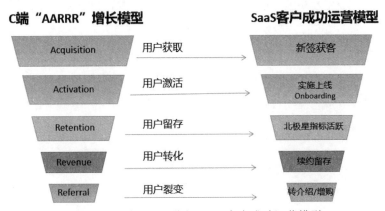

图2-5　C端增长运营与SaaS客户成功运营模型

从客户成功的角度来看，新签的收入和自己关系不大，如果把新签获客当作一批初始用户，那么：

- 新签获客就等同于"AARRR模型"中的Acquisition（用户获取），这是客户基数。
- 实施上线（Onboarding）等同于Activation（用户激活），让客户能够开始上手使用系统。
- 北极星指标活跃等同于Retention（用户留存），代表客户活跃使用系统，开始留存下来。
- 续费留存等同于Revenue（用户转化），开始获得收入。
- 转介绍和增购就等同于Referral（用户裂变），转介绍和增购做得好，就有机会做到客户数量多及金额的负流失。

实际上国外不少产品也是通过大量upsales（拓展销售）实现金额负流失，即NDR大于100%的。

因此笔者认为客户成功就相当于SaaS体系中的运营，或者说客户成功部门需要承担起运营的职责，将客户成功工作当作一个产品来运营和设计，能够更高效、更广泛地传递到客户及市场。

所以将客户成功部门放到运营的架构下，或者客户成功部门承担产品运营、用户运营等职责，也是一种相对合理的选择，尤其是针对标准化、轻量化、客单价较低的产品，需要较强的线上运营能力来做批量运营。

2.2 客户成功不同岗位的职责及考核

如果把客户成功体系当作一个球队，那么其中不同的岗位就需要各司其职，该防守的防守，该助攻的助攻，该突破的突破。当需要补位的时候，其他人也要有补位意识，优先解决客户的问题。不一定是顶级球星组合成的球队才能赢得胜利，即使球队中没有顶级球星，只要职责清晰、训练有素、团结一致，也能够获得成功。

客户成功团队也是一样，体系强，才是真的强。

2.2.1 客户成功相关一线岗位的职责及考核

客户成功相关一线岗位包括客户成功经理、客服、实施、续费岗、服务中台等岗位，根据 2.1.1 节的组织架构情况可知，这几个岗位不一定会同时出现，下面将介绍这几个岗位的职责及目标。

1.客户成功经理岗位职责及考核

客户成功经理，一般简称 CSM（Customer Success Manager），像产品经理一样，不是"经理"这个管理岗的称呼，而是这个职业的专有称呼，除了叫客户成功经理外，客户成功顾问、客户成功专员等都是指这个岗位。

客户成功经理是落地客户成功战略的主力军，需要通过主动服务来帮助客户获得预期的产品价值，并获得商业产出。通常其职责包括以下部分：

- 基于客户侧不同场景，制定产品落地使用计划，帮助客户快速上手。
- 主动为客户提供相关指导，帮助客户深度使用产品。
- 及时响应并解决客户问题，维护客户关系，提供良好的服务体验。
- 收集客户需求反馈，推动产品优化。
- 跟进客户续费、增购及转介绍，对续约率、续费率、增购金额、转介绍数量等指标负责。

基于以上职责，客户成功经理考核的指标包括表 2-1 所示的内容。

表 2-1　客户成功经理考核维度

序号	考核维度	考核项目
1	过程指标	北极星指标活跃率
		客户翻动率（KA 客户需拜访）
		客户满意度 / 客诉
2	结果指标	续约率
		续费率（或 NDR）
		转介绍数量
3	其他可选指标	客户案例输出
		沙龙组织等

当然，实际中并不是这八个维度都需要全面考核，需要根据当前业务阶段做针对性的考核。绩效考核就是指挥棒，需要和业务目标做强结合，且要有侧重，什么都考核就等于啥都没考核。

这几个维度的考核还需要有权重，权重也需要结合业务实际情况来考虑，表 2-2 是某 SaaS 公司（中小客户为主）客户成功经理的绩效考核方案，大家可以参考，实际操作还需要结合团队实际情况来考虑。笔者发现，由于国内 SaaS 公司形态各异，不同 SaaS 公司业务及团队情况差异性极大，所以我们更多的是要学习其方法论和原理，实际的落地方案要结合实际情况，不可照抄。

表 2-2　某 SaaS 公司客户成功经理绩效考核方案

序号	考核维度	考核项目	权重占比
1	过程指标	北极星指标新增活跃率（3 个月内新客户）	40%
		北极星指标存量活跃率（3 个月外老客户）	15%
		客户翻动率（每 3 个月回访一次客户）	15%
2	结果指标	续约率（月度到期客户续约比例）	30%

此外，如果客户成功经理需要直接负责客户续费，那么可能还涉及续费提成，关于是否要给客户成功经理续费提成，每家公司的情况都不太一样，在 2.2.3 节会详细讲解。

2.客服岗位职责及考核

客服岗位的职责相对比较清晰，也有非常成熟的考核方案。有两个点需要注意：

一是如果客服需要协助客户成功经理做微信等IM沟通媒介下的被动服务支持，那么考核数据统计的难度会大一些。需要做一定的开发或借助外部工具，才能很好地统计到服务相关过程数据。

二是服务体验细节如何提升，响应率、解决率、满意度等指标很多时候并不能反映服务体验，客服沟通话术给人的感觉是否亲切、有温度，这些通过数据指标比较难反映出来，需要服务管理者通过其他方式来观察和判断，并加以改进。

这部分内容将第8章展开讲解。

3.实施岗位职责及考核

实施岗位，一般叫实施顾问、实施经理、实施工程师，主要负责系统的实施交付工作。

实施岗位主要考核的是交付率或者叫上线率，就是通过系统配置、产品培训等系列工作，让系统达到可以正常使用的状态。

4.续费岗位职责及考核

续费岗位，一般叫续费BD（Business Development，业务拓展）、续费销售、续费经理，也有的叫客户成功经理。续费岗位核心职责就是踢好"临门一脚"，确保使用较好的客户能够百分百续费，努力让使用不怎么好的客户尽可能续费。

续费岗位的考核就相对简单点，直接考核结果，通常会采用"*底薪+提成*"的方式，根据不同的续约率档位拿不同的提成点，如表2-3所示。

表2-3 续费岗位提成设计

续约率	提成点
70%及以上	5%
65%～70%	4%
60%～65%	3%
60%以下	2%

这里的续费岗位有一个需要注意的点，就是续约率的区间，需要考虑到期客户数的基数范围，确保续费 BD 能够通过自己的努力够着这个目标。

如果需要增加更多的维度来衡量续费 BD 的产出，那么可以增加当月续约率、提前续约率、金额续费率等指标来全面考察这个岗位的产出情况，如表 2-4 所示。

表 2-4 客户成功经理考核维度

序号	考核维度	考核项目
1	结果指标	当月续约率
		提前续约率
		金额续费率或回款目标达成率

其中关于提前续约率的考核，如果能够落地好，会带来奇效，提前续约率的考核能够让续费 BD 更早地介入客户的续费，这样可以更早期判断客户的续费意向及续费风险：针对高意向的客户，提前续费可以增加营收确定性，减少后期变动风险；针对有续费风险的客户，可以更多地干预，尽可能做客户挽回。

5.服务中台岗位职责及考核

服务中台包括服务运营、产品运营、客户运营等岗位，目标是通过服务中台的方式，为整体服务部门赋能，提升服务效率。

服务中台的职责包括以下几个方面：

（1）在服务上，要提供标准，并确保落地效果。

全局上，要制定整个产品的服务内容及标准，并确保外部客户及内部同事都熟悉整个公司的服务内容及标准。

局部上，通过制定质检、客诉制度及流程，结合服务工具，保障客户问题的及时响应及解决，每周、每月复盘执行落地情况，及时调整和改进。

（2）在运营上，要制定策略，并跟进策略落地。

好的服务是要经过精细设计的，尤其是主动服务策略，需要根据客户的不同旅程和触点，结合公司资源现状，设计出可落地执行的策略及流程，包括客户分层运营、客户触达节点、批量运营体系等内容。

（3）在产品上，设计内外部服务工具，提升效率。

对内部而言，好用的工具能够大幅提升客户成功部门的整体工作效率，售前和售后部门信息对接系统、完善便捷的客户档案系统、多平台打通的协作系统、客户商机管理系统等，不胜枚举，这些都能够提升客户成功部门的工作效率。

对外部而言，好用的自助服务工具能够节省客户时间，工具包括完善的产品说明文档、操作视频、自助服务工具、信息反馈通道等。

关于服务中台岗的考核，OKR（目标＋关键指标）的方式可能更好落地，因为服务中台岗更需要一个又一个的项目去推动工作落地，很难通过固定的绩效去设计考核。

2.2.2　客户成功负责人的职责及考核

客户成功负责人的职责及考核几乎等同于客户成功部门的职责及考核，而客户成功负责人对于客户成功战略的落地至关重要，对比传统的服务管理者，客户成功负责人需要具备更全面的能力。

下面从客户成功负责人的职责、考核及能力画像来详细拆解一下"客户成功一号位"。

1.客户成功负责人的岗位职责

从大客户成功部门的职责来看，主要包括对外和对内两部分：

（1）**对外要帮助客户拿到业务成果，并提供良好的服务体验。**

做客户成功工作，**首先是要帮助客户拿到期望的业务结果**，对于客户成功负责人来说，不一定要自己直接服务客户，但有几个关键的问题需要想清楚并设法落地：

- 客户期望的商业结果是什么？
- 我们的产品是否能满足客户期望的商业结果？
- 服务上和产品上分别需要做哪些关键动作才能满足客户期望的商业结果？
- 客户为什么不使用或不深度使用我们的产品？客户为什么不续费？

这些问题如果能够想清楚，那么问题的解决方案基本就出来了，很多时候我们找不到解决方案的原因在于没有想清楚问题，所以这些看似简单但却非常关键的问题，一定要想办法弄清楚。

这些问题的答案往往在一线员工及客户现场那里，因此客户成功负责人切忌完全脱离一线和客户现场。对于中小客户中的头部客户，客户成功经理需要定期做一些回访或拜访；对于大客户，要形成"双线对接"，即一线客户成功经理对接客户一线，客户成功负责人对接客户中高层。

其次是良好的服务体验，客户问题的及时响应、及时解决等基础服务要充分保障，涉及其他部门才能解决的问题要做好跨部门协同，建立协作机制。

服务体验的细节就需要深入一线去了解了，不同的客户画像需要做不同的服务体验设计：

- 如果是偏年轻化的客户，那么整体的服务话术、文档等就不能太死板，微信沟通里表情包要多收藏一些，能够拉近客户距离。
- 如果是政企等相对成熟化的客户，整体的服务话术及文档就不能太随意，需要更加商务和正式些，用词等细节需要让客户感受到充分的尊重。

服务体验归根到底还是社交礼仪，既要让客户感受到我们的专业度，也需要让客户感受到人与人交往的温度，核心是要有共情能力。

（2）**对内要帮助公司拿到商业结果，并推动客户成功及产品优化，实现可持续增长。**

首先，客户成功负责人要拿到商业结果。

帮助客户拿到结果后，需要帮助公司拿到商业结果，这两者需要形成严谨的因果关系，商业企业的最终目的都是要盈利。

因此客户成功负责人需要对团队整体的续约率、续费率、转介绍、增购等商业结果负责，需要有增长的能力，即实现上述指标的增长。客户成功本来就是一个重要的资源投入项，如果没法带来增长，那么这笔账是算不过来的。

然后，客户成功负责人还需要推动客户成功战略的全面落地。

虽然客户成功部门不是客户成功战略落地的唯一部门，但需要"扛大旗"，尤其是在客户成功价值及文化还未完全普及的情况下，更需要客户成功负责人去影响企业一号位以及相关协作部门，以期获得更多的支持，在碰撞中不断完善客户成功体系。

最后，客户成功负责人需要推动产品的持续优化。

关于产品优化，笔者认为它居于客户成功部门的第一优先级，原因在于SaaS的本质还是产品，这个产品是标准化后的客户最佳实践。

SaaS 产品只有不断迭代产品背后的最佳实践，才能够跟随客户业务的发展而进步。客户成功部门作为 SaaS 产品中的"运营"角色，每天大量地接触客户，所以需要承担起迭代最佳实践的职责。

从另一个角度来看，把产品做好了，客户的问题解决了，体验更好了，客户能够更好、更省心地用好产品，客户成功部门的工作也就更轻松，就不需要替产品部门"补位"了。

2.客户成功负责人所需要具备的能力

客户成功负责人需要达到的能力要求挺高的：

- 服务及服务管理能力是基础。
- 运营及运营体系建设能力是关键。
- 销售及销售管理能力根据不同业务情况要求程度不一样，但不管客户成功团队是否自己做业绩，客户成功负责人都要懂这一块。
- 除此之外，和所有涉及较多跨部门协作的岗位一样，客户成功负责人需要具备较强的跨部门协调能力，能够整合公司资源，推动客户成功战略落地。
- 还有最重要的一点，客户成功负责人需要有增长的能力，即通过客户成功资源的投入，带来经营结果的增长。增长的能力，关键在于经营，而不在于管理：经营就像做生意，需要做好所有和"赚钱"直接相关的事，比如客户的沟通拜访、客户订单谈判、客户需求沟通等；而管理是为了做好经营的事情而对内部的要求及规范，最终服务于经营。

因此客户成功负责人最重要的一点是要有经营思维，传统的客户服务管理者转型做客户成功，比较欠缺的就是这一点。他们习惯了做中后台工作，财务也会把他们的部门定义为成本部门，距离经营结果太远了。

客户成功负责人如果持续没法拿到增长结果，公司就看不到这块的产出，也很难继续投入资源，甚至会考虑减少这块资源的投入。这也是为什么有部分 SaaS 公司跟随其他公司设立客户成功团队，做方案、做案例、搞沙龙等，搞了一年半载之后，发现客户的续约率还是那样，这个时候财务账就算不过来了，要么让客户成功部门去搞增购、做服务产品化，自己养活自己；要么缩减客户成功团队，让客户成功经理去做培训、服务支持等基础的工作。为什么会这样呢？原因主要有下面两点：

首先是企业一号位没有清楚认识到客户成功团队的适用条件及落地条件，并不是所有的 SaaS 企业都需要客户成功团队。

其次，客户成功团队的建设，需要有经营增长能力的客户成功负责人，因为客户成功和产品团队一样，非常依赖于顶层设计，是一个非常体系化的工作，如果客户成功负责人能力不够，客户成功团队也很难为公司带来经营增长。

3.客户成功负责人的考核方案

对客户成功负责人的考核，建议采用 OKR 而非 KPI 的方式。客户成功负责人需要有经营增长的能力，但毕竟不像销售团队一样，短期能直接拿到业绩的增长，客户成功所做的工作需要半年甚至一年以后才能看到直接的结果。因为现在所做的工作更多适用于新客户或者使用不久的客户，这些客户的最终续费结果需要等到客户到期的时候才能知晓。

所以笔者建议采用 OKR 的方式来考核客户成功负责人，让客户成功负责人基于公司的 OKR 来确定自己的 OKR 目标。如果公司整体没有 OKR，也没关系，可以借鉴 OKR 这种相对灵活的考核方式来定目标。

每个阶段的目标可以不一样，比如在从 0 到 1 建设客户成功团队的阶段，更多考核新人留存率、主被动服务标准制定、北极星指标等运营指标制定、运营服务基本流程建设等内容。

如果以上工作相对完善了，那么可以侧重考核运营指标的提升情况、续约率等结果指标的增长情况、标准化及工具化流程的建设情况、跨部门协同机制以及人才梯队建设等内容。

2.2.3　职责划分中的常见问题

1.客户成功部门和销售部门，谁负责续费

续费是由客户成功部门来做，还是由销售部门来做？这个问题的背后其实是要不要给客户成功部门续费提成，因为不管给不给提成，客户成功部门都是需要对续约率负责的，也就是需要跟进客户续费。

给不给客户成功部门续费提成，不同公司情况不一样，业内针对这一点持不同建议：

（1）不给续费提成的观点是，因为客户成功经理需要静下心来把服务做好，给提成会让团队太过于狼性，会更在意短期的结果，从而不愿意持续性地做好服务，所以让客户成功经理专注于过程，让续费变成一个自然而然的结果更好。

另一个实际的点是，客户成功经理的销售能力普遍偏弱，让销售部门来做续费商务动作，赢单把握更大，尤其是针对大客户，更需要较强的商务能力。

（2）给续费提成的观点是，客户成功经理服务客户这么久了，客户续费的功劳主要属于客户成功经理，客户在自己这里续费了并得到了提成的奖励，个人的成就感也会更强，且续费结果和自己的收入息息相关，好和不好都能够直接体现，更能够激发客户成功经理做好过程及服务。

关于这一点，笔者更认可由客户成功部门主导客户续费并直接或间接给予提成激励的方式，原因有两个：

- 从大的定位上来看，客户成功部门的目标是要给公司带来利润，直接对续费等利润指标负责，在一个部门内形成工作闭环，更有利于工作质量的改善。
- 从客户的角度来看，同一个人负责服务和续费，客户体验更好，尤其是针对中小客户，客户其实分不清谁是销售人员，谁是客户成功经理，只会记得谁更熟悉，那么由日常互动较多的客户成功经理来做续费，客户的信任感更强。

所以从内部视角和客户视角来看，由客户成功部门来负责续费并获得直接或间接的提成，是一个更好的选择。

但具体实操时，需要根据不同的业务阶段及不同客单价来判断是否直接给客户成功部门续费提成。

（1）从业务阶段来看，业务早期和成熟期阶段目标不一样。

在业务早期，通过提成的方式能够激发客户成功经理更有动力去做好服务，且续费这个"临门一脚"的工作，做得好和不好，也会影响最终的续约率（据不完全统计，对续约率的影响在5%左右）。

当业务相对稳定后，续约率等指标接近天花板，就可以改提成为绩效，让客户成功经理更专注于提供更好的主动服务，并打造最佳实践，挖掘增购和转介绍的价值。

（2）从客单价来看，中小客户和大客户可以做差异化设计。

中小客户客单价较低，客户决策链相对较短，所要求的销售技巧及能力没那么高，客户成功经理通过一定的培养和实战后，通常能够独立完成续费工作。

大客户客单价较高，客户决策链相对较长，需要具备较强的销售及商务能力，且大客户更注重关键决策人客情的维护，这个时候，大客户销售和客户成功经理配合打单，赢单概率较大，在续费提成上可以做一定比例分配。

另外一个点是，给客户成功经理提成，并不意味着不给销售人员提成，针对大客户来说，销售人员签单周期长，投入的精力也较多，完成签约后还需要销售人员做一定的客情维护，给销售人员提成（比如首次续费）能够在一定程度上调动他们的积极性，也能增加销售人员的稳定性。

但为了让销售人员更加集中精力做新签，可以给提成但不给业绩，续费的业绩不纳入销售业绩的考核。

2.客服部门和客户成功部门的职责如何准确区分

先说笔者的答案：客服部门和客户成功部门在被动服务上的职责很难准确区分，需要相互补位。

有一种方式是按照沟通媒介来分工，例如客服部门只负责在线咨询、工单和400热线，只需要负责这几种媒介的咨询及服务；客户成功部门负责微信、电话等沟通媒介内的服务。但这种传统的分工方式并不是笔者所倡导的。如2.1.1节提到主被动客户成功体系，从部门职责来看，客服部门需要对被动服务体验负责，就是不管何种沟通媒介，客服部门应该统筹管理。

从实际情况来看，被动服务体验的问题往往出现在微信、微信群、电话等沟通媒介中，客服部门更擅长做好被动服务工作，那么更需要对这部分沟通环节的体验负责，来提升客户服务体验。

但客户成功部门也需要做一部分被动服务，一是因为在统一对客的前提下，客户分不清楚谁是谁，找到谁就请他解决问题，所以我们要优先解决客户问题，客户如果找到你，那么你也要做被动服务，但是可以引导客户去找客服或者再次介绍负责的人。二是因为以"群聊"为服务媒介的大多数情况下，很难做到被动服务和主动服务的完全分割，相关的服务数据及考核也不好界定。

（2.3） 本章小结

本章阐述了客户成功部门的职责分工及考核目标，详细介绍了几种常见的组织架构及分工方式。明确、合理的组织架构及分工，不仅能够提升决策的效率，还能减少岗位之间的协作难度。而符合经营需求的岗位职责及目标，将有助于企业增长目标的达成。

不同业务及团队背景可能存在一些差异，没法照搬照抄，但职责分工及考核目标背后所涵盖的生意经营法则是相通的。

影响续约率的九大因素

　　客户为什么不续约？如何才能提升续约率？这几乎是所有 SaaS 企业 CEO 非常关心的问题。

　　面对这个问题，客户成功管理者似乎一言难尽，有些是产品需求未满足的原因，有些是客户自身的原因，有些是销售选择的原因，总之，成功续费的理由似乎都一样，但不续费的理由却各有各的不同。

　　如果仅凭感性的认知，没有系统性的总结分析，这个问题不仅很难得到靠谱的答案，而且无法系统性地去拉动续约率增长。

　　本章将分享续约率系统性分析方法论，帮助大家更全面地诊断续约率问题，并根据问题提出解决方案，拉动续约率增长。

3.1 九大因素概览

有九大因素影响续约率增长，即客户三因素、产品三因素和服务三因素，客户三因素决定了续约率的天花板，产品三因素决定了续约率的及格分，服务三因素决定了续约率的优秀分。

这九大因素共同作用，缺一不可，需要系统的分析，也需要长期的实践。

3.1.1 客户不续约原因分析

在介绍九大因素之前，先给大家讲讲续约率分析的常用方法及维度，以便对续约率分析形成更全面的了解。

1.续约率分析的重要性

销售行业有句老话："要么让客户留下钱，要么让客户流下眼泪离开。"

客户成功同样需要这种精神，要么让客户留下钱继续使用，要么让客户留下原因离开，像男女朋友分手一样，总得有个理由吧，不明不白的，那当初为何又要在一起呢？这恋爱不是白谈了吗？

因此针对客户不续约原因的分析，我们要系统性地去做，而且要坚持，将续约分析形成常态化的工作，清楚地了解每个客户离开的理由，知其因，才能治其果，只有找到了"病因"，才能知道用什么药方去治病。这是不续约原因分析的价值所在。

2.续约率分析的准备工作

在开展续约率分析之前，你需要准备好一批已经到期的客户数据，这些数据字段通常包括：客户信息（id、名称、类型、规模、区域等）、订单信息（购买时间、版本、金额、到期时间等）、服务信息（销售、实施、客户成功等）、续约信息（是否续约、续约时间、续约人员、不续约原因记录等）。

这些信息通常不难获取到，大部分数据通过 CRM 后台或者数据仓库的数据可以获取到，不续费原因等数据需要人工记录并汇总，如果公司有 BI 支持，通过 BI 报表直接导出就更方便了。但有几点需要特别注意：

（1）客户是否续费的统计口径要再三确认，即在什么节点以什么方式去统计续约率的分子和分母（分母为到期应续客户数，分子为到期已续客户数），比如客户当天新购了一套1年期的系统，第2天又因为促销政策升级为2年期版本，要不要将这个客户的第一笔订单计入分母，第二笔订单又再计一次分母；比如是从客户新购后就来统计到期的分母，还是从每年或每季度做续约考核的时候来统计分母，这里统计到的分母数据可能会因为提前续费的产生而存在较大差异。这一点在4.2节关于续约率的统计算法里有详细介绍，此处不再做赘述。

（2）不续约原因记录要结构化且详细，结构化是指要有不续约原因的分类，至少需要二级分类，如售前原因、产品原因、服务原因、客户原因、政策原因、跟进原因等，销售原因又可分为销售OP（over promise，过度承诺）、销售刷单、销售服务问题等，具体会在后面"续约率分析的常用方法"的定量分析中展开讲解。

需要注意的是，客户不续约的原因可能有多个，因此可以要求团队记录前三个不续约的原因，并备注好客户不续约原因的详细描述，如不少于15个字。

（3）不续约原因需要结合客户在交付阶段、活跃阶段流失的原因，如果想仅仅通过到期前续约人员跟进拿到的信息，你会发现，那些用得很差的客户基本拿不到有效的信息，甚至大部分都无法联系上，因此针对此部分，可以结合此前的服务节点性报告来做补充。

以上数据准备好后，你就可以着手做续约率分析了。

3.续约率分析的常用方法之定量分析

续约率的分析中，需要重点注意的是，客户不续费的原因可能不是断约前一段时间才发生的，流失可能发生在客户签约后的每一时刻，甚至客户签约的那一刻起，客户就开始流失了，因为你可能签约了一个"不可能续约"的非目标客户。

因此续约率的分析需要贯穿整个客户生命周期，而不仅仅是续约期那一小段时间，具体可以从定量分析（本小节介绍）和定性分析（下一小节介绍）两个方面来开展。

定量分析，即从量化数据的维度来做客户流失的分析。这里可以借鉴销售转化的漏斗模型来分析，如图3-1所示。

- 第一层漏斗，是分析新签客户中目标客户的比例，主要目的是分析签约质量，并通过剔除非目标客户的方式来分析后续客户留存及续费的真实比例。

- 第二层漏斗，是分析目标客户通过实施及客户成功服务成功激活并留存的比例，主要目的是分析目标客户留存的情况，以及实施团队与客户成功团队的工作产出。

- 第三层漏斗，是分析活跃客户成功续费转化的比例，主要目的是分析续费销售因素对续费转化的影响，包括续费价格政策、续费人员转化能力等方面，同时也通过这个最终的结果来验证前面两个漏斗分析的合理性。

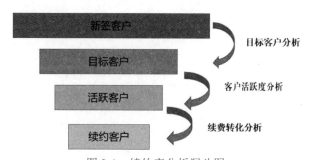

图 3-1 续约率分析漏斗图

当然实际的续约转化过程不完全是漏斗型的，非目标客户也可能会续费，用得不好的客户也可能会续费，因为客户续费影响的因素太多了，这个漏斗只能说明概率较大的流失环节，在实际的分析中会更加复杂，而且我们很难统计到每个漏斗流失的全面信息。下面依次分析每一个漏斗。

1）第一个漏斗，目标客户分析

如何计算出目标客户的比例？从科学统计的角度来看，首先你得有一个目标客户的画像，这个画像可能来自我们已续费或者忠诚度较高的客户画像，可能包括客户细分行业、客户规模、客户需求匹配度等维度，再按照这些维度去匹配现在已经签约的客户，计算出目标客户的比例。

但实际的工作中，你很难收集全这些信息，或者说很难收集到这么真实的信息，即使收集到了比较全的信息，这个结果也许对产品功能迭代帮助会更大一些，但对于销售策略及拓客渠道、方式的改变很有限，因为销售人员不一定会认可这个结果，销售人员通常会反馈"我签约的客户是真实的啊""不管什么客户，客户成功部门不都应该服务好吗"，销售人员不认可，也就很难通过销售部门去改变拓客及签约方式来提升目标客户比例。

因此在这个环节的分析中，针对销售部分，建议统计"无争议"的部分，所谓"无争议"，就是没什么好争论的、大家公认的，比如涉嫌刷单的、多次联系不上的、账号迟迟不开通的、涉及售前客诉退费的等，这部分作为非目标客户来统计，更能反馈客户留存工作质量的真实情况。

2）第二个漏斗，客户活跃度分析

完成目标客户到活跃客户的转化是客户成功的重要工作内容，也是续约率分析中最重要的部分，可以从人员、签约、客户、健康四个维度来展开分析。可单独分析，也可以根据实际需要去做一些交叉分析，具体维度如图3-2所示。

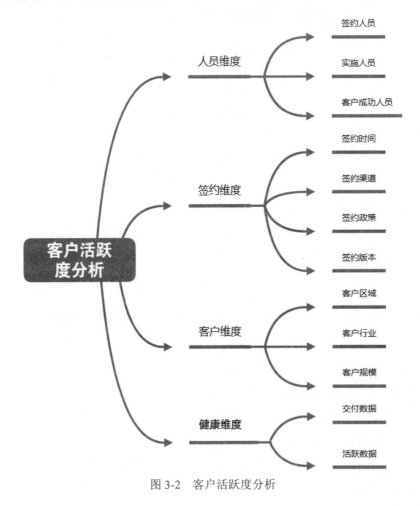

图3-2　客户活跃度分析

3）第三个漏斗，续费转化分析

活跃客户到续约客户的转化情况，是续约跟进人的考核内容。如果以销售视角来看，活跃客户就相当于一批商机客户，有极大的成交率，那么实际续约的比例就是商机的转化率，因此这里主要分析的是不同人员的转化能力，当然前提是北极星指标（这里指活跃率）要和续约率有较强的正相关性，北极星指标的设计方法请查阅第 4 章。

我们可以通过北极星指标（活跃率）来做续约率的预测，根据预测续约率和实际续约率的对比，分析续约跟进人员的转化水平，如表 3-1 所示。

表 3-1　预测续约率 VS 实际续约率

续约跟进人员	到期客户数	预测续约率	实际续约率	预测续约率 − 实际续约率
张三	75	61%	63%	−2%
李四	78	60%	62%	−2%
王五	76	59%	53%	6%

4.续约率分析的常用方法之定性分析

定性分析，即从人工收集到的内外部反馈来分析客户流失的原因。

从数据分析类型来看，定量分析像是描述型和诊断型分析，告诉我们现状是什么，问题出现在哪里，但很难告知我们具体如何去提升续约率。定性分析更像指导性分析，通过现状和问题的分析，我们比较容易知道改进的方向。

除此之外，定性分析还有两个优势：一个是在业务早期的时候，到期的客户数不多，样本量少，定量分析的结果可能不具备统计学的指导意义，这时候尤其需要定性分析；另一个是定性分析能够比较感性地听到客户的声音和反馈，而不是冷冰冰的数据，这些声音和反馈传递到企业高管及产研等离客户较远的部门时，受众更容易理解，也更具有代入感。

定性分析，具体分为客户不续约原因记录和不续约客户访谈两个方面：

（1）需要续约跟进人员（CSM 或销售）每个月都详细记录下客户流失的原因，是 KP 更换了、换竞品了、倒闭了、系统没有使用起来、需求不满足还是其他原因，因为 CSM 每天都在跟客户接触，一直在跟进客户的使用情况，他应该是最清楚客户不续约的原因的。

如图3-3所示，可以以结构化的方式记录客户不续约的原因，包括售前原因、产品原因、服务原因等方面。

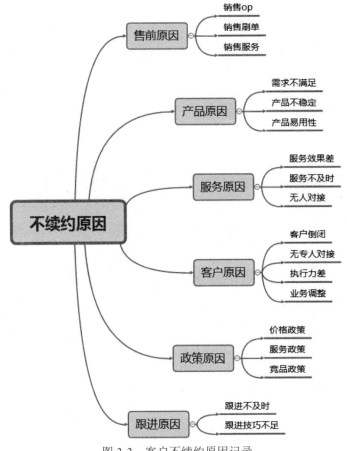

图 3-3 客户不续约原因记录

（2）客户成功负责人需要一对一去电话回访或者线下走访一些断约的客户，去问一问客户为什么不续约，是和购买的时候讲的不一样、系统启用成本过高、系统太复杂、没有培训用不起来还是其他原因，这些信息拿到以后，还需要自己去做一些综合的判断，因为客户不续费可能不会直接告诉你原因。

可能很多人会忽略访谈这一部分，但访谈是了解客户真实流失原因的重要工作，笔者建议客户成功负责人每个季度至少回访几家断约的客户，通过一对一的访谈，能够更真实地感受到客户流失的原因，感受到客户的情绪，这些信息是通过数据和文字没法获取到的。通过访谈能够更深刻地感受到不足，更加坚定、迅速地去落地服务改进计划。

5.续约率分析模拟案例

具体如何开展续约率分析，我们举两个具体的案例来看一下。

1）案例一

我们以签约维度中的签约时间、联动健康维度，并结合一些定性的分析数据为例，来做一组简单的关联分析，如下。

某 SaaS 产品 C，2021 年 Q4 续约率为 56%，比上季度低 8%（Q3 续约率 64%）。为寻找续约率下降的原因，团队内部有一个假设是这批客户因为 2020 年签约时的促销政策，客户冲动消费的比例增加，且签约不久后就经历过年，系统启用较慢。

为验证这个假设，团队根据取 2021 年 Q4 到期客户和 Q3 到期客户的签约时间、客户活跃率等数据做了一组关联分析，分析结果如表 3-2 所示（N 为产品开通使用月份）。

表 3-2　续约率同期群分析

签约时间	签约数量	客户全生命周期的活跃率											
		N+1	N+2	N+3	N+4	N+5	N+6	N+7	N+8	N+9	N+10	N+11	N+12
2020 年 7 月	235	25%	62%	70%	71%	68%	70%	67%	65%	66%	64%	62%	60%
2020 年 8 月	260	22%	65%	72%	69%	68%	69%	66%	62%	63%	62%	60%	59%
2020 年 9 月	220	28%	70%	75%	74%	73%	70%	69%	68%	69%	67%	68%	65%
2020 年 10 月	200	25%	63%	71%	72%	69%	70%	68%	67%	65%	65%	62%	61%
2020 年 11 月	450	19%	58%	63%	61%	60%	59%	58%	59%	55%	56%	53%	52%
2020 年 12 月	350	18%	57%	59%	59%	57%	57%	55%	56%	53%	52%	50%	50%

通过同期群分析以看到，2020 年 11 月及 12 月签约的客户，与 7～10 月签约的客户相比，活跃率有所下降，这两个月签约的客户活跃率最高点只有 60% 上下，比 7～10 月的数据降低了约 10%，可以判断出这批客户的活跃质量有所下降，下降的原因可能是签约客户的质量不高，也可能是实施人员和客户成功人员的工作质量不高。

我们再结合一些定性的分析数据来做进一步论证，比如 11 月和 12 月的实施人员和客户成功人员对比 7～10 月有无重大变动，是否有骨干员工流失或者新进大批新员工，有无调整实施或者客户成功策略，由此判断这批客户活跃率下降是否是由人员原因引起的。

再根据客户未活跃原因及不续约的原因来判断是否是这批客户签约质量的问题，比如是否出现很多非目标客户、很多客户联系不上等。

最后结合上述数据，我们就可以得出2021年Q4到期客户续约率下降的原因及改进措施了。

2）案例二

某SaaS产品D，2022年Q3的续约率为65%，比上个季度下降5个百分点（Q2季度为70%），通过人员维度分析发现，是客户成功经理小王、小李、小张三人的续约率偏低，他们三个为去年新入职员工，他们对接的今年到期的客户是从离职老员工那里承接的客户。

为确定是否是因为离职交接客户的原因导致续约率下滑，团队内部做了如表3-3所示的数据分析。

表3-3　人员续约率分析

CSM	到期应续客户数	交接前活跃率	到期前活跃率	预测续约率	到期实际续约数
小王	50	60%	60%	60%	59%
小李	54	56%	55%	55%	50%
小张	55	60%	54%	54%	54%

通过多组数据分析对比可以发现，小王的续约率虽然比其他两个人高，但主要原因是成交的客户活跃率本身就相对较高，次要原因是承接客户后，活跃率没有下降。小张的客户活跃率下降了较多，需要进一步分析小张的客户跟进工作是否到位。小李的活跃率虽然没有下降，但实际续约率和预测续约率相比下降较多，猜测可能是小李在续费的销售跟进上可能存在问题，需要进一步沟通确定。

3.1.2　影响续约率的九大因素概览

把产品和服务做好，让续约成为自然而然的结果，这是笔者一直强调的续约价值观，也是续约方法论。

种其因，得其果。续约是一个长周期的工作，只有把面对客户的价值创造和价值交付工作做好，才能确保续约率持续性地增长。

如果一味地追求续约结果的改变，可能会本末倒置，客户续约的原因分析起来一大堆，但当我们换位思考去想客户续约的原因的时候，问题可能就变得更简单了，客户是否续约，核心是看ROI（投入产出比），即上次投入ROI如何，以及这次如果再投入，预计的ROI如何，再加上一点点的服务体验来辅助判断是否要续约。

因此在错综复杂的不续约原因中，笔者从续约率长期增长的角度，提炼出了九大因素，包括客户、产品、服务三大方面，如图3-4所示。

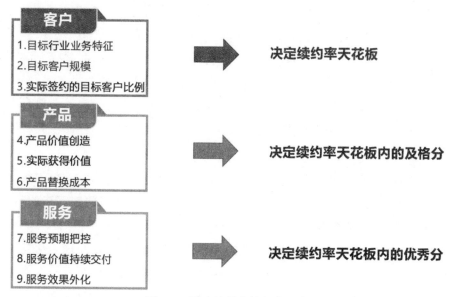

图 3-4　影响续约率的九大因素

1.客户三因素

客户三因素包括 SaaS 产品的目标行业业务特征、目标客户规模及实际签约的目标客户比例，这些因素决定了续约率的天花板高低。

为什么客户本身也会影响续约率？因为客户自身的行业特征、经营能力等因素也间接影响了客户在 SaaS 企业的留存。举一个最简单的例子，我国中小企业的平均寿命只有 2.5 年（数据来自 CHINA HRKEY 机构的《中国中小企业人力资源管理白皮书》），而集团企业的平均寿命有 7 ～ 8 年，所以如果你的目标客户是中小企业，那么续约率的天花板注定是要低于中大型企业的。

除此之外，目标行业和目标客户明确之后，销售部门到底签约了多少比例的目标客户，是否存在"刷单"等虚假客户，是否存在大量OP的行为，这直接影响后期客户激活及交付的比例——如果客户都是不存在的，客户的需求都是无法满足的，那么怎么可能续约？

2.产品三因素

产品三因素包括产品价值创造、实际获得价值及产品替换成本。

产品价值创造是指产品本身有可能给客户带来多少价值，如果客户能够完美落地到业务中，能够带来多少收入或者节约多少成本，是一种理论上的价值。

实际获得价值是客户从产品中实际获得多少价值，我们在1.1.2节里提到过，客户实际获得的价值＝交付的价值－获得成本，这部分3.3节会详细讲。

产品替换成本是经济学中机会成本的概念，即换一个产品时需要放弃原来产品的成本，包括原来产品中沉淀的数据、员工操作习惯、新产品重新培训成本、API对接成本等。

在目标客户没有大的问题后，产品就是影响用户续约的唯一关键因素，客户购买的核心是产品，如果产品不能满足客户的预期，不能解决客户的问题，那么客户基本是不可能续约的。

因此产品因素决定了续约率内天花板的及格分，也是续约率能否达到天花板的基础。

3.服务三因素

服务三因素包括服务预期把控、服务价值持续交付、服务效果外化等方面，这里的服务包括主被动服务，不单指客户成功服务。

由于大部分SaaS产品不具备自动化交付，不像部分C端产品那样客户靠自己就能够玩起来，因此服务对于续约率的重要性不言而喻。服务能够将产品应有的价值较小损耗地交付给客户，好的服务甚至能够给客户提供超预期的效果及良好的互动体验。

尤其是客户成功服务，是否有客户成功服务，对于客户续约率有极大的差异，以笔者此前的服务数据为例，有客户成功服务的客户续约率比没有客户成功服务的客户续约率高近100%，如图3-5所示。

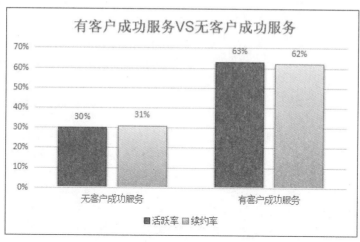

图 3-5　有无客户成功服务对比

因此，服务因素决定了续约率天花板内的优秀分，即在目标客户相关因素确定的前提下，续约率有一个大致的天花板，服务做得好不好，决定了是否能够达到这个天花板。

接下来的 3.2 节～ 3.4 节详细分析这九大因素。

3.2　客户三因素

九大因素中的第一类就是客户三因素，你选择了什么样的客户，就决定了你能够陪客户走多远。客户三因素包括目标行业业务特征、目标客户规模、实际签约的目标客户比例，这些共同决定了续约率的天花板。

3.2.1　目标行业业务特征

SaaS 模式随着计算升级和创新周期的高速发展变得越来越火热，但不可否认的是，时至今日，SaaS 业务在整体软件及服务业收入中的占比仍然低于传统 IT 软件收入，而且 SaaS 在不同行业及不同业务板块的渗透率区别很大，我们来看以下两组数据。

据《2021 年中国 SaaS 市场研究报告》（出自海比研究院）显示，中国 2020 年 SaaS 厂商有 4500 家，共有 915 万家客户，而付费客户只有 102 万家，而

2020 年全国企业主体数量约 4457 万家（数据来自国家市场监督管理总局），其中 SaaS 市场目标客户约 1655 万家，目标客户付费渗透率仅为 6% 左右。

从行业来看，如果你选择的是信息化水平相对较低的零售批发行业、农牧业，那么渗透率会更低。

渗透率低意味着什么？意味着客户不一定会采购 SaaS 软件，而不是选择哪个 SaaS 产品的问题。你防止客户流失的竞争对手，就不是传统 IT 软件或者其他 SaaS 厂商，而是客户的信息化意识，或者准确来说，是行业的信息化水平，这对于续约率提升的挑战是很大的。

从业务板块来看，如果你选择的是人力资源、销售管理、财务记账等相对成熟的业务板块，客户的信息化水平相对较高，大多数企业会通过采购软件的方式来解决问题，因此你防止客户流失的竞争对手，大多数情况是传统 IT 软件或者其他 SaaS 厂商，只要你能够把自己的产品和服务做好，确保客户不流失到其他友商，那么续约率是有可能做到比较高的。

因此目标行业的业务特征对于续约率的天花板至关重要，我们可以从以下几个维度来具体分析。

1.行业信息化水平

先说结论，大多数情况下，**行业的信息化水平越高，续约率的天花板越高**。因为客户已经尝到了信息化带来的价值，选择就从"要不要用系统"，变成了"用哪家的系统更合适"，客户也习惯了用系统而不是人工的方式来解决问题。

以笔者所接触到的线下教培行业和电商行业为例，线下教培行业由于市场相对分散，头部机构市场占有量总和也不超过总量的 10%，大部分都是员工规模在 10 人以内、单个门店为主的中小机构，而教培机构的主要经营场景还是在线下，主要服务于门店范围内 3 ～ 5 千米的客户，因此大部分工作可以通过线下的方式来完成，对于线上工具的需求相对较低，信息化的意识也不足。

电商行业则不一样，市场集中，大商家营收占比高，且最重要的是大部分经营场景都在线上，店铺在线上、沟通在线上、运营也在线上，天生就习惯了用工具来解决问题，老板和员工都相对熟悉线上工具的操作（这是必备的技能，不熟悉也没办法），信息化水平较高。

那么针对这两类不同的行业和客群，同样是 ERP、CRM 或者其他模块的产品，在不考虑拓客难度的情况下，客户进来后的整体 SaaS 行业留存率是不一样的，如在这两个不同的行业，都有 100 个客户首年采购了 CRM 产品，次年选择继续用 CRM 产品的概率，可能教培行业只有 50% 甚至更低，电商行业达到 80% 甚至更高。区别在于，CRM 产品在电商行业的渗透率比教培行业高（如图 3-6 所示）。

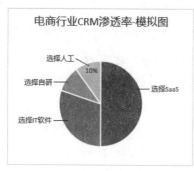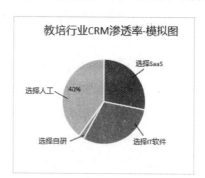

图 3-6　不同行业 CRM 渗透率对比

因此我们说行业的信息化水平越高，续约率天花板越高，这个天花板实际上指的是为该行业服务的 SaaS 产品整体在该行业的留存率，即客户再次选择使用 SaaS 产品的概率。如果客户选择继续用 SaaS 产品，那么为什么不能继续选择你的产品呢？让客户继续选择我们就是我们需要努力的方向。

面对行业信息化水平这个点，究竟应该选择信息化水平高、软件和服务渗透率高的行业，还是选择信息化水平低、软件和服务渗透率低的行业呢？

保守来看，选择信息化水平高的行业可能更为稳妥，首先你不需要做太多市场教育和验证的工作，可以发挥"后发者优势"；其次客户信息化水平高，线上运营的可能性较大，实施、交付及服务的成本有可能做到更低，可以做高毛利率。

但从另一个角度来看，信息化水平越低，信息差可能越大，SaaS 产品的价值就会被放大，有更大的可能做出高价值、高黏性的 SaaS 产品。

2.目标业务板块

从价值创造的角度来看，离钱越近的产品，客户认为的价值越大，付费能力及付费意愿也越强，此类 SaaS 产品整体留存的天花板相对越高，如图 3-7 所示。

图 3-7　不同类型 SaaS 产品的客户预算对比

- 创收型产品离钱最近，主要有两类：一类是能够直接带来流量的产品，如广告、代运营类 SaaS 产品，这类产品一般都配套运营服务，SaaS 工具反而是其次的；另一类是能够提升销售漏斗转化效率的产品，如营销裂变工具、客户运营工具、CRM。

- 合规型产品不一定离钱近，但由于需要保障企业日常经营符合法律法规要求和公司治理要求，避免政策风险和合规风险，客户对这类产品的付费能力和意愿也较强，如近年较火热的费控产品，融资数量多、融资金额高，原因在于随着国内合法合规经营相关政策出台，市场空间巨大。国外 SaaS 市场整体发展成熟也有这方面的原因，国外整体的合法合规政策相对完善，合规型 SaaS 产品是标配，否则将面临巨大的经营风险。

- 降本增效型产品，一般是工具型产品，主要是通过技术手段、标准化流程、专业开发工具，帮助企业降低成本投入，提升人工效率，如客服 IM 工具、直播工具、协同办公工具、ERP 等产品。

但如果从续约率天花板的角度来看，排序会发生一些变化（如图 3-8 所示），笔者一直认为工具型产品的续约率天花板被低估了，工具型产品包括降本增效型产品和部分创收型产品，这类型产品由于客户高频使用，黏性较高，且工具背后附带了工作流程方法论，客户如果能够持续应用，将给业务的发展带来持续性的影响。

图 3-8　不同类型 SaaS 产品的续约率天花板

在经济下行的大趋势下，新客户拓展难度增大，短期爆发式增长的可能性变小，企业内部的组织能力和运营效率变得更加重要，直白一点就是，赚钱越来越难了，花钱要省着点花。而降本增效型产品对于企业内部组织能力的提升、经营效率的提升，将发挥更大的作用。

相对比而言，尽管客户对创收型产品的付费能力和付费意愿较强，但 SaaS 产品很难解决客户自身获客能力的问题。也就是说，客户是否能够获得新客户，很大程度上取决于客户自己的产品、服务及获客能力，外部产品很难去影响和改变，如果真的能改变，也就不只收 SaaS 订阅费这点钱了。

而且由于企业不是每时每刻都在做营销，所以使用频率相对较低，黏性也较低，客户更多地会把创收型产品的投入当作市场费用来计算 ROI，假如客户到期前一段时间没有营销计划，可能就不会考虑继续投入使用了。

3.客户业务经营方式

经历过新冠疫情后，很多行业的业务经营方式发生了改变，客户业务经营方式对于客户续约率天花板的影响不容忽略。

- 如果你的客户采用的是专业化经营方式（专注于某种特定业务或产品，如 SaaS 企业），那么通常会有较高的续约率，因为采用专业化经营方式的客户更注重业务的稳定性和效率，他们更愿意持续使用 SaaS 来提高业务运营效果。
- 如果你的客户采用的是创新型经营方式（基于客户需求不断推出新品，如大多数互联网企业），那么续约率会有较大的不确定性，因为创新型经营方式的客户更加注重技术创新和市场竞争力，他们可能会不断需要新的解决方案，不愿意长期依赖于同一款 SaaS 产品。
- 如果你的客户采用传统经营方式（采用传统的产品、渠道等模式，如大多数零售、制造企业），那么可能需要担心客户后期会采用自研的方式，因为传统经营的客户可能更加注重稳定性和可靠性，对于技术创新接受度较低。

另一个要注意的点是，如果你的客户主要经营场景在线下，且在工作方式上，客户员工固定坐班比较少，那么客户成功整体的服务也需要贴近线下，否则会影响客户获得正常的服务支持。

3.2.2 目标客户规模

ToB 圈子有句名言：得大客户者，得天下。

客户规模越大，客户续约率的天花板越高，这已经在 SaaS 领域内得到充分的验证，就拿笔者所在的教培行业来说，主要做教培 KA（关键客户，指大客户）机构的 SaaS 软件续约率能够到 80% 以上，而主要做 SMB（中小企业）机构的 SaaS 软件平均续约率在 50% 甚至更低，不能说前者的产品及服务水平更好，这是目标客户规模决定的。

1.大客户的生存周期更长

中小企业的平均寿命只有 2.5 年，部分行业甚至更低，像餐饮行业，根据《中国餐饮报告 2018》统计，2018 年餐饮行业平均寿命仅为 508 天（约为 1.4 年），这还是餐饮行业整体的平均寿命，如果是新开的门店，寿命估计在 1 年以内。

如果你主要是给餐饮中的中小门店提供 SaaS 服务，那么你别指望第二年有多少续费了，因为部分客户可能第二年就关门了，产品的续约率天花板非常有限。

而大型企业的平均寿命有 7 ～ 8 年，先不管客户对产品使用得如何，至少客户还在，第 2 年、第 3 年还有续约的机会。

笔者曾统计过某行业内 SMB 客户和 KA 客户的不续约原因，其中，KA 的闭店率只有 SMB 闭店率的一半（KA 为 10%，SMB 为 19%），当然这部分倒闭的客户绝大部分都对系统用得比较差，如图 3-9 所示。

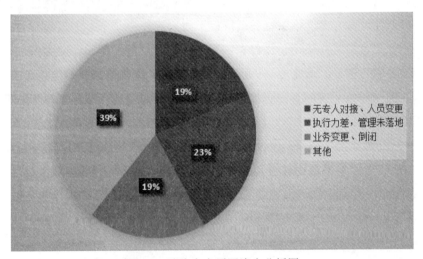

图 3-9　因为客户原因流失分析图

2.大客户的信息化意识更强

大客户的信息化意识强，对于信息化系统的作用认识更加充分，天然更加重视系统的启用和落地，会更加配合客户成功的系统落地计划。

其他关于信息化的点在 3.2.1 节展开讲过，这里不再赘述。

3.大客户一般都有单独的对接人

有无单独的对接人，对于 SaaS 系统的启用影响很大。

中小企业的员工一般都身兼多职，对接 SaaS 系统可能非本职工作，时间精力有限，很难抽出单独的精力来学习和使用 SaaS 系统，除非老板盯得很紧，亲自来抓 SaaS 系统的落地。此外，没有单独的对接人，意味着客户侧没有人能够去做好客户内部的推广和日常指导，这样客户成功的实施计划执行就会变得更加困难，这种情况下，部分客户成功经理甚至会到客户那驻场，手把手教客户内部员工使用系统，服务成本非常高。

大客户由于分工明确，一般都有单独的对接人，如 CRM 系统由销售运营或者销售培训的角色来对接，客服系统由服务运营或者客服负责人自己来对接，有单独对接人的好处有两点：

- 一是沟通和推进落地都更加高效，客户成功经理只需要对接具体负责落地的人员，沟通好使用计划即可，把这个对接人教会教好，对接人会做好客户内部的产品推广及日常学习指导，而不需要客户成功经理面对客户的所有使用者。
- 二是对接人一般有明确的职责和绩效目标，对于系统的落地使用更加上心，客户成功经理可以从帮助对接人更好地完成绩效这个点来推进系统落地，如提供系统使用报告，提供对接人更多的成果汇报资料。

4.大客户和中小客户经营痛点不一样

1）经营阶段不一样

大客户和中小客户所处的经营阶段是不一样的，大客户一般渡过了温饱阶段，且业务和团队都具备了一定规模，运营成本基数较大，精细化运营能够带来成本下降的空间较大，因此对于精细化运营，降本增效的需求比中小企业更加强烈。

中小企业，尤其是初创小企业，还在温饱线上挣扎，有着迫切的获客创收需求，对于精细化运营的需求没那么强烈，而且运营成本基数小，即使投入人力物力来做精细化运营，能够降低的成本也有限。

2）经营能力不一样

不同的经营阶段，经营能力也不一样，大企业有人有资金，有相对完善规范的运营管理流程；小企业没人没资金，运营管理制度不够健全。这个差异就导致了客户的需求点不一样：对于大企业，SaaS企业只需要把产品和服务做好，运营相关的事客户自己能够搞定；而对于小企业，不仅要做好产品和服务，还需要提供运营方法，帮助客户做业务上的落地，而不是仅仅提供工具。

因为SaaS产品的背后是SaaS企业所总结出或者所倡导的科学作业流程，这套作业流程的落地需要配合管理的升级，而不是简单上线一个工具、做做培训就结束的。而小企业做管理升级缺乏方法论的指导，简单来讲，就是我知道这个东西很好，但是我不知道怎么做，那么这时如果只是提供一个工具，给客户简单培训如何使用这个工具，则客户管理升级的成功率较低。

3）需要为小企业提供运营方法论、运营方案

笔者曾经服务过一家小企业，老板很有想法，希望通过采购SaaS系统来提升内部管理的效率，同时也能更好地服务自己的客户，于是便采购了一套系统，客户成功经理也完成了对客户员工的培训。但是在正式上线使用的时候却遇到了非常大的阻力，原因是员工觉得系统操作麻烦，不习惯使用系统来完成工作，并反馈日常工作很忙，没时间学习系统操作。

客户成功经理前后沟通了好几次，老板每次都说"好的"，但员工一反弹，系统使用又陷入停滞，老板担心员工反弹后离职，就没继续往下推进了。

这个小企业的案例其实挺典型的，老板想要做管理变革，但是只有意愿，缺乏方法，SaaS系统落地后没有制定配套的管理制度，如原来线下的过程考核没有搬到线上，因此系统落地的推进最终以失败告终。

因此针对小企业，不仅要提供工具，还需要提供运营方法论，甚至运营方案，如给小企业老板提供商学院课程，提供渠道让客户学习业内管理、运营及SaaS系统的最佳实践，让客户看到管理升级和SaaS系统的更多价值，也可以给小企业内部员工提供"开箱即用"的运营方案，直接套用方案，降低实际使用人操作的门槛。

在笔者所服务的一家企业中，对中小企业不仅提供工具，还提供工具落地的现成方案，以"实战营"的方式帮助客户更好地使用工具，通过这种方式，客户不仅能够快速掌握工具使用的方法，而且能够学到运营的方法论，客户反馈还是不错的。

3.2.3　实际签约的目标客户比例

在目标行业及目标业务板块都确定的情况下，影响客户续约天花板的最后一个因素就是实际签约的目标客户比例。

实际签约的目标客户的比例由两个因素决定：一个是 PMF（Product Market Fit，产品市场匹配）完成情况，另一个是销售质量。

1. PMF完成情况

怎样就算完成了 PMF？很多人有不同的理解，有些人认为只要产品能卖出去并取得不错的销售收入，就算完成了 PMF，或者认为只要能签下一些标杆客户，就算完成了 PMF。

其实这种观点在出发点上就出现了问题，笔者认为是否完成了 PMF 一定**要从客户视角出发**，而不是从 SaaS 企业自身的价值回报出发，或者完全自己臆想、自嗨、自我感动式地去判断。

而从客户角度出发，最好的判断就是客户是否愿意续约，客户会通过"脚"投票来判断 PMF 是否达成，所以**续约率是判断 PMF 的最好标准**。如果你的产品续约率没有达到及格线（SMB 的续约率及格线一般是 40%，KA 的续约率及格线一般是 70%），不管销售盘子有多大，都还没有真正完成 PMF。

但由于续约率的结果较为滞后，我们还可以通过北极星指标来判断产品 PMF 的完成情况，前提是北极星指标设置合理，能够反映客户价值获得的情况。在这个前提下，如果北极星指标能够达到及格线（SMB 的北极星指标及格线一般是 50%，KA 的北极星指标及格线一般是 70% ～ 80%），那么也能说明 PMF 的完成情况。

如果是在业务早期，还没有设置北极星指标，或者北极星指标信任度还不够高，可以通过以下两个方面来判断 PMF 的完成情况，参考如下。

1）客户使用 SaaS 产品是否获得了期望的效果

SaaS 产品到底有没有给客户带来价值，客户有没有通过采购并落地 SaaS 产品后获得预期的效果，这个是最好的 PMF 验证反馈。售前讲得天花乱坠，不如售后的反馈来得实际。

比如你是做私域营销 SaaS 的，跟客户说能够帮助他把老客户盘活，提高老客户复购率和转介绍数量，客户也按照你提炼的"最佳实践"开始落地，完成了产品培训、店铺搭建，也创建并推广了活动。但事实呢，客户在做了这些后，有没有真的带来老客户复购率和转介绍数量的增长？哪怕一点点，也能说明你在做的事是有价值的，如果一个客户说没有、两个客户说没有，就不算完成了 PMF。

因此在业务早期，CEO 和产品负责人要勤于做客户的回访，去了解已经使用了一段时间的老客户的反馈：用了自己的产品后，有没有带来效果提升？而不是盯着销售业绩数据大盘，或者坐在办公室里臆想。客户的反馈不会骗人。

2）SaaS 产品是否能满足目标客户的绝大多数需求

在商机的转化阶段，如果销售人员经常因为某个产品功能没法满足客户的需求而丢单，或者客户签约会带来很多定制化、个性化的需求，那么这是一个 PMF 没完成的显著信号。

SaaS 产品模式的魅力在于，通过标准化产品服务绝大部分客户，从而带来服务边际成本降低，如果没法做到这一点，和传统软件的定制性开发就没什么区别了。

要解决这个问题，需要产品经理和客户成功经理加强对客户经营场景的理解和把握，以一个又一个的经营场景解决方案的方式去满足客户的需求，而不是通过单个功能的方式去满足客户的需求。

因为客户在提出需求的时候可能没完全想清楚自己想要什么，往往会将自己加工过后的需求提过来，而忽略甚至掩盖业务实际遇到的问题或者困难，导致提出来的需求不完整，甚至是一个"伪需求"，所以产品经理和客户成功经理要尽可能还原客户提出需求背后的经营场景和目的，再基于此提出完整的解决方案。

2.销售质量

再来看第二个决定因素——销售质量，即销售团队签约了多少真实的目标客户。这里的目标客户分为两种：

- 一种是符合 PMF 要求的客户，与之相对，如果目标行业、目标客户画像都不符合，就是非目标客户，大多数情况下这些客户的北极星数据和续约率数据都不会很好。
- 另一种是真实的客户，与之相对，那些刷单的、联系不上的、久久不激活账号的客户都是虚假的客户，这些客户极大地拉低了客户的质量，不激活的客户甚至确认收入都拿不到，更别谈续约了。

如何提高销售质量，是企业 CEO 和销售 VP 需要重点关注的事，可以从如下两个方面努力：

（1）首先要杜绝虚假客户。内部设置"销售红线"，并设计内部反馈制度，向客户成功经理收集信息和证据，严厉打击虚假销售行为，同时在制度上不要给"可乘之机"，比如阶梯提成制度上，要控制阶梯提成跳档带来的收入远小于"冲单"（指虚假销售）购买的费用，降低"冲单"的利益诱惑，避免利益差。销售部门还是比较趋利的，只通过设立"红线"来堵的方式不一定有效，关键是要从制度源头上减少漏洞。另外也可以考虑将"客户账号激活"和销售提成做绑定，即客户成功开通、激活后，销售人员才能拿到提成。

（2）其次要引导签约目标客户。在客户真实性没问题的前提下，如何签约更多的目标行业客户？这一点更没法通过"堵"的方式来达成，如果你设想通过将客户的北极星指标活跃率和销售提成绑定，你会发现这根本没法落地，因为 ToB 的销售已经很艰难了，每一单的签约都不容易，还要压一部分提成 3 个月后再发放的话，销售的新人留存率将面临巨大的挑战。

因此不能通过"堵"的方式来解决这个问题，依笔者的经验，可以从整个销售链路上来思考这个问题，或许能有一些解决方案：

- 比如，源头上的线索获取环节，市场部门宣传推广的物料定位是否清晰、产品介绍是否清晰，是否能够让目标客户一看到就觉得这个是为我量身准备的，而不是看完一点感觉都没有，甚至看不懂。
- 又如在销售转化这个环节，如何提炼总结出更多的目标客户行业或者目标客户场景解决方案，通过内部的总结和培训去引导销售人员转化更多的目标客户。
- 再比如在客户成交后的转介绍上，销售部门可以让转介绍做得比较好的同事从自己客户签约的角度来分析转介绍的情况，如某类客户签约比较多、用得好、转介绍也多，通过这样的正向引导去激励大家签约更优质的客户，客户成功部门也可以定期反馈目标客户的使用情况及转介绍数据。

总之，可以通过运营的方式来推动问题的解决，尽量少用管理的方式来解决这个问题，否则情况会变得更加糟糕。

（3.3） 产品三因素

产品三大因素包括产品价值创造、实际获得价值和产品替换成本，产品价值创造和产品使用成本影响客户实际获得的价值，产品替换成本影响客户是否选择续约的机会成本。

在客户三大因素确定的前提下，续约率天花板内的及格分就确定了，这也是续约率能否达到优秀值的基础，如果产品三因素做得不够好，续约率很难达到优秀分。

⬡ 3.3.1 产品价值创造

1.如何理解产品价值

产品价值创造，即 SaaS 产品给客户创造的价值是什么，这里的产品可以有两层理解。

第一层理解是产品应该包括系统和服务。SaaS，即 Software as a Service，这里的 Software 既包括软件系统，也应该包括给客户提供的服务，如付费的代运营服务、咨询服务、客户成功服务等，只要是客户付费购买或者需付费实际赠送的，都可以算作产品，因为对于大部分相对复杂的 SaaS 系统来说，客户很难自己玩得转，必须配套购买一些服务产品来更好地使用 SaaS 系统，软件系统是系统产品，人工服务是服务产品。

因此如果你的团队所售卖的套餐中包括明码标价的运营或服务产品，这部分产品的价值创造不应该被忽视。

第二层理解，如果我们再深挖一下，会发现用"解决方案即服务（Solution as a Service）"来理解 SaaS 会更加深刻，客户想要的不是钉子，也不是墙上那个洞，而是把画挂上去，通过什么样的方式能把画挂上去，并且效果美观，这个就是需求对应的解决方案，因此产品价值创造中的"产品"，用解决方案来理解，更贴近客户视角。

从这个角度来看，不管是系统软件，还是配套的服务和运营，都不是完全独立的，而是一个整体，通过"系统软件＋服务＋运营"共同组成解决方案，解决客户的问题。那么解决方案就是 SaaS 里真正的产品，解决方案的解决效果就是产品价值。

有了这两层的理解以后，我们看待 SaaS 产品的视角就不会一样。首先是会以整体的视角去看待给客户提供的产品，而不是只是系统功能，这样在做产品规划设计、销售策略、产品宣传等工作时，考虑会更加全面；其次可以加入更多客户视角去做判断和决策，既然产品是解决方案，那么具体要解决的问题是什么？用什么样的方式解决？方案是否完整？客户的问题是否能够被完整解决？

这个理解的变化，对于产品经理来说，在做产品规划时，会带入更多的客户需求场景、需求链路来做需求挖掘，有利于设计出更完整、更合理的产品功能；对于市场和销售人员来说，可以从解决方案的角度去梳理产品介绍材料、传递产品价值，有助于获取更多精准客户，并提高目标客户转化率；对于客户成功经理来说，在面对不同需求、不同阶段的客户时，可以从客户经营场景和经营痛点出发，去匹配对应的解决方案，而不是通过无差别的产品功能或者运营服务去匹配客户的需求，尤其是产品功能没法直接满足客户的需求时，更需要客户成功经理给出替代性的解决方案。

2.价值创造和价值交付的区别

客户实际获得的价值需要有一个交付的过程，即创造价值和获得价值之间的路径。

交付就像商品的使用说明书，任何产品都需要做交付：如果你买了一个游戏机，那么游戏玩法说明就是交付说明；如果你买了一把西瓜刀，尽管你不需要使用说明书就会使用它，但使用西瓜刀的方法并不是你天生就获得的，而是你的父母交付给你的。

对于传统 IT 系统产品而言，系统软件具有价值，但客户需要实施部署完成后才能获得应用并逐渐产生价值，那么交付的路径就是实施部署。

对于大多数有一定复杂度的 SaaS 产品而言，产品本身具有价值，但客户没法完全做到"开箱即用"，需要通过培训学习完成初始化后，才能应用并初步获得价值，那么交付的路径就是产品培训。付费服务也具有价值，不同的付费内容交付方式可以多样，交付路径可能是设立响应更快的服务渠道、一对一的人工指导或者运营方案的输出。

对于极少数"开箱即用"的 SaaS 产品而言，客户打开产品后通过简单摸索就能获得产品的价值，那么交付的路径就是产品内置的指引或者是符合用户操作习惯的交互设计。

因此我们在做产品价值创造时，还需要考虑价值交付，即用户通过什么方式才能获得产品价值，是通过简单的产品培训，还是通过线下的实施。产品设计决定产品交付的方式和成本，也会影响用户获得产品价值的成本。

3.如何通过客户成功服务提升产品价值

产品价值对于续约率的影响不用多说，客户核心买单的就是产品价值，如果后期未获得预期的产品价值，是很难会续约的。产品价值这么重要，是不是只和产品经理相关呢？如果客户因为产品不符合预期而不续约，是不是就把锅全部甩给产品经理？

我认为不尽然，在产品价值上，客户成功经理可以也应该做得更多。

SaaS 产品有一个容易被忽略的优势是，通过和客户的持续交互而不断迭代产品，确保产品（或解决方案）始终处于领先水平。而这个和客户持续交互的核心角色，就是客户成功经理。

笔者始终认为，客户成功工作的第一优先级不是"客户成功"，而是产品优化，因为产品是客户接触最多的触点，只有产品好用，客户才会续约，因此如何通过客户成功经理收集客户反馈、判断客户需求，并参与需求评估、跟进需求上线效果，就是产品价值提升中非常重要的工作，主要包括两方面：

1）客户需求收集和判断

早期需求不多的时候，产品经理可以直接对接需求并给出反馈，而且大部分的产品规划来自产品经理对于行业、竞品及自身的思考。

当客户量起来以后，客户的需求越来越多，可能其中大部分属于短期无法迭代的或者不合理的需求，给客户需求评估结果反馈的压力就比内部需求评估的压力要大得多。这个时候我们要区分开服务压力和内部需求，否则产品经理会非常被动，谁提得急、提得多，就给谁做。

客户提出了需求希望得到反馈，是服务体验的问题，可以通过服务的方式来解决，如产品经理给需求做初步判断，合理或不合理，规划中或规划外，通过需求的判断分类，先把信息给到客户成功经理，客户成功经理根据不同分类制定相应的反馈话术模板，将需求结果及时反馈给客户，不管需求是否能实现，都要让客户感受到被重视的感觉。

客户提出的需求有助于产品迭代，是内部需求的问题，是我们需要客户的反馈来帮助我们更好地迭代产品，那么如何合理甄别客户需求真伪，如何充分了解需求场景，按照一定的节奏规划去落地，就需要客户成功经理和产品经理一起来回答。

客户的需求我们不可能照单全收，而是需要对需求进行优先级判断，那么需求优先级判断的标准是什么？是需求数量多少，还是客户规模？甚至部分SaaS公司没有统一的需求评估标准，更多的是通过销售负责人、产品负责人、客户成功负责人等相互讨论后的一个结果。

对于**需求优先级判断**这个点，我的建议还是产品经理主导，其他人尽量提供多的信息，但最终的拍板需要产品经理（也有可能是CEO）来，但客户成功经理要敢于且善于替老客户发声：

- 敢于替老客户发声是指要在需求评审会上多发表观点，观点代表影响力，客户成功部门的话语权本来就不高，如果一直默不作声，就更难替客户发声，传递客户的声音了。
- 善于替客户发声是指需要对客户的需求做一定的判断和梳理后再给到产品部门，剔除明显不合理的需求，尽量还原需求的场景，即客户在什么样的业务场景下提出的需求，而非直接转达客户的产品需求。

而且从实际的结果来看，来自老客户的需求更加清晰，实际上线的也大部分是老客户的需求，而非来自未成交客户的需求。

2）需求评估及上线跟进

客户成功经理一定要参加产品的需求评审（尤其是PRD和交互评审），客户成功经理每天都和客户对接，对于产品功能的细节和客户操作的场景都是非常熟悉的，能够很好地帮助产品经理把控产品需求实现方案的合理性及产品操作路径的便捷性。

- 在MRD（市场需求文档）评审中，客户成功经理需要协助产品经理做可行性及预期市场分析，通过目标用户调研的方式深入了解客户的需求及场景，以便准确、全面地评估需求合理性，并制定合适的解决方案。
- 在PRD（产品需求文档）评审中，客户成功经理要对需求实现方式做评估，提供客户真实场景，帮助产品经理完善产品方案，同时对方案的完整性、便捷性做评估，当产品方案不完善时，切忌用服务的方式来兜底，兜得越多，服务成本越高，效率越低，久而久之，整个团队也容易被拖垮。

- 在交互评审中，客户成功经理要对此前 PRD 评审的内容做验证，确保前后一致性，同时可以从用户体验的视角给做交互设计的同事更多的建议，提升产品操作的体验。

3.3.2　实际获得价值

3.1 节关于九大因素的分析中提到，客户实际获得的产品价值除了和产品本身的价值相关外，还和客户为获取这个价值所付出的成本相关，即**客户实际获得的价值 = 交付的价值 - 获得成本**。

我们以打车为例，网约车没有出现之前，打出租车需要到路边去等才能打到，为了打出租车，你需要提前到路边等，还需要招手，而且还要好运气才能招到空车，"站在路边招手" + "不确定的等待时间"就是你为了打出租车所需付出的成本。

有了网约车之后，你可以出门之前或者快到门口的时候提前发布订单，打到车以后再去候车地点，那么"手机上下订单" + "相对确定的等待时间"就是你为了打网约车所需付出的成本。

在同样的打车价格和路途时间下，获得网约车价值所需付出的成本更低，用户实际获得的价值更高。

所以我们除了要关注产品价值创造本身，**还需要关注客户获得价值所需付出的成本**，通过降低获得成本来提升客户实际获得的价值，这块工作在 SaaS 公司中非常容易被忽略，因为 SaaS 公司的产研资源本来就很紧张，绝大部分资源都集中于产品功能的开发，尤其是在 MVP 和 PMF 的阶段，产品只要能用就行，产品操作等交互体验没有提到更高的优先级。于是在各种紧急需求的压力之下，**用于"减少用户学习成本"的功能投入，就很容易被 SaaS 公司忽略**。

这个结果的产生和 SaaS 产品经理及客户成功经理也是相关的：

- 如果产品经理多去客户现场跑一跑，多去实际体验、操作自己设计的产品，应该就能感受到客户首次操作产品时的茫然和失措，也应该能感受到客户成功经理在面对客户的质疑、质问时的无奈与心酸。

- 而对于客户成功经理，由于这个岗位（包括部门）在 SaaS 企业中天生话语权就偏弱，所反馈的"减少用户学习成本"的需求在一系列的讨论之后会被排得靠后，甚至无法排期。这时客户成功经理如果没有足够的论据来证明这个需求的价值（比如如果做了这个操作，用户满意度会提升多少，或者能够节省客户成功经理多少时间），也没有足够的坚持及持续的发声，久而久之，这些较高的用户学习成本就只能通过服务来买单了。

举一个实际案例，某 SaaS 产品功能复杂度一般，但也需要客户在初始化之前完成 3 节课程的学习，才能准确地配置好系统，完成系统的初始化启用，这3 节课程每节课的适用对象不同：第 1 节课的培训对象是系统管理员，通过课程学习系统的账号权限、页面设计等配置；第 2 节课的培训对象是客户主要的操作人员，主要学习日常的系统高频操作；第 3 节课的培训对象是客户老板，主要内容是系统的数据报表的使用。每节课都有一些配套的操作文档材料来辅助客户完成系统配置。

在实际的学习过程中，为保障学习的连贯性和效果，需要客户通过客户成功经理才能获得培训课程，而客户成功经理需要给客户不同的对象发送不同的学习材料，并在客户完成对应课程后及时发送下一个课程并提醒客户完成学习，如果客户看完视频后没有对照系统去操作，就容易学了又忘，这一来一去，整体沟通和对接的成本非常高，客户成功经理大量的时间都在做系统功能的解答和培训。

产品经理在了解到这些实际的需求后，成立一个"新手引导"的专项来解决这个问题，通过在产品页面配置新手引导，客户按课程顺序依次解锁后续课程，保障了学习的连贯性，同时学习完之后，系统可以直接跳转到操作页面去操作测试，学了立马就能应用起来。

另外针对不同的角色配置了不同的学习任务，这样客户成功经理只需要在后台检查不同角色的学习完成情况，再去做对应的提醒即可，省去了一对一的沟通和对接成本。

如果我们没有想办法降低客户学习成本，会带来两个看似不痛不痒，却会影响 SaaS 企业健康发展的问题：

（1）首先是对于客户而言，较高的学习成本容易让客户望而却步（如图 3-10 所示）：

- 在系统启用阶段，较高的学习成本容易导致客户流失。即使前面花了较多时间启用，客户整体的价值感知也较差，客户比较直观的感觉就是本来的目的是花钱来提升效率，结果钱花了，效率反而不如之前的效率高。

- 在使用过程中，较高的学习成本也容易导致客户流失。例如，如果客户业务是明显的淡旺季，旺季的时候正常使用产品，淡季的时候又要重新整理数据启用系统，高的学习成本让客户陷入和初次使用时一样的糟糕体验，容易再次放弃。又比如，当客户对接人更换时，客户内部又要重新学习系统，使用成本太高导致新对接人容易放弃。

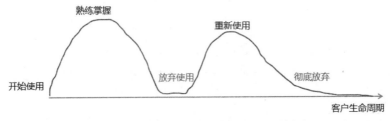

图3-10　学习成本高导致客户在多节点流失

（2）其次对于客户成功经理而言，较高的学习成本必然会导致服务成本的增加：

- 一方面会影响人均服务客户数，拉低服务人效，而人效是SaaS企业非常重要的一个指标，人效代表人均创造的价值，代表利润空间，服务人效也直接影响了SaaS产品的毛利率。
- 另一方面会导致客户成功经理一直在为产品兜底，客户成功经理一直在做产品答疑、产品培训等服务性质的工作，花在运营指导、案例输出等工作上的精力不够，无法充分发挥出客户成功经理的价值，也会影响客户成功经理职业成长性。

3.3.3　产品替换成本

1.如何理解产品替换成本

产品三要素的最后一个是产品替换成本，即客户选择其他产品（或改自研、回归人工）时，因放弃原有产品而付出的成本，包括剩余的服务期（如有）、原有产品的数据、已经掌握的系统操作、原有产品预期的价值等方面。

这有点像经济学中的机会成本的概念，机会成本是指做出某项选择时需要面对的其中最大的一项损失，比如某企业只会造车和生产手机，当企业决定把已有的资源都用来造车时，就无法再用这批资源来生产手机，假设这批资源可以生产价值1000万元的手机或价值1500万元的汽车，那么这1000万元就是这次选择的机会成本。

在信息充分的情况下，企业应该尽可能选择机会成本低的项目，如果是生产汽车，那么机会成本是1000万元，如果是生产手机，那么机会成本是1500万元，应该选择造车而不是生产手机。

对于SaaS企业的客户来说，也应该选择机会成本更低的选项，在继续使用原有产品、选择其他产品、自研系统、不再使用系统之间权衡。

为什么我们一直说客户成功服务是SaaS的唯一选择？因为相对于传统IT软件来说，SaaS产品的替换成本太低了，选择这个产品和选择另外的产品，尽管机会成本有差异，但是由于订阅制付费的形式，客户所需要付出的成本总体的绝对值都相差不大。

2.影响产品替换成本的因素

所谓替换成本，是相对而言的，如果不需要重新做选择，是不存在替换成本的。影响产品替换成本的因素主要有以下几个，和机会成本一样，有些是可以量化的，有些是很难量化的。

首先是新老产品预期的价值对比。原有产品是否还在正常使用，获得了多少价值，和想要选择的新产品对比如何，这是影响产品替换成本最重要的因素，一般来说，客户使用越深入，客户获得的价值越高，原有产品的替换成本越高。

如果原来产品没怎么用，这块价值几乎是零，客户可以毫无负担地选择其他产品，甚至回归原来的人工操作状态。

如果原来的产品还在使用，给客户创造了一定量的价值，那么就要看和新产品预期能创造的价值对比如何了，如果新产品和老产品差不多，或者比老产品稍微好一点点，可能还是很难让客户下决心更换产品的，因为后面还有其他的替换成本。所以如果你想要撬动友商的客户，一方面你的产品和服务所能创造的价值，需要比别人的产品和服务所创造的价值高出30%以上，这样客户才会足够动心；另一方面，也要想办法降低客户其他方面的替换成本。

其次是原有产品的沉没成本，包括客户做系统对接（API对接、本地化部署等）所花费的产研资源、客户学习系统所花费的时间、系统和客户业务融合的管理成本等方面，这些都是已经付出了的成本，如果选择新的产品，意味着这些都要重新付出。

这个成本很好理解，客户花了这么多时间和资源在这个系统上，即使原有系统再不好，也很难舍弃。就像男女朋友一样，即使对方有不好的地方，但我已经付出了我的青春和感情，真要说分手还是很难的。

然后是系统迁移的成本，主要包括数据迁移和客户迁移两部分。

数据的迁移是一件麻烦事，在原系统产生的数据一般都比较难迁移到新的系统中，比如 CRM 系统里的历史跟进记录不一定能导出来，导出来也不一定能导入新系统，比如会员运营系统里的照片、点评互动等记录，也是同样难迁移到新系统中，所以一旦决定要迁移新系统，就要做好这些数据舍弃的准备，从头再来。

如果是对客的产品，更换系统之后，客户的客户可能也需要做迁移，比如做知识付费的某 SaaS 产品，客户用他们的产品来做课程推广及交付，一旦更换为其他的产品，需要一个一个通知客户新的店铺地址，这是非常麻烦的，有可能因为通知不到位导致客诉甚至客户流失。笔者曾经服务的不少客户都因为要迁移自己的客户而放弃更换系统，因为相比内部的数据迁移而言，麻烦自己的客户比麻烦自己更难。

最后是拒绝别人的成本，如果你的客情维系做得比较好，经常跑客户现场，逢年过节做客户拜访，和干系人非常熟悉，那么即使客户有想要更换系统的想法，也会碍于情面比较难开口，除非你这个系统真的是很烂。这也是为什么要做好客情维护。

3.如何增加替换成本，提升续约率

对于 SaaS 企业来说，替代成本越高越好，这样有助于"绑住"客户，让客户很难离开，达到提升续约率的作用。

怎么"绑住"客户？是你自己真的非常好，让客户心甘情愿地被你"绑住"，还是你通过一些技巧和方式，丝丝缕缕地绑在客户身上？

笔者的建议还是从客户成功服务的初衷来看这个问题：如果你真的足够好，客户没有理由离开你的。这就像男女朋友关系，两个人在一起不是说谁真的离不开谁，离开了也一样能活得很好，而是在一起能活得更好，所以你始终要让自己不断变好，才能够总是给到对方最好的，而不要老是想着怎么"绑住"对

方，让对方特别依赖自己甚至失去自理能力，这样的关系是畸形的。

对于 SaaS 公司来说，想要增加客户的替代成本，唯一的办法就是把产品和服务做好，通过和业内领先客户的不断交互，持续迭代自身的产品和服务，确保自身的解决方案始终处于业内先进水平，这样客户继续选择你的机会成本就最低了。

3.4 服务三因素

服务因素之所以放到最后来阐述，有两个原因：

一是因为"对的客户 + 好用的产品"是决定客户续约率能否达到合理值的关键因素，甚至极致好用的产品不需要服务，同时也提醒大家不要把"提升续约率"的全部责任归到客户成功部门，商业模式的设计、市场营销的选择、产品价值及易用性也同样重要并需要持续关注。

二是因为服务的重要性，毕竟大多数 SaaS 产品复杂度不低，达不到极致好用，这时有无客户成功服务，续约率的差异极大。服务因素决定了续约率天花板内的优秀分，如果你想要做好续约，这个是非常关键的一步。

具体来看，服务三因素包括服务预期把控、服务价值持续交付、服务效果外化。

3.4.1 服务预期把控

1.如何理解客户的服务预期

客户的服务预期是客户对于产品和服务的期望，如果实际提供的产品和服务高于这个期望，那么客户会感到惊喜；如果实际提供的低于这个期望，那么即使你自认为已经做得很好了，客户也会心生不满。

我们需要把客户的预期控制在合理的范围之内，如果预期太高，我们就很难满足，即使通过一系列的努力满足了客户的高预期，也需要付出巨大的成本。预期也不是越低越好，如果太低了，客户可能对你压根不抱啥期望，就不会投入太多时间和精力来启用系统。

在实际案例中，一般情况下是客户的预期过高，导致后期服务压力很大，因为销售人员为了成交，会天然地拉高客户对于产品及服务的预期，导致后面的交付工作很难做，经常会出现客户成功经理明明很努力地做好服务了，但是客户仍然不满意，客户觉得售前一套售后一套，觉得被欺骗了。客户成功经理也会觉得销售人员过度承诺，销售人员又觉得客户成功经理没有做好服务，最终导致客户流失，也没有转介绍和增购，形成一种恶性循环。

所以大部分情况下，需要把客户的预期降低到合理的范围内，这个是我们对客户预期把控的浅层理解，但客户预期把控远远不止如此。除了前端销售人员尽量避免过度承诺外，如何及时获取客户预期的变化情况、客户成功经理如何建立和客户平等对话的关系、如何通过客情维护和客户建立更深的信任关系，这些都是客户预期把控的关键要点，也就是说客户预期的影响因素是多样的、动态变化的，需要我们在不同阶段不停地去做把控。

（1）**首先客户的预期是会变化的。**客户在首次购买产品时，客户预期是和销售人员沟通过程中、在阅读我们产品介绍的过程中、在和其他产品对比中形成的首次预期，即解决客户当前问题的程度和解决过程中的体验。当首次预期得到实现时，客户的预期可能变为我们还能帮客户做些什么。当客户当下的重点工作或者客户对接人发生变化时，客户的预期可能是你怎么帮助我解决最新的问题。

（2）**其次客户的把控是双向的。**如果一直是被动地接收客户的需求，甚至所有需求照单全收，客户的"欲望"就会不断增长，今天可以提电话秒接的需求，明天就能提随时上门的需求。一旦哪天没做到，就会低于客户的预期，这是一种不平等的合作关系。

甲乙双方的合作应该是共赢的，而非卑躬屈膝、绝对服从，因此客户成功经理如何建立和客户平等沟通对话的关系就非常重要，这也是客户成功经理的能力之一，如果你能够及时拒绝客户不合理的需求、能够以自己的专业性征服客户、能够给客户提配合的要求，那么你就开始从被动转为主动，能够更好地把控好客户的预期，而非一直被动接收。

（3）**最后客户的预期是因人而异的。**我们都知道越是亲近的人，我们往往不会那么客套，对方的容忍度也会更高，也不会事事都论个是非曲直，而更多的是关注彼此的感受，那么同样对于客户关系而言，如果我们和客户的关系维系得够好，能够和客户建立相互信任的关系，那么客户也会给我们更多的容忍，当低于预期的时候，也能更好地理解和接受。

笔者曾经服务的一个客户，因为业务规划的临时调整导致此前承诺的产品需求没法兑现，客户非但没有责怪、不满，反而安慰我让我不要太过于沮丧，对临时的变化表示了充分的理解，并相信我们会渡过难关，这种理解都是之前客户关系维护较好的结果。如果是没有客情的客户，势必会产生客诉甚至退费。

2.如何控制客户的服务预期

1）把控客户首次预期

由于成交的需要，销售人员天然会集中呈现产品和服务的优势而掩盖其劣势，尤其是售卖商业型SaaS，客户需求过于笼统、产品并非所见即所得，甚至客户在付钱之前都没有看过产品后台，这个时候客户对于产品及服务的预期，不仅过高，而且模糊，等客户逐步接触到产品后，期望一落千丈，注定是一次失败的合作，也是负责该客户的客户成功经理"噩梦"的开始。

那么对于客户成功部门来说，如何把控新签约客户的首次预期呢？笔者认为光喊口号是没有用的，销售是逐利的，最好的方式还是通过利益驱动去解决这个问题，必须制定出一些实际有效的措施才能减少这类情况的发生。

首先是控制对于服务内容及标准的预期，要弄清我们是否有清晰的服务标准，哪些服务是收费的，哪些是免费的，每项服务做到什么程度，服务时间和响应时效是怎样的。而且，还要确认这些服务标准是否被清晰、准确地传递给销售人员，从而传递给客户了。

大多数团队在发展到一定阶段后，都会有自己的服务标准，但这个标准很难在售前阶段传递给客户，因此笔者的建议是在完成内部充分的培训（也叫解读）后，不能完全期望销售人员把服务内容完整清楚地介绍给客户（实际上也做不到），而要通过一定的机制直接传递给客户，比如在合同后面加上服务说明、在产品宣传手册中加入服务标准等，让客户在购买前就清楚售后服务的内容和标准。

在客户完成签约后、正式开始服务之前，也建议客户成功经理在首次建立联系时再次说明服务内容及标准，让客户对于售后服务内容有更深的印象，同时也能将客户的预期往回再拉一拉，尽管有些客户可能会因为这些动作导致不满意，但服务内容和标准是既成事实，提前说总比在过程中不满意要好得多。

其次是推动建立对于销售过度承诺的惩罚措施，如高压线制度。抛开客户成功文化的宣导，惩罚还是有必要的，我们不要去挑战人性，要让大家有敬畏之心，如果因为过度承诺导致客户退费，销售人员仅仅损失掉一笔应该退回的提成，那么"犯错"的成本还是不够高，足够高的犯错成本才会产生足够的敬畏之心。

建议将售前的服务问题分成两大类：一类是过度承诺，另一类是服务礼仪。过度承诺和销售及销售管理者的绩效挂钩，服务礼仪单独设立服务制度，可以区分"奖励"和"惩罚"，辱骂、诋毁客户等按照服务高压线政策处理，服务做得好的可以按月／季度评选"服务之星"，奖惩结合减少售前服务问题。

最后针对部分大客户，或者运营类的产品销售，建议客户成功部门介入售前环节， 直接向客户传递售后服务内容及标准，更能直接把控客户对于服务的预期。

2）建立平等对话的关系

笔者刚开始带客户成功团队的时候，经常碰到这么一个问题：团队中由客服转岗过来或者性格相对温和的客户成功经理很容易被客户"牵着鼻子走"，不会拒绝客户的不合理需求，导致客户说啥就是啥，在服务的过程中非常被动，自然也很难把控好客户对于服务的预期，客户认为我们有求必应，当某一天实在无法满足客户的需求时，客户就会"炸毛"。

究其原因，是客户成功经理没有和客户建立平等对话的关系，总是处于失衡的一方，我们没有在客户侧建立起"专业"的形象，客户觉得客户成功经理就像一个传统"客服"的角色。

一方面是我们确实在日常服务过程中，大部分工作都是一问一答的客服工作，没有主动帮助客户解决业务上的问题，没有给到客户专业的建议。另一方面，即使我们具备了专业的能力，也缺乏专业化的"包装"，没有给客户留下"专业形象"的印象，比如你的微信头像、朋友圈以及每一次和客户沟通时的形象。因此要建立和客户平等对话的关系，需要从下面三个方面努力：

首先需要具备能够平等对话的能力。 当你面对客户负责系统操作的员工时，你对系统足够熟悉，在服务上足够专业，就是你的平等对话能力；当你面对客户的业务负责人或者客户高层时，你在客户行业上的深入了解，在复杂业务问题上的解决方案能力，就是你的平等对话能力。

其次能力强也需要合理包装。 让客户从里到外都觉得你是值得信任和尊敬的，你的微信头像、朋友圈的内容是否能够展现你专业化的形象，你和客户见面时的着装、谈吐，是否让客户觉得你很专业，这些会潜移默化地影响你在客户心中的形象。

最后，有了平等对话能力和合理的包装之后，**我们要正视和客户的合作关系，不卑不亢**，对于客户不合理的需求要勇于拒绝，如果你想要让一个人尊重你，你就不能无条件地满足对方。

3）主动了解客户预期的变化

如果你对客户预期的了解只是停留在最开始合作的时候，那么之前所有为了客户满意的努力将付诸东流。

客户预期的把控和满足需要具备持续性，我们满足了客户的首次预期之后，还需要持续地做客户预期的把控和满足，直到客户完成续约。

因此我们需要及时了解客户预期的变化信息，通过定期做客户拜访（上门）的方式，了解客户的业务规划是否有变动、客户的对接人是否有变动，并了解在新的业务规划及新的对接人预期中，我们如何帮助客户实现新的业务目标。

4）提升客户信任度

客户对我们越信任，对我们服务的容忍度会越高，我们也更容易满足客户对于服务的预期。从和客户建立信任度的方式来看，效果从优到劣依次为：见面→视频→语音→文字，俗话说"见面三分情"，和客户多见面是提升信任度非常好的方式，能够拉近和客户的距离。

因此，笔者建议 KA 客户一定要定期上门拜访，不仅能够提升客户对我们的信任，也能够及时了解客户的业务规划，发现增购商机。对于 SMB 客户，如果没法上门拜访，也要考虑通过沙龙等 1 对 N 的方式拉近与客户的距离。

另一方面，在日常和客户沟通的过程中，要逐步和客户建立社交关系，关注客户的朋友圈动态、关心客户的状态、了解客户的兴趣，最终能够和客户聊到一块，和客户熟悉起来，日常能够和客户聊聊行业动态、时事新闻，甚至吐吐槽，这些都是拉近客户关系的方式，这一点还是要向销售团队学习。

3.4.2　服务价值持续交付

服务价值的持续交付是影响客户续费至关重要的因素，1.1.1 节提到过客户续约的底层逻辑：企业客户是否续费，核心是要看当时的采购有没有带来预期的回报，由此来评估再次购买是否能够继续带来预期的回报。

所以企业客户是否会续费，更多地取决于企业客户对于再次采购是否能带来预期回报的评估，依据是上次采购行为的实际回报评估。而由于决策时间点的问题，对于上次采购的实际回报评估更多地会受"近期效应"的影响，即近期是否有获得预期的回报。

那么我们可以将客户续费的决策逻辑总结为：客户至少在续费前一段时间获得预期的回报（效果），并且认为这种回报会继续延续，客户大概率就会续费。

其中的"至少在续费前一段时间获得"就是服务价值持续交付的重要性所在，如果我们只在客户刚进来的时候交付了产品和服务的价值，客户可能会在最开始的时候给我们推转介绍，但客户在系统快到期要评估是否续费时，更多的会采用近期的印象，而不是半年以前的使用情况。

为了更好地验证上述论证，我们以某款工具型产品为例做以下拆解和验证，如图 3-11 所示。

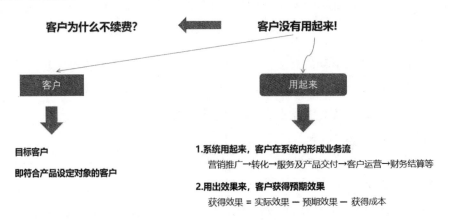

图 3-11　续费因子拆解

一般工具性产品给客户提供的价值是通过线上化来降本增效，即客户把原来线下的业务搬到线上，那么在销售人员正确传递产品价值的前提下，客户购买这款产品的预期就会是希望能够把原来线下的业务搬到线上，提升业务的效率，节约人员成本。因此客户在到期前形成业务流程并达到降本增效的效果，**客户大概率就会续费**。

在实际的客户成功工作中，这一点在数据层面也得到了充分的验证，如果我们只关注启动期的价值交付，客户的流失会非常严重。

以下是某款工具型 SaaS 产品的流失数据分析，该企业的客户成功团队早期只专注于新客户的产品和服务价值交付，即帮助客户上手系统并获得初步的效果，交付完这批客户之后又忙着交付下一批客户，针对已经交付完的客户关注很少，导致客户在到期前的活跃率下降了一半（如图 3-12 所示），也直接导致实际续约率比预期续约率低 20% 以上。

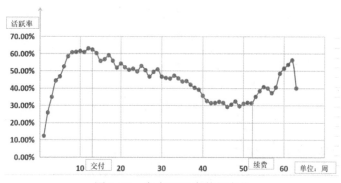

图 3-12 客户活跃度数据变化

客户成功负责人在拿到这组数据的时候是非常吃惊的！客户成功经理前仆后继地在做一批又一批的新客户交付，但是客户的流失却这么严重，这也解释了续约率为什么一直这么低。

而从不续费客户的调研中也拿到了相同的反馈，大多数客户反馈"没怎么用""用了一段时间后弃用了"，所以决定不续费了。

为解决这个问题，该团队开始做**客户全生命周期的管理**，确保服务和产品的价值一直交付到客户到期前，这也是第 5 章节讲解的重点，通过对启动期、活跃期、流失期、续费期等客户周期的管理，每个阶段设立价值交付重点，减少客户在过程中的流失，最终将流失率从 30% 控制到了 5% 以内，续约率也提升了 20% 多！

3.4.3 服务效果外化

客户成功部门有时候还是太低调了，明明做了很多努力，却没有让客户充分看到我们背后做的工作，明明我们的产品很有价值，却没有让客户看到我们究竟帮助客户提供了多少价值。

服务效果是一个比较隐形化的东西，提供服务是应该的，提供符合预期的服务也是应该的，但如何让客户看到服务的效果，增加续约的概率，是所有服务团队都需要思考的问题。

"会哭的孩子有奶吃"，做 SaaS 也是一样，我们的服务需要做效果外化。

1.教育效果外化的启发

效果外化一词在教育行业用得比较多，教学效果外化，即让家长看到教学成果以达到客户满意的目的。笔者从事教育 SaaS 行业多年，认为教育行业的效果外化是非常值得 SaaS 客户成功部门借鉴的，这里面有很多相似的地方。

教育机构做效果外化的方式可以分为两大类：一类是量化型的效果外化，另一类是感知型的效果外化，如图 3-13 所示。

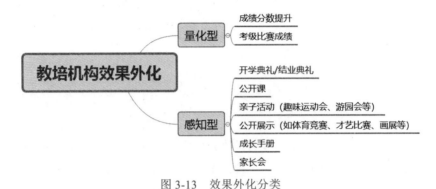

图 3-13　效果外化分类

量化型的效果外化主要是通过直接展示学生成绩提升的方式来外化教学效果，如在"双减"之前的文化课机构，通过展示小孩学习前后的成绩提升对比，来展现教学效果，部分音乐、舞蹈等艺术类机构，会通过考级的方式来展现效果，这些都是非常直接的外化形式，学习效果看得到、可衡量。

感知型的效果外化形式就多样了，不同的机构类型展现形式不一样，常见的有公开课、开学典礼、结业典礼、成长手册、公开表演 / 竞赛等，部分美术类机构还会做画廊展示，体育类机构会做亲子趣味运动会。例如，在开学典礼上向家长宣讲机构的学习体系、服务体系，这是为了让家长心中能对教学的效果有一个更加清晰的认知，将家长的期望值引导到合理水平上的同时，再通过将往届学员在本机构的学习效果进行展示，家长就能够更加明白学习的目标和结果，配合老师的工作时，也会愈发有积极性。

教育机构这些效果外化的形式，和客户成功部门要做的服务效果外化有异曲同工之妙。

2.量化型的效果外化

首先看一下量化型的效果外化，学习成绩的提升，就等于 SaaS 产品能够给客户带来多少效果，是节约了多少人工成本、研发投入、仓储物流成本，还是提升了多少销售收入、续费收入，这些能否直接量化出来，一旦能够量化，客户就更加会"用脚来投票"，买 SaaS 花了多少钱，能够节约多少成本或提升多少收入，简单一算就能决策投入产出是否合理。

效果量化是比较难的，因为影响客户业务结果变化的因素有很多，SaaS 工具只是其中的一部分。但难归难，不代表我们要停止去做效果量化，目前市面上有一些产品还是尝试在做效果量化，比如企业微信的每周小结，会告诉你这一周你一共发了多少条消息，最晚一次是在什么时候；比如钉钉的钉钉指数，通过蛛网模型图告诉你哪些方面做得好，哪些方面有待提升，你的企业钉钉指数处于业内什么水平，如图 3-14 所示。

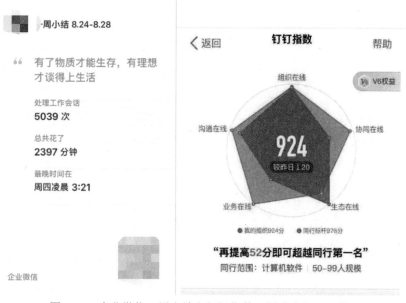

图 3-14　企业微信一周小结和钉钉指数（图片来源于网络）

3.感知型的效果外化

其次是感知型的效果外化，也是效果外化的主要形式。

类比教培机构里的开学典礼，对于 SaaS 企业而言，我们通过和客户的首次建联，向客户详细介绍我们的服务体系以及每个服务阶段的重点工作，客户需要做什么、我们需要做什么，能够让客户对于我们的服务内容有一个基本了解，客户的期望也会变得更加具体，同时辅助展示一些客户同行业的最佳实践，能够激发客户配合的积极性。

培训机构举办的趣味运动会或者其他类似的亲子活动，就像 SaaS 企业举办的沙龙，通过邀请一些标杆客户来展示自己的最佳实践，标杆客户有机会展示自己的成果的同时，也受到了其他客户的认可，会进一步加强对学习效果好的印象，而其他客户看到有同行能够做得这么好，自然也不甘落下风，也不再觉得自己没用好是系统的问题，更多会找自己的原因。

培训机构做公开课展示老师的教学水平，本质上是让家长看到真实教学的课堂效果，同样的手法还有老师通过发送课堂表现（视频或者相册）给家长，这样家长会更加了解自己小孩在机构的实际学习情况，也会更加安心，因为教培产品和 SaaS 产品有一个共同点是"决策人和使用人是分离的"——买课的是家长，使用的学生；买系统的是老板，使用的是员工。

对 SaaS 公司也是一样，如何让客户看到客户成功部门真实的服务效果，客户成功部门是否可以通过设立服务之星评选的方式，让客户 KP 参与投票评选，客户在投票的同时也详细了解了一个又一个的服务好评案例，这样对服务效果就有更深的印象了。

如何让客户 KP 看到他的员工真实使用的效果，客户成功部门是否可以通过定期汇报系统使用情况的方式，将近期系统使用的数据、员工活跃度、服务交互、产品更新等情况打包展示给客户 KP，让客户 KP 了解系统的使用情况，同时也在这个过程中对于服务及产品效果有更多的了解。

总结来看，教培机构的效果外化和 SaaS 企业的效果外化在底层的逻辑上是非常一致的（如图 3-15 所示），都是将"学习效果"展示给客户，让客户充分感受到价值，以便提升续约率和转介绍量。

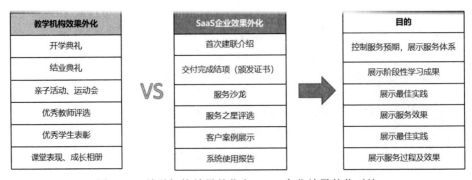

图 3-15　教学机构效果外化和 SaaS 企业效果外化对比

（3.5）本章小结

本章详细阐述了影响续约率的九大因素，从客户、产品、服务三大维度分析了续约率的影响因子。

客户三因素决定了续约率的天花板，产品三因素决定了续约率的及格分，服务三因素决定了续约率的优秀分。

而这三大因素的改变，需要 SaaS 公司各个部门通力合作，客户三因素是行业市场及产品的选择结果；产品三因素需要产品研发部门以及客户成功部门共同努力，结合目标客户需求及商业价值持续迭代；服务三因素需要在客户成功部门的主导下，持续交付服务价值。

如果以数字来说明这三者的关系，客户是续约率这组数据的最大值，那么产品价值就是这个最大范围内的 1，服务价值是 1 后面的 0。

指标体系建设是客户成功的起点

如果将客户成功战略的落地当作一场战役，那么北极星指标就明确了"往哪打"的问题。

本章将结合一些实际案例，来给大家讲解客户成功指标体系的制定方法及落地要点，参见图 4-1。

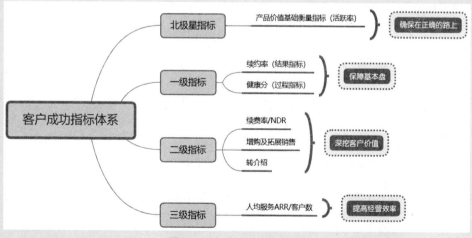

图 4-1　客户成功指标体系

4.1　北极星指标确保在正确的路上

客户成功指标体系中最重要的一个指标就是北极星指标，如果说续约率是 SaaS 企业的"晴雨表"，那么北极星指标就是 SaaS 企业的"指南针"，"晴雨表"衡量了 SaaS 企业的健康状况，是一个结果指标，而"指南针"指明了具体的达到路径，是一个过程指标。

北极星指标衡量了我们是否给客户创造了价值，同时也是 SaaS 企业实现长期商业价值的基础，它完美地贯彻落实了"帮助客户成功，然后我们取得成功"这一客户成功宗旨，确保我们始终走在正确的路上。

4.1.1　什么是北极星指标

1.北极星指标的概念

在讲客户成功北极星指标之前，先普及一下这个指标的概念。

北极星指标（North Star Metric，NSM）又叫 OMTM（One Metric That Matters），即唯一重要的指标。之所以叫北极星指标，是因为这个指标一旦确立，就像北极星一样，高高闪耀在天空中（如图4-2示），指引着全公司上上下下，向着同一个方向迈进。

图4-2　夜空中的北极星

北极星指标是增长黑客（Growth Hacker）中一个非常重要的运营指标，通过北极星指标可以引领目标、指导增长实验方向，并验证效果，这一指标在 To

C 的产品中应用较多，图 4-3 所示是部分 To C 产品的北极星指标。

案例	商业模式	核心价值	北极星指标
Airbnb	市场	连接租房者和房东	订天数
亚马逊	电商	便捷的网上购物	总销售额
知乎	社区	知识传播	问题回答数

图 4-3　部分 To C 产品的北极星指标

北极星指标在国外的 SaaS 产品中也有不少应用，这个指标既不是像 MRR 那样的财务指标，也不是 MAU、DAU 这样相对表层的运营指标，而是真正体现产品价值的内核指标。

例如文件管理 SaaS 软件 box，它的北极星指标是文件操作的日活跃用户数（DAU）、月活跃用户数（MAU），因为它给客户创造的价值是方便快捷地管理和传输文件。图 4-4 所示是 Social Capital 投资的一些 SaaS 公司所定义的北极星指标：

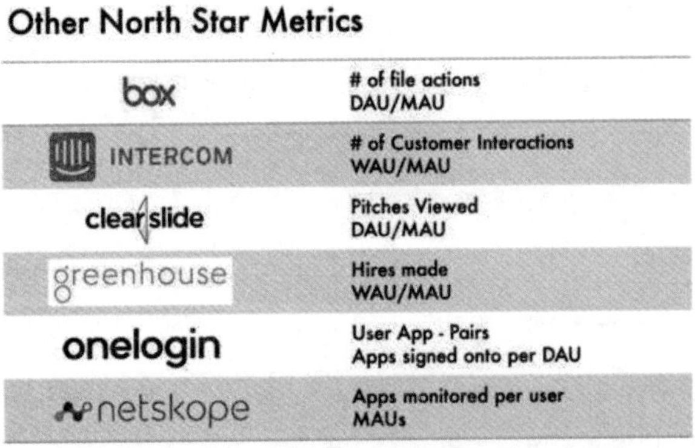

图 4-4　Social Capital 分享的 SaaS 北极星指标

2.北极星指标的设立标准

目前国内鲜有 SaaS 产品的北极星指标，但北极星指标的内在逻辑是非常值得我们去借鉴的，先来看一下北极星指标的几个重要设立标准：

- 能够反映客户从产品获得的核心价值。
- 能够反映客户的活跃程度。
- 能够预测公司在往好还是坏的方向发展。
- 直观、简单、可拆解、易理解。

- 是先导指标，而非滞后指标，可操作。

通过北极星指标的设立标准，我们可以很清晰地了解到，北极星指标核心反映的是产品价值的量化结果，即代表公司给客户提供的产品价值是什么，如何量化这一个结果，并持续提升。

例如，"所下订单的数量"或者"订单GMV（总成交金额）"，更多侧重于SaaS企业自己的营销工作，而不是客户的满意度，客户无法从下订单中获得任何价值。因此当我们专注于GMV而客户对他们的订单永不满意时，这就完全偏离了给客户创造价值的初衷。因此，好的NSM应该是"无投诉交付的包裹数量"，这是衡量客户满意度和SaaS企业自身利益的完美平衡。

这不就是"以客户为中心"，帮助客户成功的最好体现吗？这完美符合客户成功的价值导向。

3.北极星指标的作用

曲卉老师在《硅谷增长黑客实战笔记》中提到了北极星指标的几大作用：

- 北极星指引公司发展方向，所有工作都是由此展开的。
- 北极星指标可以帮助大家明确任务的优先级，不然在公司运营上可能会导致胡子眉毛一把抓，无法集中火力抓住重点。
- 提高行动力，一旦选定你的目标，你只有一件事可以做，努力达到目标。

这些点，也同样适用于客户成功领域，通过北极星指标指引客户成功发展（例如和用户价值、续费挂钩），所有的工作由此开展，并帮助大家明确任务的优先级（是做客户满意度还是做活跃率），集公司、团队所有资源及力量，努力达成目标。

因此客户成功团队的确需要一个北极星指标来贯彻落地"帮助客户成功"这一价值和宗旨，同时也能够作为一个提升续约率的先导指标来指导续费工作，这个是客户成功北极星指标设立的必要性，它是SaaS的"指南针"，确保公司始终走在为客户创造价值这一条正确的路上，别无他选。

4.1.2 如何制定客户成功的北极星指标

既然北极星指标这么重要，有这么多应用的场景，那么如何来制定客户成功的北极星指标呢？笔者在客户成功北极星指标多次设计的经验中总结出了以下4个步骤：

（1）再次确定北极星指标的目的。

（2）讨论并确定上述目标下北极星指标的具体方向。

（3）量化北极星指标，并验证北极星指标和目标的关系。

（4）建立数据指标的采集、监控及分析体系。

下面一个一个来讲。

1.再次确定北极星指标的目的

4.1.1节展开讲述了北极星指标的价值，它能够衡量SaaS产品给客户提供的价值，能够贯彻落实"帮助客户成功"这一价值和宗旨，能够确保企业获得更长期的利益回报。

但从SaaS业务的实际经营角度来看，任何指标都需要服务于业务目标，这里又回归到了SaaS业务的本质，吴昊老师有一句话不能更认同："SaaS业务的本质是续费"。

正是因为SaaS订阅式的商业模式，正是因为SaaS有续费，SaaS才变得这么有魅力，才会有高于传统IT软件的估值倍数，因此SaaS业务非常关键的一个指标就是续约率，这也是客户成功部的首要目标。

2.讨论并确定上述目标下北极星指标的具体方向

1）寻找续约率的前置指标

既然续约那么重要，我们直接拿续约率作为北极星指标不就好了吗？不行，因为续约是一个比较后置的行为，绝大多数情况下，只有客户快到期了才会有续约产生，也才能产生和统计续约率这个指标，因此续约率这个指标太后置，不适合直接作为客户成功的北极星指标。

所以我们需要一个先导指标来评估客户是否会续费，即只要这个指标达到了，客户就会（或大概率会）续费。那么具体怎么来设计这个先导指标呢？

在实战过程中，客户成功团队、客服团队、产品团队及公司决策层会产生不同的建议，如表4-1所示。

表 4-1　不同团队的北极星指标建议

团队	北极星指标观点
产品团队	一定比例的活跃账号数
客服团队	满意度或者 NPS（净推荐值）
客户成功团队	产品每个模块的活跃使用率
公司决策层	需要明确上述指标和续费的具体关系

- 产品团队认为，我们应该参考 To C 的一些留存指标来替代续约率，比如单个客户一定比例的活跃账号数。

- 客服团队认为，如果客户不满意，他一定不会续约；如果客户愿意推荐给他的朋友，他就会续约。所以应该把客户的满意度或者 NPS（净推荐值）作为一个先导指标来指导续约，而且满意度这个指标不管在 To C 领域还是传统企业服务领域，都有相对比较成熟的参考体系。

- 客户成功团队认为，客户只有在用产品才会续约，可以将产品每个模块的活跃使用率作为先导指标。

- 公司决策层认为，"你们说得都挺好，但是谁能告诉我这些指标到底和续约有多大关系……"

这些观点来来回回讨论很多次，却没有最终的结论，谁也没法说服谁，直到后面我们又回归到"客户为什么会续约"这个朴素又直接的问题，才开始找到答案。

2）从客户角度出发寻找北极星指标的具体方向

原来我们一开始的讨论有一个非常致命的错误，那就是思考的角度更多地是从我们自身出发的，而不是从**客户的角度**出发的。客户为什么会续约？或者说客户为什么不续约？客户对产品非常满意就会续约吗？还是客户高频地在使用产品就会续约？这是一个很朴素，但却非常关键的问题。只有这个问题回答清楚了，我们才能找到这个先导指标。

客户在什么样的情况下会续约？这里有两个关键主体，一是**客户**，二是**什么样的情况下**。

首先是客户，这里的客户指的是企业客户，企业客户和 C 端客户的决策逻辑及流程都是不一样的，C 端客户可能会因为我感觉很好、我喜欢某个 idol（偶像）而买单，决策者和使用者大多数是同一个人。

而企业客户，不太可能因为喜欢这个产品而买单（排除 KP 因为某些利益而采购），企业的本质是要盈利，任何支出都要服务于盈利这个目标，所以企业客户的采购本质上是一种投资行为，投资是要带来回报的，所以企业客户是否续费，核心是要看当时的采购有没有带来预期的回报，由此来评估再次购买是否能够继续带来预期的回报。

所以企业客户是否会续费，更多地取决于企业客户对于"再次采购是否能带来预期的回报"的评估，依据是上次采购行为的实际回报评估。由于决策时间点的问题，对于上次采购的实际回报评估更多地会受"近期效应"的影响，即近期是否有获得预期的回报。

那么我们想要的答案就开始浮出水面了，**客户需要至少在续费前一段时间获得预期的回报（效果），并且认为这种回报会继续延续，那么客户大概率就会续费。**

这里面有三个关键要素：**客户、续费前一段时间、预期**；这部分在第 3 章已经详细展开。

3.量化北极星指标，并验证北极星指标和目标的关系

无法量化，便无法增长。

描述清楚续费因子后，还需要去量化它，这样才能落地的实际业务中去驱动这个指标的增长，这不是一件容易的事情，笔者在实战的几个案例经验中总结出了以下几个要点：

- 在拆解的过程中要反复验证前面的描述性价值是否合理，如果不合理，则推倒重来。
- 要将客户线下的业务流和产品的操作流去做比对、反推。
- 要符合北极星数据指标的规则，简单、好理解。
- 要持续和北极星的目标去做相关性分析验证。

为了方便阐述这个量化的过程，下面以某款工具型 SaaS 产品为例来说明如何量化拆解。

案例：某款工具型SaaS产品北极星指标的量化

某款工具型 SaaS 产品的主要价值是帮助教培机构提升教务管理效率，节约成本，后面随着产品不断迭代，也丰富了招生营销、学员运营、家校服务等功能，来帮助机构做全流程的线上化，最终提升整体的运营效率。

在早期产品 PMF 阶段，这款产品的主要功能为教务排课、点名、考勤通知、课时课消统计等，北极星描述性指标为：通过线上的排课及课消操作，降低操作错误率，提升操作效率。

那么如何量化这个操作效率，或者说出现怎样的数据结果就说明机构获得了这个操作效率的提升？先来看一下系统操作的过程（如图 4-5 所示）：

（1）首先要把线下的课程及班级在系统里完成建立。

（2）然后要将学员数据录入 / 导入到对应的课程及班级当中。

（3）然后完成学员每周的课表及任课老师。

（4）最后任课老师或前台完成学生每节课到课情况的记录。

（5）最终系统内形成了每个课程课时消耗记录及剩余课消数据。

图 4-5　操作流程图

在梳理这个操作流程图的时候，其实也是在梳理机构线下实际的业务流，提升效率的一个大的前提是，机构的线下业务操作被完整地搬到线上，在线上形成小闭环。

因此就可以很清晰地得出结论，只要机构在系统内的排课完成了点名（也叫课消）操作，就说明机构在这个环节已经用线上操作替代了线下的操作。

所以针对这个北极星描述指标的具体量化方向可以是**已排课的点名比例**，也就是已经排课的课程中点名的百分比，这个比例越高，说明机构使用该工具型 SaaS 产品的效果越好。

下面再补充一些特殊场景的操作，如请假、补课、调班等，基本就可以覆盖线下业务的绝大多数场景，那么这个指标基本就可以量化出来了。

最后一步，这个排课点名比应该定在多少比例？统计周期为多久？需要考虑以下几个因素：

● 不同时期的不同比例数据和续约的关系。这一点很好理解，我们需要看这个指标和续约的相关性，并尝试找到相关性较强的比例值。

● 当前数据分布的情况，就是北极星指标达标的用户比例有多少，一般选60% 比较合适。这一点很容易忽略，即使在线性相关的前提下，这个比例也不是定得越高越好，需要看目前数据的分布情况及后续指标落地的难易程度。

- 客户实际业务的运作周期。这一点需要我们了解客户实际的业务运营周期，由于一般线下机构排课是按周来排的，所以我们可以暂定为每周统计一次。

通过以上分析，我们得到一组客户第 3 个月最后一周的排课的点名比例分数（M 值）和续约率的相关性数据，如表 4-2 和图 4-6 所示。

表 4-2　不同 M 值和续约率的相关性

比例分数 M（满分 100 分）	到期客户数	续约客户数	续约率
0	1150	90	8%
0<M<10	80	7	9%
10 ≤ M<20	60	22	37%
20 ≤ M<30	100	72	72%
30 ≤ M<40	100	60	60%
40 ≤ M<50	150	120	80%
50 ≤ M<60	1500	1100	73%
60 ≤ M<70	1160	880	76%
70 ≤ M<80	400	320	80%
80 ≤ M<90	300	286	95%
90 ≤ M ≤ 100	200	190	95%
合计	5200	3147	60%

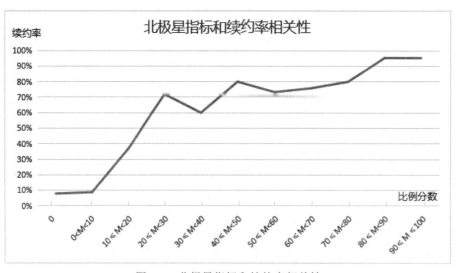

图 4-6　北极星指标和续约率相关性

可以看到，北极星指标和续约率呈现出非常强的相关性，基本验证了"排课的点名比例分数越高，续约率越高"。但是我们从数据的分布来看，这个线性仍有一定的不稳定和波动，尤其是在20分位和30分位这两个点，假设我们就从这组数据来取北极星指标的值，那么这个分数大概率会取在20分。

20分往上这个值和北极星的相关性只有70%多，有明显的相关性，但距离我们想要的显著性特征（85%）还有一定差距。

我们又重新核查了这组样本数据，最终发现我们忽略了一个重要的问题，也就是前文讲到的，客户续费的节点大多数发生在到期前一段时间，且决策容易受到期前一段时间的使用情况的影响。

而这组数据里取的是用户开始使用的前3个月的数据，这个数据距离用户续费的时间节点太远，用户可能一开始用得很好，但是后面慢慢流失掉了，也有可能一开始用得并不好，后面慢慢启用起来，最后续约了，最后在实际的客户数据层面也验证了这个点。

因此我们又重新做了一组数据，客户到期前1个月最后一周平均的数据和续约率结果做验证，这组数据再一次验证了我们的假设，50分以上的数据和续约率的相关性达到了85%以上，且越往上这个数据越高。

通过这组数据的对比（表4-3），我们基本上可以确定这款工具型SaaS产品在当前阶段的北极星指标了，即：周排课的点名比例达到50%。

表4-3 到期前一个月 M 值和续约率相关性

比例分数 M（满分 100 分）	到期客户数	续约客户数	续约率
0	1500	90	6%
0<M<10	80	7	9%
10 ≤ M<20	60	25	42%
20 ≤ M<30	60	40	67%
30 ≤ M<40	100	60	60%
40 ≤ M<50	300	180	60%
50 ≤ M<60	1200	1020	85%
60 ≤ M<70	1000	880	88%
70 ≤ M<80	400	360	90%
80 ≤ M<90	300	295	98%
90 ≤ M ≤ 100	200	190	95%
合计	5200	3147	60%

4.建立数据指标的采集、监控及分析体系

北极星指标量化及归因分析完成后，需要建立指标的采集、监控及分析体系，一是再次评估和验证指标是否合理，是否具有可操作性，是否可以驱动业务增长；二是通过定期的追踪及分析，发掘业务增长点。

在数据采集及监控上，可以让 BI 或者运营岗位设计北极星指标看板，定期监控指标的稳定性，如果数据指标波动很大，不符合业务规律，就很可能是指标制定有问题。

等数据稳定后，尽可能给客户成功团队提供可以导出和下载明细数据的功能，方便客户成功经理去做数据的验证。

4.1.3 客户成功北极星指标如何驱动业务增长

北极星指标搭好以后，如何将指标融入实际业务中、驱动业务增长，这才真正到了检验北极星指标设置是否合理的环节，同时也非常考验客户成功负责人的落地能力以及 SaaS 公司的组织能力。

笔者在实战的过程中踩过不少坑，总结来看，要想落地好北极星指标，有几个关键要点：

- 一定要获得 CEO 或高管团队的支持。
- 要和 KPI 做强绑定。
- 要和产品团队共背北极星指标。
- 要定期复盘和迭代北极星指标。

1.一定要获得CEO或高管团队的支持

为什么要获得 CEO 或高管团队的支持？因为这个指标不仅是客户成功部门的北极星指标，也是这个 SaaS 产品及整个公司的北极星指标，这个指标是SaaS 公司的"指南针"，除了客户成功部门要背这个指标，产品团队、运营团队，甚至部分销售团队也要背这个指标。

即使抛开共背指标的事情不说，要落地好这个指标，也需要 CEO 和高管团队的支持，因为客户成功是长期战略，需要做资源投入。比如，指标体系建设及迭代，需要数据分析师及 DBA 的投入；需要增加客户成功服务时，需要人力

预算投入；后期需要建设客户成功数据管理体系时，需要增加内部研发投入或者外部采购费用；当售前和售后团队有矛盾产生时，需要老板或业务一把手来进行协调沟通……总之，单靠客户成功负责人是很难落地好这个指标的。

那么如何才能获得CEO或业务一把手的支持？如果CEO或者业务一把手本身就很了解客户成功的价值，那自然好，但不少SaaS企业COO缺位，老板一般又忙着找资源、找方向，对于北极星指标的理解不一定那么透彻，且对落地过程中实际需要的资源和帮助不一定清楚。所以这里需要客户成功负责人不断提升和CEO或COO的关键对话能力，不断创造沟通的机会，聊清楚客户成功整体的策略、计划以及需要的具体支持，一次聊不清楚就聊两次，两次不行就三次。总之，客户成功负责人一定要加强向上沟通和管理，让CEO、COO充分意识到客户成功投入的必要性和价值。

这里有一点要注意的是，客户成功负责人不能太理想化，需要根据目前业务所处的阶段及所具备的资源来做落地计划和沟通，比如，如果当前阶段到期的客户数很少，最重要的是用现金收入来覆盖支出，那么就不能用遥远的未来收益来做沟通，可以从客户成功投入带来的转介绍、增购等立马看得到的收益来作为切入点；再比如，如果当前的研发资源有限，无法支持北极星数据工具研发，那么就不要死磕这块资源的投入，尝试去想一些替代的折中解决方案。

2.要和KPI做强绑定

和KPI做强绑定是北极星指标落地的关键，指标只有落地到每个具体的人身上，才会持续改进和增长。那么北极星指标如何和客户成功人员的KPI绑定？这里不同的产品、不同的业务体系在实操过程中有极大的差异，甚至和当前人员整体情况也有影响。

不管是KPI的考核方式，还是OKR的考核方式，建议在设计考核指标时考虑以下几个点：

- 考核周期不宜过长，按年订阅制的产品最短要按月考核，保持对客户使用情况的高频关注，客户可能一不小心就会流失掉。
- 考核的指标要相对稳定且可改善，如果考核指标受客观因素影响波动很大，目标很难定，就很难衡量大家的努力和付出。所以需要一个相对稳定的数据指标，且需要验证这个指标是通过大家的努力可以改善的。
- 考核指标要方便计算和理解，这个也和北极星指标的复杂度有关，如果你设计了一个相对复杂的指标，那么需要尽可能降低大家的理解难度和计算难度，因为这个一旦作为考核指标，一线人员是每周甚至每天都需要去查看数据、分析差距的。

- 需要根据客户不同生命周期阶段设计不同的目标和权重。一般交付期的客户比较重要，一旦过了交付期没有交付成功，那么这个客户后期就很难再激活了，所以交付期的权重要高，且目标可以制定高一点，鼓励大家冲高；活跃期的目标可以适当维稳，尽量减少客户流失，权重可以低一些，毕竟精力是有限的，要有重点；续费期的目标可以直接考核续费率、续费金额，直接拿最终结果。

还是以 4.1.2 节的某款工具型 SaaS 产品为例来看一下客户成功经理的具体考核指标，如表 4-4 所示。

表 4-4　某工具型 SaaS 产品的北极星指标考核方式

考核项目	权重	考核目标	计算方式 1	计算方式 2
新客户交付率	50%	75%	统计范围：新签 3 个月的客户 统计口径：每月最后 1 周的北极星数据达标比例	统计范围：新签 3 个月的客户 统计口径：每月中任意 2 周北极星数据达标比例
老客户活跃率	30%	70%	统计范围：新签 4 个月至到期前 3 个月的客户 统计口径：同上	统计范围：新签 4 个月至到期前 3 个月的客户 统计口径：同上
客户满意度	20%	90 分	响应率、客户评分、客诉等综合数据	响应率、客户评分、客诉等综合数据

首先是考核权重，新客户交付率的权重占了一半，说明了新客户交付的重要性，刚开始完成签约的客户对于产品上手的热情一般是比较高的，如果这个时候能够趁热打铁让客户完成启用，那么后续流失的概率也会降低；反之，如果没成功启用，客户失去信心和热情了，后期很难再激活。

其次是计算方式，前后其实经历了两种计算方式的迭代，早期的时候统计口径是每个月最后一周的达标数据作为当月的考核数据，这个指标的问题在于数据的波动较大，且容易受客观情况的影响，如果考核的这一周刚好经历放假，客户也不上课，数据就会比较低，且不排除有客户前 3 周都在用，最后一周因为某些原因没有使用的情况，这也不能说明这个客户没有交付成功。

因此针对这种计算方式，做了一版迭代，即从看最后 1 周改为看每月的任意 2 周，这样数据统计周期拉长，数据更稳定。而且客户成功经理能够做的努力更多，从原来的最后 1 周定生死，改为每月 2 次冲刺机会。

3.要和产品团队共背北极星指标

1）为什么客户成功团队要和产品团队共背北极星指标

首先，从客户成功团队的角度来看，产品是用户接触触点最多的，产品好用，北极星指标才容易提升，这是非常重要的基础，具有极致体验的产品甚至不需要客户成功团队的人工介入。

然后，好用的 SaaS 产品不是一蹴而就的，而是需要根据客户需求不断迭代和优化的，北极星指标提升中非常重要的一步就是不断迭代优化产品。如果产品团队不背北极星指标，产品团队就容易受未成交客户的需求影响，可能会做很多项客户实际用不到的"卖点"需求，导致老客户的需求迟迟无法排上。

最后，从产品经理的角度来看，产品经理需要一个能够衡量工作价值的指标。如果直接采用业务结果指标，如新签收入、续费率，就很难验证产品在其中发挥的作用，尤其到某一个具体产品项目时，更难评估产品对于新签收入和续费率的影响。当然，不排除某些业内领先的产品项目发布能够带来更多的客户咨询，但这种重磅项目极少，而且在大多数 SLG（销售驱动增长）及 MLG（市场驱动增长）的 SaaS 公司中，签约下来的每一单都离不开市场人员和销售人员的努力，所以如何衡量产品经理的工作产出就成了一个难题，而北极星指标是衡量产品价值的一个指标，刚好能解决这个难题。

因此，不管是从客户成功团队的需求，还是从产品团队的需求来看，北极星指标都是完美契合的。但这不意味着产品团队需要和客户成功团队背一模一样的指标。根据笔者的实践经验，产品团队的具体指标需要两边的负责人经过多次讨论和实践，最终定出合适的指标。具体怎么设计，先抛开北极星数据指标来看这个问题，或许更容易找到答案。

2）如何设计产品团队的具体考核指标

首先来看一下用户从转化到留存的漏斗图（图 4-7），来评估产品在哪个漏斗环节产生的价值最大。

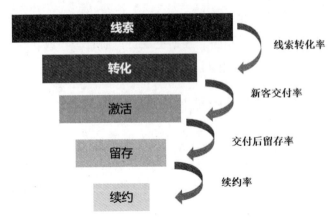

图 4-7　SaaS 产品转化——留存续费漏斗图

在线索到转化（新客户转化）这个环节，产品的价值是非常大的，定位清晰的产品能够帮助销售人员筛选出准确的目标客户，也能够帮助销售人员在演示环节更好地签下客户。但是这里面产品到底能发挥多大的价值，是很难通过数字去衡量的，而且对于大多数 SLG、MLG 的 SaaS 公司来说，当有较好的业绩时，销售和市场团队的努力价值往往会被排得更靠前（而业绩不好时，可能产品团队背的锅最多），所以这个环节的指标不太适合作为产品团队的考核指标（也有部分 SaaS 公司的产品团队直接背营收指标，这适合在早期产品推广阶段或做项目制的业务中）。

在转化到激活这个环节，也就是新客户交付这个环节，产品的影响也非常大，产品功能的匹配度、产品易用性都会影响交付的质量。但这一环节影响的因素比较多，客户无法交付的原因包括目标客户的比例、销售承诺情况、实施团队及客户成功团队的工作质量等。与上一环节类似，当有较好的交付业绩时，实施及客户成功团队的努力价值会被排得更靠前，所以"新客交付率"不太适合用来作为产品的北极星指标。"交付周期"这个指标倒是可以考虑一下，因为它和产品易用性相关。

在激活到留存这个环节，交付完成后有多少比例客户会保持持续使用，这个环节和客户成功团队的具有相关性，但客户的留存和产品是否好用直接相关，如产品的易用性、产品的迭代、产品的稳定性等都会影响客户的留存，所以"交付后留存率"这个指标可以考虑为产品团队的考核指标。

在留存到续约这个环节，和各个部门的关系都大，且续约率是一个非常后置的指标，不符合北极星指标的选取标准，所以不合适。

再来看一下 SaaS 产品给客户带来的价值，来评估产品在哪一部分发挥的作用更大。

客户对获得价值的满意度 = 实际获得的价值 – 客户期望获得的价值

其中，

实际获得的价值 = 交付的价值 – 获得成本

- 实际获得的价值是指客户实际从产品中获得了多少收益，如节约了客户的时间、降低了客户的成本、带来了新的收入等，这一部分和产品息息相关，可以考虑作为产品部门的北极星指标的参考方向。

- 客户期望获得的价值是指客户期望从产品这里获得多少价值，期望越高，客户满意的阈值就越高，期望越低，阈值就越低，这部分和销售及市场人员给客户的预期相关，和产品本身的关系不大。

- 获得成本是指客户想要获得这些价值需要付出多少成本，如系统操作成本、人员培训成本、客户的客户的学习成本等，获得成本越低越好，这部分和产品的易用性、产品和客户业务流程的匹配度相关，也可以考虑作为北极星指标的参考方向。

综上，从和产品部门相关程度、产品价值拆解等角度来看，客户交付所需周期、交付后的留存率这两个指标可以考虑作为产品部门的北极星指标。

还是以 4.1.2 节提到的某款工具型 SaaS 产品为例，来具体说明一下这两个指标如何落地，这款产品的北极星指标是"周排课点名比例达到 50%"，那么产品部门的北极星指标可以为：新客户首次月度达标的比例、客户首次月度达标所需的周数。

4.要定期复盘和迭代北极星指标

北极星的指标要定期复盘和迭代。

北极星指标复盘核心要关注两个点，一个是北极星指标和续约率的关系，建议每季度去验证两者是否依然存在强相关，一旦相关性减弱，需要对北极星指标进行全面的诊断，重新判断是否需要调整北极星指标；另一个是北极星指标改善的情况，即通过一系列的改善动作后，北极星指标有没有往好的趋势发展，如果一个指标改善效果不佳，可能是改善的方法不对，也有可能这个指标受客观因素影响更大，这里建议复盘的周期为季度和半年度。

北极星指标的迭代要跟随产品功能的变化、目标客户的改变或丰富而变化，当 SaaS 公司给客户提供的产品功能越来越丰富，满足的场景越来越多时，北极星指标就需要同步反映这部分的变化。

还是以 4.1.2 节的某款工具型 SaaS 为例，这款产品早期提供的是以教务管理为核心的功能，核心价值也是教务管理，但随着客户不断提出更多的产品需求，这款产品逐渐延伸到了招生营销、家校服务、线上教学等环节，能够解决客户更多链路甚至全链路的一些需求，因此北极星指标也做了迭代，如表 4-5 所示。

表 4-5　某工具型 SaaS 产品北极星指标迭代

客户阶段	北极星指标	统计口径
交付期	新客户交付率	统计范围：新签 3 个月的客户 统计口径：每月任意 2 周教务模块达标比例，教务达标指周排课点名比例大于等于 50%
活跃期	老客户活跃率	统计范围：新签 4 个月至到期前 3 个月的客户 统计口径：每月任意 2 周教务模块达标 + 营销、家校服务、线上教学任意一模块达标的比例

4.2　一级指标保障基本盘

4.1 节详细阐述了客户成功北极星指标的定义、制定及落地，北极星指标是唯一重要指标，代表客户成功的方向，但客户成功远不止这么一个指标，4.2 节～ 4.4 节将详细阐述客户成功的其他几个非常重要的指标。本节阐述一级指标，包括续约率和健康分，这是客户成功的基本盘：续约率是结果指标，反映客户留存的基本盘；健康分是过程指标，分为客户成果健康分和客户体验健康分。

4.2.1　续约率、金额续费率及NDR的计算

SaaS 在国内发展从 2005 年（企业邮箱产品）开始算也有近 20 年的时间了，但时至 2022 年，关于续约率、金额续费率及 NDR 的计算仍然没有业内统一认可的标准，甚至部分 SaaS 公司没有 NDR 这个指标，这和目前国内 SaaS 市

场的成熟度有关——上市公司少，且大部分续约率指标"捉襟见肘"，公开披露的计算方式极少。本节将尝试讲解一下这几个指标的主流计算方式及适用场景。

需要注意的是，以下计算方式不一定适合所有 SaaS 业务，也不一定完全正确，更多是从容易理解和计算的角度来给读者参考建议。

1.续约率及金额续费率的计算

1）续约率

续约率是指应续客户与实续客户的比例，比例不会大于100%，是以客户为单位来统计的一组数据，核心反馈客户的留存情况，和 C 端产品的留存率类似，具体计算公式如下，如表 4-6 所示。

客户续约率＝应续客户中实际续约的客户数 / 应续客户数 ×100%

表 4-6　续约率的计算方式

计算周期	计算公式
月度续约率	当月到期客户中实际续约的客户数 / 当月到期的客户数 ×100%
季度续约率	当季到期客户中实际续约的客户数 / 当季到期的客户数 ×100%
年度续约率	当年到期客户中实际续约的客户数 / 当年到期的客户数 ×100%

分母"应续客户数"是指到期应续的客户总数，包括新客户购买后的首次到期和上次续约后的二次及以上到期客户，核心是根据到期日期去做统计。

分子"应续客户中实际续约的客户数"，就是字面上的意思，即上述到期清单中的客户在到期停止服务前续约的数量。

这么一看，计算还挺简单的，只要确定了分母，并统计分母中每个客户续约与否，就可以算出续约率，但这里有几个细节常常容易被忽略：

（1）首先是以什么样的方式去统计分母或者在什么节点去统计分母。比如客户当天新购了一套 1 年期的系统，第 2 天因为促销政策升级为 2 年期版本，要不要将这个客户的第一笔订单计入分母，第二笔订单又计一次分母？又比如是从客户新购后就去统计到期的分母，还是从每年或每季度做续约考核时来统计分母？这里统计到的分母数据可能会因为有客户提前续费而有较大差异。

（2）其次，如何去定义续费，即怎么样才算分子。比如客户当天新购了一套

1 年期的系统，10 天后又升级为 2 年期的版本，这算续费还是算新签补尾款？又比如客户在到期前半年因为价格优惠提前买了 1 年期的系统，这算不算续费？

这些问题如果单从计算的口径来看，很难找到统一答案，可能每个人的理解都不一样，但是当我们回归到续约这个行为的理解上来看时，答案就会浮出水面。

举个例子，你在星巴克买一杯咖啡，第一杯都还没开始喝或者只喝了一口，这个时候你再买了一杯，能叫续杯吗？所谓"续"是指接在原有的后头，大多数情况下是你原有那个差不多用完了才会来"续"，短时间内连续购买 2 个，笔者更倾向是同时买了 2 个，而不是买了 1 个后又续了 1 个。

因此，短时间内再次购买的行为不能算作续约，而应该统计为新签，分母也不能算 2 次。这个"短时间"具体是多短，需要根据产品的常规订阅周期而定，如果是按年订阅的产品，建议最长是 30 天，即 30 天内发生再次购买的行为，计为新签订单，而不是续约。同理如果是二次到期的客户在 30 天内多次购买，也应计算为这一次的续约，而不能算两次续约，如图 4-8 所示。

图 4-8 续约率节点的计算举例

（3）除了统计不同周期的续约率之外，为了更好地区分新签客户和老客户的留存情况，也为了更好地反映新客户的留存率，建议分开统计首次到期客户续约率和多次到期客户续约率。一般来说，多次到期客户的续约率要比首次的要高，如果多次到期客户占总体到期客户的比例较高，就会拉高整体的续约率，从而掩盖新客户流失严重的问题。

2）金额续费率

金额续费率也叫续费率，是指应续客户金额中实际续约金额的比例，由于分子的金额可以来自分母之外的客户贡献，所以这个比例有可能超过 100%，具体计算公式如下：

金额续费率 = 应续客户中实际续约的金额总数 / 应续客户到期金额总数 ×100%

续约率的计算公式确定了，金额续费率的公式就很好确定了，只需要统计每个客户的到期金额和续费金额即可，具体案例如下。

如表 4-7 所示，某产品于 2020 年 7 月新签 600 家 1 年期客户，总签约金额为 7 200 000 元，到期前共续费 350 家客户，其中 250 家按照原价续费（单价 12 000 元），50 家续费高版本（单价 18 000 元），50 家续费 2 年期版本（单价 24 000 元），来算一下续约率和金额续费率吧。

表 4-7　某 SaaS 产品续约情况

	2020 年 7 月	……	2021 年 4 月	2021 年 5 月	2021 年 6 月	2021 年 7 月
到期客户数	——	——	0	0	0	600
到期金额（元）	——	——	——	——	——	7 200 000
续费客户数	——	——	20	30	60	240
原价续费客户数	——	——	0	10	30	210
续费高版本客户数	——	——	10	10	15	15
续费两年客户数	——	——	10	10	15	15

根据表中数据，

$$续约率 = 350/600 \times 100\% = 58\%$$

$$金额续费率 = (250 \times 120\,000 + 50 \times 18\,000 + 50 \times 24\,000)/7\,200\,000 \times 100\% = 70\%$$

可以很清晰地看到，要想提高金额续费率，有两个办法，一是提高续约率，让更高比例的客户续费，如果所有的客户都按原价续费了，那么金额续费率为 100%；二是提高客户续费的价格，让客户续费更高版本、续费多年，甚至上调续费价格，这样金额续费率才有可能超过 100%。

2. NDR的计算

NDR（Net Dollar Retention Rate）即净收入（美元）留存率，也称 NRR（Net

Revenue Retention Rate），这是国外衡量 SaaS 业务健康度的一个非常重要的指标，这个指标代表 SaaS 公司在新增停止的情况下还能继续获得多少收入，反映了业务的健康程度及增长潜力。

NDR 的计算目前没有统一的标准，美国的 SaaS 上市公司计算 NDR 的方式也不一样，因为 US GAPP 并没有给出统一的计算规则，那么应该如何来计算NDR 才算合适？不妨先来看一下国外主流的两种计算方式：

方式 1：按照 ARR 来计算

$$NDR= 本年\ ARR/ 上年\ ARR$$

或

$$NDR=(本年\ MRR \times 12)/(上年\ MRR \times 12)$$

方式 2：按照 MRR 来计算

$$NDR= 期末\ MRR/ 期初\ MRR$$

其中，

- ARR 是指 Annual Recurring Revenue，即年度经常性收入，多年合同除以合同年限，再分摊到每年来计算 ARR，即 ARR= SUM（每位客户每年支付费用），也有部分 SaaS 公司通过 MRR 来得到 ARR，即MRR×12。
- MRR 是指 Monthly Recurring Revenue，即月度经常性收入，较长期限的合同除以合同服务月数，再分摊到每月来计算 MRR。一般适用于按月订阅的 SaaS 产品，这种付费方式国内不多，但国外很常见。MRR 的计算没有统一的规则，在众多计算公式中，比较容易理解和计算的是，MRR = SUM(每位客户每月支付费用)，这里的"每位客户每月支付费用"需要看当月的最后一天还在服务的部分，如计算 5 月的 MRR，5 月 5 日已经到期的客户费用就不能算进去。

这里的指标计算看起来很清晰，但在实际计算过程中有很多的差异点。为了更清楚了解上述几个计算 NDR 公式的区别，我们看一下实际的案例。

某 SaaS 产品按年售卖，常规版本 1 年 12 000 元；2 年 24 000 元，送 2 个月使用期；新增账号如果在 10 个以内，费用是 1000 元 / 个。该 SaaS 公司有 A、B、C 三个客户分别在 2021 年至 2022 年发生如表 4-8 所示的购买行为。

表4-8　某 SaaS 产品收入情况

客户	项目	2021 年			2022 年	
		5 月	7 月	8 月	5 月	7 月
客户 A	收入金额（元）	12 000		6000	12 000	
	收入日期	5 月 5 日		8 月 9 日	5 月 1 日	
	收入类型	新签 1 年		新增 6 个账号至到期前	续费 1 年	
客户 B	收入金额（元）		24 000			
	收入日期		7 月 30 日			
	收入类型		新签 2 年赠送 2 个月			
客户 C	收入金额（元）		12 000			
	收入日期		7 月 30 日			断约
	收入类型		续费 1 年			

- MRR 的计算过程如下：

2021 年 12 月 31 日，客户 A、B、C 都还在付费，因此可以计算费用。

2021 年 12 月的 MRR= 客户 A 新签 + 客户 A 增购 + 客户 B 新签 + 客户 C 续费

$$=12\ 000/12+6000/9+24\ 000/26+12\ 000/12=3590（元）$$

2022 年 12 月 31 日，客户 A、B 还在付费，可以计算费用，客户 C 断约，不能计算费用。

2022 年 12 月的 MRR= 客户 A 续费 + 客户 B 新签

$$=12\ 000/12+24\ 000/26=1923（元）$$

- ARR 的计算过程如下：

如果直接计算 ARR，则

2021 年 ARR= 客户 A 新签 1 年 + 客户 A 增购 10 个月 + 客户 B 新签 2 年 + 客户 C 续费 1 年

$$=12\ 000/1+6000/10×12+24\ 000/26×24+12\ 000/1=53\ 354（元）$$

2022 年 ARR= 客户 A 续费 1 年 + 客户 B 新签 2 年

$$=12\ 000/1\ 年 +24\ 000/26×24=34\ 154（元）$$

如果按照 MRR 来计算 ARR，则

2021 年 ARR=3590×12=43\ 080（元）

2022 年 ARR=1923×12=23 076（元）

最后就可以得到两种不同方式计算出来的该 SaaS 产品 2022 年的 NDR 数据，如表 4-9 所示。

表 4-9　不同 NDR 计算方式对比

计算方式	计算公式	计算过程	计算值
方式 1	NDR= 本年 ARR/ 上年 ARR	NDR=34 154/53 354×100%	64%
	NDR=(本年 MRR×12)/(上年 MRR×12)	NDR=23 076/43 080×100%	53%
方式 2	NDR= 期末 MRR/ 期初 MRR	NDR=1923/3590×100%	53%

这里的计算有两个点需要注意：

- 由于 RR（经常性收入）是面向未来的收入预测，所以本年的 MRR 需要乘以 12，是指面向未来 12 个月可预测的收入，而不是乘以实际费用均摊到的月数，或者将有均摊的月份简单相加，这一点也充分说明了经常性收入指标的意义，如果要看客户的留存及收入的增长情况，不能只看某一期的 RR。
- 由于案例只选取了 3 个客户，所以导致这两种方式计算出来的结果差异较大，在实际的业务中，两者计算出来的结果不会有较大差异。

上述两种方式，大家可以根据自己业务的情况来选择采用，一般来说按年收费的 SaaS 选择 ARR 的计算方式更合理，按月或者季度收费的 SaaS 选择 MRR 的计算方式更合适。

3.续约率、金额续费率、NDR三者区别

了解了续约率、金额续费率及 NDR 的计算方式后，你可能想问，这几个指标有什么差别？通过表 4-10 的对比可以有一个很清晰的认知。

表 4-10　不同指标的对比

指标名称	指标含义	计算方式
续约率	反映客户数量留存情况	应续实续客户数 / 应续客户数
金额续费率	反映上年现金收入留存情况	应续实续金额 / 应续金额
NDR	反映经常性收入留存情况	这个周期经常性收入 / 上个周期经常性收入

首先是续约率，这个指标反映的是客户数量留存的情况，这是业务的基本盘，如果你的客户流失很严重，金额续费率和 NDR 大概率也不会好看，未来的

收入预期是非常不乐观的。当然不排除有部分 SaaS 公司在较低的续约率的情况下，通过售卖多年单或者做非常多的大客户增购的方式，也能做到金额续费率和 NDR 数据较好，但如果不关注续约率，会掩盖掉客户流失的问题，久而久之，客户总数会越来越少，因此建议把这个指标作为公司业务目标及客户成功团队的考核指标。

其次是金额续费率，这个指标反映的上年现金收入留存的情况，对于 SaaS 公司的现金流来说是一个非常重要的指标，不管未来如何发展，当前第一要义是活下来，因此对于大多数早期阶段的 SaaS 公司来说，也建议把该指标作为公司业务的业务目标及客户成功团队的考核指标。具体如何拆解，4.3 节会详细展开讲。

最后是 NDR，这个指标反映经常性收入的留存情况，是真正衡量 SaaS 财务模型是否成立的重要标准，但这个指标计算较复杂，理解也很难，因此不建议作为业务团队的直接考核指标，可以作为公司的业务目标及财务的监控性指标。

4.2.2　续约率的考核落地方式

"无考核，不增长"，北极星指标需要和 KPI 挂钩，续约率这个结果指标也需要和 KPI 挂钩。尽管客户成功倡导的理念是"把价值交付和客户做好，让续费自然而然发生"，但这不代表我们完全不去关注最终的结果。究竟怎么定续约率的考核指标及考核方式呢？先说结论：

- 续约率的考核指标不一定等于续约率的科学计算方式。
- 续约率的考核需要根据不同业务阶段、不同组织架构来设计。

1.续约率的考核指标不一定等于续约率的科学计算方式

4.2.1 节详细展示了续约率计算的过程，从数据统计的维度来看，好像没什么问题，但在实操的过程中会碰到以下几个问题：

- 客户到期 2 个月后又重新回来购买了，算新签还是续约？算续约的话，只算分子还是分子分母都算？
- 同一个客户因为不想要原来的账号了，用另外一个手机号或者营业执照购买了一个账号，算新签还是续约？算续约的话，只算分子还是分子分母都算？

- 连锁型或者加盟型的客户到期后，只续约其中一部分账号，是按照客户的维度来计算续约率，还是按照账号的维度来计算续约率？

先看前两个问题，如果从财务或者 BI 的角度来看，这两个客户都应该算新签，因为是新的客户 Id 或者订单 Id，但是从负责这个客户续费的跟进人来看，这不就是同一个客户吗？一个是客户回签，一个是客户续费了一个新账号。

再看第三个问题，如果从客户的角度来看，这个客户还在继续使用，只是付费的账号数量及金额变少了，续约率应该算 1；但是从账号的角度来看，客户付费的账号变少了，且如果按照客户维度来统计并考核续约率，这个客户只要有 1 个账号续费了，续约率就是 1。那么对于客户成功经理而言，续约 1 个和续约 N 个没区别，既无法衡量客户成功经理的真实产出，也会导致绩效考核的不公平。

当然我们可以通过增加金额续费率等考核指标来解决第三个问题，既能反映客户数，又能反映金额，但是对于大多数客户成功经理而言，背负的指标太多了，交付率、活跃率、客户满意度、续约率、金额续费率、增购、转介绍……这么多的指标，真的能确保有足够的精力关注到吗？

因此针对上述问题，笔者的建议是遵循**符合常理**及**简单高效**的原则来设计续约率的考核指标，可以参考如下计算方式：

$$续约率 = (到期后 3 个月的回签客户 + 到期前应续实续的客户) /$$
$$到期前应续的客户 \times 100\%$$

- 到期后 3 个月的客户续约后计入分子，不计入分母，或者同时计入分子分母，这样有利于激励大家去做流失挽回，只要有回签产生，续约率都会增加。
- 如能证明同一个客户断约但新购了一套系统，可以算作续约，可以制定一些举证的规则，如营业执照、手机号等。
- 连锁型客户或加盟型客户，以账号数作为分子和分母，这样更能反映客户真实的流失情况，因为连锁型客户和加盟型客户底下的账号更多情况下是一个独立经营的个体，而不是企业内部账号的概念。

2.续约率的考核需要根据不同业务阶段、不同组织架构来设计

不同的业务体系可能有不同的续约组织架构，有些是客户成功团队负责续费，有些是销售团队负责新签和续费，有些是独立的续约团队负责续费。那么，

在不同的组织架构下，续约率的考核又有什么不同？我们不妨先来看一下这几种组织架构的优缺点及适用场景，再来看如何设计。

（1）客户成功团队负责续费。这种方式优点很明显，客户从头到尾都由一个人负责，客户的体验是比较好的，谁服务给谁交钱，能够降低续费沟通的信任成本。

缺点是客户成功经理需要关注的指标太多，需要关注交付率（如果没有独立的实施团队）、活跃率、健康度、客户满意度、转介绍、续约率、增购率等，精力会不够聚焦，尤其是当续约率较低需要做大量商务工作或者到期的客户比较多的时候，客户成功经理的精力会被续费牵扯，导致无法静下心来完成前面的服务及运营工作，这个时候会陷入一个死循环："续费投入精力较多但又做不好——前面的客户没服务好导致客户没用起来——到期的客户质量差导致续约率低"；另一个缺点是会加大客户成功经理的招聘难度，既要具备服务和运营能力，又要具备销售能力，目前市场上这样的候选人还是比较难找的。

（2）销售团队负责新签和续费。一般会发生在负责 KA 客户或者项目制客户的销售团队。销售团队好不容易签下一个大客户，客户维护得也很好，如果来年续费和销售团队没关系，销售团队的留存率可能会比较低，这种方式的优点是能够促使销售团队做一部分售后服务，不至于签完单以后甩手不管，而且有概率延续销售团队在新签时和客户 KP（key person）维系的客情，有助于增购和续费；缺点是销售团队的提成比例一般比较高，即使降低续费的提成比例，也会比客户成功经理的提成比例高很多，这样的情况会导致续费的毛利降低，SaaS 公司盈利的难度会加大。

（3）独立的续费团队负责续费。这种组织方式的优点是招聘方向、考核体系都很明确，这个团队只背续费相关的指标，如续约率、金额续费率，甚至 NDR，指标简单，底薪及提成体系设计也比较简单，奔着续费的利润目标去做成本控制即可，另外，招聘的画像也很清晰，既可以从原有客户成功团队招人，也可以从销售团队或者外部招人；缺点是对客户的体验不是很友好，客户快到期之前，客户成功经理需要把客户交接给续费跟进人，对客户来讲，是突然多了一个人来问他要钱。

（4）销售团队和客户成功团队共同负责续费。多见于 KA 客户或者项目制客户，也有少数是以中小型客户为主的业务体系，这种方式一般是客户成功团队和销售团队各拿一部分提成或绩效，优势是有共同利益，能够驱动协同跟进，缺点是续费的成本较高。

上述组织方式笔者几乎都有尝试过，实践下来，总结经验如下：

- **从续费销售难度来看**，如果不通过销售和售前团队也能完成续费工作，由客户成功经理或者独立的续费小组来负责续费，目标明确且成本低；如果部分客户（如 KA 客户）销售难度较大，建议销售团队和客户成功经理共背续约率指标，各拿一部分提成或绩效，或者销售团队只拿部分首年提成。

- **从团队组建及考核来看**，如果客户成功经理的商务能力短期内难以培养起来，或者短期需要快速出续费业绩，建议组建独立的续费团队（RAM）来负责续费，内部培养成本更低（培养一小部分人与培养所有客户成功经理比较而言），外部招聘难度也降低，管理和考核上都更加明确。

- **从不同业务阶段来看**，如果在业务早期或者续约率距天花板还有距离，建议以续约率目标为主，金额目标为辅，主要做客户留存。如果在业务中后期或者续约率已经接近天花板了，建议以金额目标为主，续约率为辅，主要做老客收入。

4.2.3 客户健康分

1.客户健康分的计算

关于健康分，1.2.1 节提到过客户成功方程式，因为非常重要，我们在这里回顾一下主要内容。这个方程式是 Gainsight 首席客户官阿什温·温德雅南桑在《客户成功经理职业发展指南》一书中提出来的，笔者非常认同：

$$客户成功 = 客户成果（CO）+ 客户体验（CX）$$

其中，客户成果的概念非常接近北极星指标的含义，即评估是否给客户创造了价值及创造了多少价值，这是客户续费的基础，客户体验再好，如果没有拿到商业成果，也是很难续费的，反而客户体验不理想，但是获得了客户成果，客户可能"边骂边用"然后续费。

所以如果说客户成果和客户体验之间一定要定一个比例的话，笔者的建议是 8：2，KA 客户的这一比例最高为 7：3。

$$客户成功 = 客户成果（80\%）+ 客户体验（20\%）$$

那么按照这个方程式如何去设计客户的健康分？即如何去评估一个客户是否健康？未来是否会继续留存？阿什温·温德雅南桑给出的方案是，按照客户成果健康分和客户体验健康分来分别设计。

$$客户健康分 = 客户成果健康分 + 客户体验健康分$$

Gainsight 公司两位高管在《客户成功经济：为什么商业模式需要全方位转化》以及《客户成功经理职业发展指南》中针对健康分的设计给出了详细的指导，大致方式如下。

1）确定客户获得产品价值的统计方向

在设计客户健康分之前，需要确定客户成功健康分的统计方向，也就是如何衡量客户获得的价值程度。

这个和北极星指标的设计原则和方法类似，如果你的产品是效果型，有明确的 ROI 指标（Return On Investment，投资回报率），如帮助客户创收的 GMV 指标（Gross Merchandise Volume，商品交易总额），帮助客户获得线索的指标，帮助客户节约运维成本的指标，那么可以直接采用这些指标来作为客户成果健康分的主要部分。

如果你的产品没有明确的 ROI 指标，那么需要选择一个产品采用程度的度量指标，如核心功能的使用比例，能够反映客户整体的使用情况。

2）确定具体的健康分统计维度

确定了客户成果健康分的统计方向后，可以从以下维度来考虑这部分健康分的设计：

- 客户部署，指客户完成产品上线的时间及程度，通常通过客户激活的账号数量、启用的功能模块和完成初始培训来判断。
- 客户参与，指任何员工和客户的交流数量。
- 产品采用，指客户使用产品或服务的行为。
- 投资回报（ROI），客户从产品中获得的业务成果情况。

客户体验健康分通常考虑以下维度：

- 总体体验，通常通过净推荐值，即 NPS，来衡量总体体验。
- 支持反馈，一般通过客户满意度评分来衡量。
- 情绪评分，通常是客户成功经理对于客户情绪的一个主观判断。

3）根据业务需要组合不同的健康度看板

由于健康分涉及多个维度，总体维度涉及客户成果健康分和客户体验健康分，细分维度涉及客户参与、采用、ROI以及总体体验等健康分，不同的健康分代表客户不同的结果及反馈，需要结合业务需要来做不同组合的健康分分析。

例如，客户成果分高但体验分低的客户，可能会继续续费，甚至增购，但通常不会推荐给其他客户使用；客户体验分高客户成果分低的客户却有可能给你提供转介绍线索。

健康分设计非常复杂，里面涉及的维度很多，在信息收集上也存在不少难度，尤其是客户体验健康分，如何准确收集到满意度、客情维护等信息，是非常不容易的一件事情，需要在产品上提供足够多的支撑，才能很好统计并应用在实际业务中。

如果你服务的客群为中小客户，笔者建议不要搞健康分这么复杂的指标体系，可以直接采用北极星指标作为一级指标。

如果你服务的客群为中大型客户，那么可以简化一下客户健康分的计算，并尽可能通过产品化的方式自动统计客户体验健康分，尽量降低收集信息的成本，提升信息的容错率，不然健康分的管理成本会非常高，且客户成功的考核体系会变得非常复杂。

(4.3) 二级指标深挖客户价值

如果没有续约率、健康分等基本盘，那么深挖客户价值就如同无本之木、无源之水，这个时候如果强行深挖客户价值，把增购、拓展销售、转介绍等动作做得很重，那么有可能会因为过度索取造成客户口碑的进一步下降，客户也就离你越来越远了。

有了基本盘的保障以后，我们就可以尝试去深挖客户价值了，具体如何认定有了基本盘，没有统一的标准，可以参考不同行业不同客户群体的中位数，如SMB客户续约率、KA客户续约率、转介绍占比、NPS等数据。

4.3.1 金额续费率及NDR的落地要点

客户成功管理者在落地这两个指标的过程中通常会遇到下面几个问题：

- 讲解了很多遍指标的计算，团队还是不理解 NDR 是怎么算的。
- 即使知道 NDR 怎么算，日常也很难根据 NDR 来盘点目标差距和客户。
- 一线人员背的目标太多，导致续约率也没做好，金额续费率（或 NDR）也没做好。

针对以上问题，笔者的建议如下。

1.业务考核指标和统计指标可以不一样

业务实际落地考核的指标是可以和 SaaS 业务的统计指标不一样的。当统计指标过于复杂、无法满足实际业务需要时，我们也可以需要据此制定一个更容易落地、更有助于促使大家改善业务结果的考核指标。

我们以金额续费率为例来看一下实际业务中的情况。4.2.1 节讲过金额续费率的统计公式，如下，实际业务中可以如何更好地落地这一指标呢？下面通过一个案例来讲解。

金额续费率＝应续客户中实际续约的金额总数／应续客户到期金额总数 ×100%

案例

假设客户成功经理小陈所在的公司以绩效的形式按月考核金额续费率目标达成情况，2021 年 11 月公司有大促，促销力度比较大，小陈这个月到期客户数为 50 家，这 50 家客户的到期总金额为 60 万元，金额续费率目标为 80%，即需续费 48 万元。在 11 月 20 日的时候，这 50 家客户有 45 家均已到期，小陈通过促销政策早早续费了 35 家，续费总金额为 45 万元，剩下的 5 家中有 4 家明确不续费了，只剩 1 家要到月底才考虑。

那么这个时候在金额续费率考核指标下，小陈目标缺口为 3 万元，但是小陈能够做的就只能等到月底的时候再跟进一下，然后再次盘点和跟进 12 月到期的客户，为下个月的考核目标做更多的努力，至于 2022 年 1 月及之后到期的客户，由于时间相隔太远，不影响近期的绩效，所以就没有去做太多盘点和跟进。

但这个时候小陈的主管却不这么想，这个月是公司一年一度的营销大月，如果能够通过营销政策提前把 2022 年 1 ～ 3 月到期的客户续费进来，那么后续的业绩压力就会小很多。所以小陈的主管找到小陈晓之以理、动之以情，让小陈剩下一周多的时间去触达 2022 年 1 ～ 3 月到期的客户，尽可能提前续费一些进来。

小陈听是听进去了，也尝试去联系了这些月份到期的客户，但客户都表示不想这么早提前续费，而且小陈这个月连续加班好久了，身心疲惫，于是小陈就没有再进一步跟进了，然后告知他的主管说客户都不愿意这么早续费，表示等到期了再看。

我们来简单剖析一下这个案例，为什么小陈主管的想法没有能够很好落地下去？提前续费对公司来说是好事，能够提前收进来现金，也能够早早锁定客户的续费，为啥小陈就"半途而废"了呢？小陈没有继续跟进仅仅是因为客户不愿意提前续费吗？

我们还是回归到金额续费率这个指标的统计口径，如果统计周期拉得足够长，比如年度的金额续费率，是不太容易出现上述问题的，但是对于一线客户成功经理来说，自己目前做的努力，需要 2～3 个月后才能拿到绩效结果的反馈，这个反馈周期太长了！没有足够长期主义的视角是很难为之努力的。

因此针对这种情况，我们不能直接把金额续费率的指标落地到一线客户成功经理身上，而是需要将金额续费率指标进一步拆解，制定一个金额绝对值指标，能够直接反映当下实际续费成交的情况，并及时给到绩效结果的反馈，而且绝对金额指标服务于金额续费率，金额指标完成了，金额续费率大概率也会完成。

如表 4-11 所示，通过设定当期金额续费率目标及提前金额续费率目标，可以分别得出对应的应续金额，应续金额减去 11 月前已经完成的金额，就可以得到 11 月当月剩余应续的目标。

表 4-11　续费金额目标拆解

月份	到期客户数	到期金额（万元）	目标金额续费率	目标续费金额（万元）	11 月前已完成续费金额（万元）	剩余的目标续费金额（万元）
2021 年 11 月	50	60	80%	48	20	28
2021 年 12 月	50	60	40%（提前）	24	5	19
2022 年 1 月	50	60	20%（提前）	12	2	10

根据表 4-11，2021 年 11 月小陈已完成的续费金额是 20+5+2=27（万元），剩余的目标续费金额是 28+19+10=57（万元）。这 57 万元就是小陈在 11 月应该续进来的金额，这个金额可以来自 11 月，也可以来自其他月份。对小陈来说，不仅更加有动力去跟进后续到期的客户，而且可跟进的客户范围变大了。

上述案例充分表明，在制定团队考核指标时，不能偷懒，要根据业务的实际情况去做改良，只要确保业务考核指标服务于业务统计指标，就可以做一些灵活调整，制定一个更容易理解、更符合"人性"、真正能够驱动业务增长的指标。

2.考核指标不要超过3个，聚焦目标

如果指标太多，不管是一线员工还是管理者的目标都会被分散：到底该以哪个为主？资源和精力如何分配？指标越多，对于管理和执行的要求越高。我们还是以小陈为例来看看考核指标过于分散会有什么后果。

案例

小陈11月有5个考核指标，如表4-12所示，每个指标都有一定的权重，小陈的精力该如何安排？

表4-12　绩效考核表

考核项目	考核目标	考核分数	考核权重
新客户交付率	85%	10分：90%以上；8分：85%～90%； 6分：80%～85%；4分：80%以下	30%
老客户活跃率	80%	10分：85%以上；8分：80%～85%； 6分：75%～80%；4分：75%以下	20%
到期客户续约率	70%	10分：80%以上；8分：70%～80%； 6分：60%～70%；4分：60%以下	20%
到期客户金额目标	57万元	10分：65万元以上；8分：57万元～65万元； 6分：50万元～57万元；4分：50万元以下	20%
客户满意度	95%	10分：98%以上；8分：95%～98%； 6分：90%～95%；4分：90%以下	10%

当小陈拿到这张考核表的时候，小陈整个人都是懵的，感觉要做的事情太多了：新客户要冲刺健康分，老客户要冲刺续约率和金额，还要关注老客户满意度。这个时候小陈只能根据自己的情况做一定的取舍了，一种是哪个好做做哪个，另一种是集中精力提升自己的短板。这样的话，当业务有明确的短期目标时，上下的发力就不一致了或者分散了，比如当期最重要的是把续约率做上来，但是大家发现续约率很难做，就不做了，转而去做续费金额，通过签约多年单、升级增购等把金额提升上来，这样就会导致想提升的无法提升，无法突破业务的短板。

因此笔者建议在考核上最多不要超过3个核心指标，这样大家的精力会更

聚焦，指哪打哪，而不是指四方打四方。从更大的角度来看：

- 在业务的早期阶段，业务的主要目标是 PMF，建议更多关注健康分（北极星指标）、客诉率等先行指标，最多加一个续约率指标。金额、NDR 等不宜过早落地到实际业务考核中，让团队的主要目标聚焦在"产品及服务价值交付"及客户体验层面，先给客户创造及交付价值，这一步没问题了，再来看如何进一步提升金额续费率、NDR，深挖客户价值。
- 等到健康分指标、续约率指标都符合预期后，我们的指标可以适当做一些调整，可以增加金额续费率、转介绍等考核指标，引领团队去捕捉客户未被满足的需求，挖掘增购商机。

3.不同组织情况，指标选择不一样

指标落地是需要配套的组织能力的，尤其是 NDR 这个指标，不是所有组织都有能力直接落地的。

笔者的建议是，大多数情况下，不建议在业务侧直接落地 NDR 指标，但可以将 NDR 指标作为企业的一个监控指标，原因有两点：

- NDR 指标虽然是一个非常重要的指标，但这个指标的应用门槛偏高，指标计算涉及太多计算项，也不太容易理解，别说一线客户成功经理，连不少 SaaS 企业的财务负责人都不一定能准确理解和计算，单单一个 ARR 就有非常多种算法。
- 目前大多数客户成功团队从业者是销售或客服出身，要理解 NDR 指标需要付出较高的学习成本，对比而言，金额续费率等指标更加直接和直观。

因此，除非你所在的部门整体人才密度非常高，能够很好理解、计算并执行 NDR 指标，否则不建议直接落地 NDR 指标，不然劳民伤财又很难取得效果，就像将波音飞机的引擎装在农用汽车上一样。

如果一定要落地 NDR 指标，建议企业 CEO、财务负责人等先落地 ARR、MRR 等指标，对这些指标有了较为深刻的理解及改善经验后，再来结合客户成功部门的情况，决定是否要直接落地 NDR 指标。

而关于金额续费率这个指标，和续约率一样需要根据不同组织架构的情况来设计，这里不再做过多赘述。

4.3.2　增购体系设计

所谓增购是指客户在购买原有产品的基础上，增加购买数量或者购买新的产品，包括增加账号数量、增加版本权限、新购产品应用/模块、升级更高版本等行为。

增购是深挖客户价值中非常重要的一部分，不少 SaaS 公司会将增购作为 ARR 的一部分来统计，即 ARR=**新增 MRR+ 扩展 MRR- 流失 MRR- 收缩 MRR+ 重新激活 MRR**，其中扩展 MRR 即增购（含升级版本）带来的 MRR。

因此按照常规的计算逻辑，我们在统计 NDR 指标时，会涵盖增购部分，所以提升增购也就能够间接提升 NDR，但 4.3.1 节讲过不建议大家直接落地 NDR 指标，因此需要将增购的指标拆解出来，单独定目标，这样更加直观。

这个拆解的逻辑（参见图 4-9）和拆解北极星指标有点像，通过拆解指标的构成来设计更容易理解和落地的过程指标，这样只要把过程指标做好，结果指标也就自然而然达成，既服务了最终的结果指标，又能够更好地落地，一举两得。

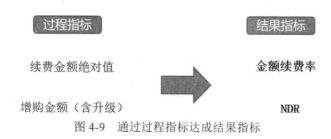

图 4-9　通过过程指标达成结果指标

指标定义明确以后，具体如何提升增购，拉动 ARR 和 NDR 增长呢？

1.明确客户的增购需求

简单来讲，就是客户为什么要增加购买，是原有的产品没法满足客户的需求了，还是客户的经营计划有所变动。

这里的增购需求可以简单总结为两点，一个是客户原有需求没有被你满足，比如客户在你这采购了一个 CRM 系统，但同时他们还有广告投放的需求，这部分需求目前是通过其他服务商在做的，如果这部分需求你能够帮客户实现，同时又能和你的 CRM 系统打通，那么客户是可以把这部分业务交给你来做的，那么你就可以完成增购了。

另一个是客户新的需求没有被你满足，比如客户业务发展较快，销售部员工增加了，需要增加 CRM 的账号数量；或者客户近期在做私域营销的试点，需要一些私域运营的工具来支持，而你刚好有私域运营的工具，就可以促成增购了。

2.有产品可以去满足客户的需求

企业客户的需求是全方位的，营销获客、客户服务、财务管理、人事管理、OA 办公等方面都有做增购的可能，但前提是你有产品或者解决方案能够满足这些需求（如果你打算去满足这些需求）。

最常见的需求是客户"扩容"的需求，增加账号或者性能空间，这类增购的发生取决于 SaaS 产品的商业化设计，即产品价格体系是怎么设计的，如果是纯按版本付费，那么就只能通过版本之间的差别来促使客户升级版本；如果是按账号数量付费，那么需要及时捕捉到客户团队及业务拓展的变化。

其次就是客户增加产品模块的需求，这里的产品包括老产品中的某个新应用，也包括新产品，这类增购的前提是你有足够丰富的应用或者产品线，能够满足客户多样化的需求，所以当主产品做得相对成熟之后，我们需要进一步调研客户未被（自己）满足的需求，然后考虑开发或合作对应的产品，提供更多拓展销售的可能。

3.有一个增购的目标

增购目标怎么来，是完全"拍"一个目标，还是根据客户盘点的情况来制定？笔者在这里踩过不少坑。

早期团队在做增购的时候，是完全没有目标的，大家都认为增购可遇不可求，更多靠运气，客户如果有增购计划了，很容易就签下来，客户如果没有增购计划，客户成功经理也很难去挖掘增购。

后面增购做多了，慢慢发现了一定的规律，比如客户在业务扩展的节点（如淡旺季等）容易增购，但总体上还是根据过去完成的情况来"拍"增购目标，比如上个季度同期做了 50 万元增购，那么这个月至少也得做 50 万元，加上这个月的营销力度比较大，再增加 10 万元的目标，一共 60 万元。

最后增购做得比较成熟以后，定目标参考的因素就越来越多，如客户扩张的节点、整体大盘客户的数量及质量、关键客户（KA）的情况以及最重要的增购商机的储备，定目标的准确性也越来越高。

我们发现有两种定目标的方式：

- 一种是根据现有资源情况来制定目标，比如现在有多少增购商机、上个月及去年同期完成的情况、能够产出业绩的人数等。

- 另一种是根据大的业务目标"拍"出来的增购目标，比如这个月总体的销售业绩目标是 1000 万元，新签和续费都确认目标后还有 100 万元的业绩缺口，希望增购能够冲一冲补上 80 万元的业绩。

这两种目标制定的方式单看哪一种都不是很合理。第一种容易造成自己给自己设限，有多少资源做多少事，不利于激发团队的潜能。第二种会导致目标完成率非常不可控，目标定高了，团队无法完成，影响积极性；目标定低了，不利于冲刺更高的产出，也会拉高整体的营销费用和提成。

因此笔者建议将这两种方式进行结合：

（1）弄清楚增购客户从哪里来，目前有多少存量客户，这些客户中有多少客户有挖掘增购的可能。

（2）弄清楚目前团队人员做增购的水平如何，做得最好的那部分人有多少，能够贡献多少业绩。

（3）根据大的业绩目标去做匹配，制定一个需要跳一跳才能够完成的目标，并通过这个目标去寻求营销费用、人员招聘、培训等资源的匹配。

4.要有挖掘增购的手段

不管是原有需求未被满足，还是新的需求没有被满足，增购都是需要挖掘的。

从客户的角度来看，当客户有新的增购需求时，如需要新增加一些账号，这个时候客户需要重新花钱，花钱就需要决策，这个决策不仅是要不要在原有服务商那增购，可能会连带着原有服务商的产品要不要趁这次一起换掉。所以针对这类客户，我们需要跟紧客户的需求，及时捕捉到客户新需求的产生，一旦客户发生增购，客户在你这儿的既定成本就会增加，客户来年续费的可能性就会增加，这类增购商机的捕捉是必须想办法做到的。

具体如何捕捉到这些商机，笔者建议以新签营销漏斗的流程来进行管理，可以从以下几个方面来尝试：

（1）建立增购的销售管理流程。我们通常在新客户的销售管理上做得很细，但往往会忽略增购的销售管理，甚至不少负责增购的客户成功部门都没有合适的 CRM 系统，增购商机都是通过表格来管理，这种管理方式太落后了，必须升级。

（2）建立增购线索筛选机制，如完善的客户信息档案，甄别出客户应有的业务需求规模和实际在你这购买的业务规模之间的差别。

举例来说，客户本来有 100 个员工，需要 100 个账号，但实际只购买了 20 个账号，那么剩下的 80 个账号就是增购的线索。或者当客户反复浏览增加账号、更高版本、未付费应用等页面时，应该有一个浏览线索流转到增购管理 CRM 中，应该有一个销售线索（leads）流转给对应的客户成功经理。

（3）建立增购商机管理机制。当有商机产生时，即当有明确的购买意向产生时，让客户成功经理将商机录入 CRM 中，通过 CRM 来完成商机的跟进，这样既能够看到商机跟进转化的过程，也能够方便后期去做复盘提升。

ⓔ 4.3.3 转介绍体系设计

转介绍是指老客户介绍新客户，包括直接介绍客户和间接介绍客户，直接介绍是指老客户通过推荐名片或者联系方式给 SaaS 服务商，间接介绍是指潜在客户看到老客户的分享而来联系服务商。

由于 SaaS 新签获客成本高、陌拜转化率低，而转介绍模式转化率高、获客成本低，非常受 SaaS 企业青睐。总地来说，转介绍成交占比越高，整体的获客成本（CAC）越低，获客效率越高。

那么，客户成功部门如何助力转介绍成交增长呢？我们不妨先来看一下客户在什么情况下会介绍新客户：

- 客户产品用得好，体验也不错，会给我们介绍新客户吗？有可能，但不一定会，因为介绍客户始终是一个"社交"的动作，即我通过社交网络将这款产品推荐给我的朋友，需要我有意愿或者动力去做这件事，所以还需要给客户一个足够的理由去做转介绍。
- 客户还没怎么用产品，不知道效果怎么样，会给我们介绍新客户吗？有可能，同样也需要意愿和动力去做这个事。
- 客户产品用得不好，体验也很差，会给我们介绍新客户吗？很难，除非有足够的利益驱动客户做这个事。

因此为了增加转介绍线索，我们可以从以下几个方面来做尝试。

1.提升客户服务体验，增加高意愿客户比例

从客户转介绍意愿的强弱来看，有客户成果 + 良好体验的客户 > 无客户成果 + 良好体验的客户 > 有客户成果 + 无良好体验的客户 > 无客户成果 + 无良好

体验的客户，具体可以见图 4-10 的示意。

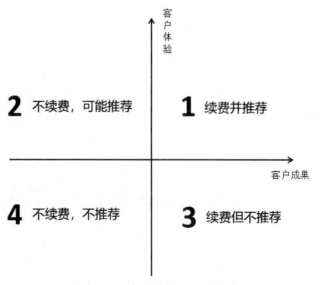

图 4-10　客户推荐强弱 4 象限

因此从客户成功部门的角度来看，不仅要给客户交付预期的商业成果，提升北极星指标，更需要把客户的体验做好，不断提升第一象限的客户比例，这个是客户转介绍做大的重要基础，只有这部分客户越来越多，转介绍的量才会越来越大。而且在实际的数据统计中我们会发现，大量的转介绍来自第一象限的客户，甚至所有转介绍的线索里面有 80% 以上来自这个象限的客户。笔者曾经服务过的一个客户，一年内给我们推荐了二十几个客户，总成交金额近百万元。

我们称第一象限的这类客户为"忠诚客户"，这种类型的客户有可能成为产品的"超级传播者"，会帮助我们把产品信息铺满整个社交网络，不仅对于转介绍有帮助，也能够提升产品的口碑和形象，降低新客户购买的信任决策成本。

我们需要重点关注的另一类客户是第四象限的客户，这类客户产品用得很差，服务体验也很糟糕，这类客户不仅有很高的流失风险，而且会影响转介绍率增长，现在网络信息差越来越小，客户在决策购买前会充分获取各种信息，有可能某个客户获得了朋友的推荐信息，但同时又看到了第四象限客户发布的糟糕体验信息，客户就会犹豫，这个转介绍单子就有可能丢掉了。

因此这类客户要列到我们的重点关注名单里，主动去发现客户的不好体验并尝试改进和补救，如果实在无法挽救且由厂商原因导致的，不如终止合作，退一笔钱，至少能减少一个体验不好的客户，也降低了影响转介绍和产品口碑的风险。

2.提供动力，拨动转介绍扳机

有了愿意推荐的客户还不够，我们需要助力一把，让客户勇敢地拨动转介绍的"扳机"，主动去推荐我们的产品。

这就涉及转介绍激励体系的设计，简单来讲就是回答"我给你介绍客户，我有什么好处？"这个激励设计和ToC的营销是一样的，只是ToB客户里角色更多，我们需要针对身边有潜在客户的客户来设计激励体系，可以简单梳理一下不同客户类型的驱动因素，如表4-13所示。

表4-13　不同类型客户的转介绍设计

客户类型	驱动因素	设计要点	示例
利益型	实在的利益	转介绍有利可图	转介绍可以获得系统时长、礼品、现金等
面子型	足够的面子	转介绍脸上有光	分享到朋友圈展示自己优秀的一面
关系型	关系够"铁"	维护客情，成为朋友	关怀客户、友情帮助客户

下面分别分析这三类客户。

（1）利益型的客户占比是比较高的，针对这类客户我们可以设计长期的转介绍体系，如每推荐一个客户可以获得2个月的系统时长或者等价的礼品，客户可以通过不断推荐客户来延长自己的系统时长，这样客户后续就不用再掏钱续费了，能够帮助公司或者老板自己省钱，这个是比较实际的利益。碰到有需要的朋友，顺手介绍一下，自己就有可能获得对应的奖励，何乐而不为？

这里的利益点设计有两个细节需要考虑：

- 不同客户对象所在乎的利益不同。比如客户职位是企业高层甚至CEO，那么一点点礼品可能就不太容易打动客户，甚至为了这点利益去介绍客户，有点跌面子，还不如被推荐的客户得到好处，比如获得一张优惠券或者购买后送2个月时长，这样高层送给他朋友的就是优惠，给自己的朋友带来好处，自己也有面子。这种"双边激励"特斯拉也用过，介绍朋友买特斯拉，朋友和自己都可以获得积分；同样，如果客户职位是企业的主管或者一线，那么比较实际的礼品、优惠券之类的，还是有一定的吸引力的。

- 从推荐到成交的信息变化如何透明化，即如何把成交的过程信息同步给到推荐人。因为ToB的决策流程都比较长，短的七天，长的一两个月，如果客户看不到成交之前的信息，客户会比较怀疑我们有没有联系他推荐的人，有没有尽心尽力去给这个客户介绍产品，一旦最终没有成交，久而久之，客户就会失去推荐客户的耐心，最后就不会再给我们推荐客户了。

（2）面子型客户也是有不少的。什么是面子？就是我做的这个动作能够代表我的个人特征，这个特征是我认为能够彰显我与他人的不同的，这就是面子。这种行为随处可见，朋友圈发时事文章，表明我关注社会动态，和那些关注娱乐新闻的人不一样；朋友圈发精心制作的美景照片，表明我很热爱生活。

因此对于 B 端客户而言，这个转介绍的"扳机"在于你是否能够提供帮助客户彰显他与众不同的素材。比如企业微信每周的工作小结，显示这周共回了多少条消息，最晚的一条消息是什么时候回复的，这个素材能够帮助大家去彰显自己多么热爱工作；比如某教培 SaaS 产品给机构老师提供的年度使用报告，这一年下来一共批改了多少次作业，点评了多少次课堂表现，最晚的一次点评或批改作业是在深夜几点，这个素材能够帮助教培机构去做服务效果外化。

当我们能够提供这些点点滴滴的素材时，客户就会情不自禁地帮助我们去传播我们的产品，同时也传播了产品的最佳实践，当潜在客户看到时，就有可能来主动咨询。

（3）关系型客户。这类客户没有特定的特征，我们需要做的是和客户处好关系，关心客户的工作和生活，帮助客户解决问题，形成较稳定的信任关系，然后脸皮厚一点去要转介绍，很多顶级的营销人员都非常擅长和客户做朋友，这一点暂且不在这里赘述。

3.设计内部协作及反馈机制，助力转介绍增长

对客政策（即对客户的政策）设计好后，如何拉动转介绍进一步增长？需要有一个良好的内部协作及反馈机制。

（1）考核及反馈政策。对于客户成功经理来说，身上背负的指标已经比较多了，再加一个转介绍指标就更分散了，因此不建议以指标的形式来落地转介绍，通过激励的方式来落地可能会更有效果，比如转介绍成交一个客户，给多少红包激励，这里的预算可以统一归为营销获客费用，通过设定转介绍总体的预算包来控制红包的激励。

对于销售人员来说，可以将转介绍线索当作一个过程指标来管理，引导大家主动去"要转介绍"，老客户越多，转介绍指标越高，再通过内部分享的方

式，去总结要转介绍的技巧和方法。

（2）内部协作机制，即销售人员和客户成功经理如何一起协作要到更多的转介绍。这种协作机制的设计非常考验协作能力，尤其是当客户成功经理没有明确的转介绍指标或者激励时，转介绍的责任就全部落到销售人员身上了。

这个时候客户成功经理如何助力销售人员去要到更多的转介绍？笔者曾经尝试过两种不错的方法，供大家参考：

①让销售人员参与到部分培训实施环节中来，销售人员完成前期部分初始化的系统搭建培训，帮助客户兑现售前的部分承诺，客户看到成果呈现了，信任感进一步增加，这个时候销售人员去要转介绍会比较自然，也比较容易要到，这种要转介绍的本质是"先给予再索取"，先给客户解决问题，帮到客户，再索取转介绍线索。

这种方式适合在产品早期客户量较少的时候，那时分工还没有那么明确，所有人都一起贴上去做服务。在客户规模不断扩大后，专业化的分工效率更高。

②把和客户沟通的"谈资"给予销售人员。定期把客户的使用情况和健康分数据提供给对应的销售小组或人员，让销售人员有更多的"谈资"去和客户沟通，这样就有更多和客户接触的机会，再通过转介绍活动切入，能够提高活动的回复率，进一步要到转介绍线索。

（4.4）三级指标提高服务效率

人效是SaaS企业在规模扩张前就需要重点关注的指标，和产品的底层架构一样，如果早期的"人效"架构没有设计好，后期规模变大以后，会变得非常被动，且重构的成本非常高。由于在SaaS企业，客户成功相关的服务部门通常在财务上会体现为一个成本部门，会直接影响企业毛利率这个指标，客户成功相关成本越低，企业毛利率越高，反之亦然。

服务人效的提升，对于客户成功负责人来说是一个不小的挑战，既要做好服务的深度，又要保障产出和人效。

4.4.1 服务效率的重要性

服务效率是指服务人员人均服务的客户数或者客户价值（一般指每年的合同金额）。服务效率对于 SaaS 公司的重要性有以下几点。

1.影响毛利率

按照制造业的计算逻辑，毛利率（Gross Profit）＝收入－成本，其中的成本就包括服务成本，一般是指客服团队、实施团队（如有）及客户成功团队的成本。

所以服务效率越高，人均服务客户数越多，在客户总数固定的情况下，所需要的服务人数就越少，服务成本相对较低，有利于毛利率的提升。

2.影响服务品质

服务效率还会影响服务品质，在成本相对固定的情况下，服务人员的效率越高，能够为客户提供的服务深度或者服务项目就越多，服务的质量相对较好。

拿客户操作类问题答疑为例，服务人员能够更快速地定位及解决客户问题，不仅能够在有效时间内服务更多的客户，而且客户在解决这个问题上所花费的时间和精力也更少，整体体验更好。

这和超市排队付款是一样的，早期都需要人工来收款，客户通过现金付款，收银员进行核对现金数量及真假币、找零等一系列操作，整体的收款效率较低。现在一二线城市已经有不少自助收银设备了，客户自己扫码完成付款，超市的人力成本下降了，排队的情况也减少了，客户的体验也更好了。

节省下来的成本甚至可以考虑反哺客户，通过服务效率提升来降低产品成本，给客户提供更优惠的价格。

3.影响其他工作产出

当基础的服务问题能够更加高效地解决之后，客户成功经理能够腾出手来做更多主动服务的工作，如客户的主动回访、客户复杂问题的解决方案输出、客户案例的打造、客户增购商机的挖掘等。

如果服务效率问题没法很好解决，客户成功经理每天的时间就陷在被动答疑、产品培训等相对基础的工作中，这个时候，就只能通过加人手来解决问题，服务成本就会进一步攀升。

SaaS 的服务投入这笔账该如何算？服务人效该如何衡量和计算？这是我们在提升人效之前需要搞清楚的首要问题。企业 CEO 和客户成功负责人都要学会算这笔账，投入和产出账要算得清清楚楚。

4.4.2　如何计算和评估服务效率

服务效率是指服务人员人均服务的客户数或者客户价值（一般指每年的合同金额）。

那么，究竟如何来准确计算服务效率，以及如何评估服务效率是否处于合理水平呢？这是所有客户成功管理者需要回答的一个问题。

因为在大多数企业中，客户成功部门仍然会被归为一个成本部门，而非收入部门，尽管部分客户成功团队已经开始在创造收入。因此在人力成本规划及管理这个问题上，客户成功管理者会面临诸多挑战：

- 财务管理者会问，你们部门去年一共花了多少钱？今年我们的目标是毛利要控制在 XX 元，因此你们全年的总成本不能超过 YY 元……
- 人力管理者会问，客户成功经理每天的工作怎样？人均服务多少客户？工作量是否饱和？不增加 HC 的前提下有其他的提效办法吗？……
- 一线 CSM 会问，我到底应该接多少客户？上限是多少？这么下去什么时候是个头？……

诸如此类的问题，都在寻找最终的答案：一个客户成功经理到底该服务多少客户？我想这个问题应该是一个客户成功领域很难回答且棘手的问题。

1.如何计算服务成本及效率

服务成本和服务效率，按照不同的维度有几种算法。

1）按照成本来算

服务成本指售后部门服务客户所产生的成本，包括服务老客户的成本及老客户留存续费的成本。服务成本会影响 SaaS 产品的毛利率：

$$SaaS\ 产品的毛利率 =(\ 收入 - 成本\ )/\ 收入$$

其中，"收入"一般是指合同收入或者回款收入，"成本"是指服务这批产生收入的客户需要付出的成本，包括人员成本和工具成本两大部分。

那么从成本的角度来看，服务效率就是指服务客户所花费的成本，这是一个服务成本的质量指标——平均服务成本（Average Cost of Service，ACS），计算公式如下：

$$ACS=\text{总服务成本}/\text{在约客户数}$$

服务成本具体包括两大类：

- 人员成本：实施服务人员成本、客户支持人员成本、客户成功人员成本等。人员成本需要和 CAC（客户获取成本）一样来计算，包括五险一金、差旅成本、管理成本等部分。
- 工具成本：客服系统及 IM 沟通工具、培训工具、帮助中心文档、自助服务工具等。

服务成本还可以从另一个维度拆分为新客户服务成本和老客户服务成本：新客户服务是为昨天的利润买单，老客户服务是为明天的利润做投入。新老客户的界限可以客户交付为节点，交付前为新客户，交付后为老客户。或者按照固定的时间来划分也可以，如合作 3 个月以内的客户为新客户，合作 3 个月以上的为老客户。区分新老客户的成本可以更清晰地看到服务资源主要花在哪，再结合对应的产出情况来做服务资源的调整。

具体如何计算，我们来看以下案例。

案例

某 SaaS 产品 B 在约客户数 9000 家，其中新客户 1500 家（合作 3 个月以内）、老客户 7500 家（合作 3 个月以上），产品均价 6000 元 / 年，各项服务成本情况如表 4-14 所示。

表 4-14　某 SaaS 产品 B 服务成本表

	服务成本项目	总服务成本（元 / 月）	新客户服务成本（元 / 月）	老客户服务成本（元 / 月）	计算公式
人员成本	实施人员（20 人）成本	264 000	200 000	64 000	人员数 × 含税工资（按客户区分新老客户成本）
	客服人员（10 人）成本	66 000	20 000	46 000	
	技术支持人员（4 人）成本	44 000	4000	40 000	
	客户成功人员（25 人）成本	330 000	270 000	60 000	
	合计	704 000	494 000	210 000	

续表

服务成本项目		总服务成本（元/月）	新客户服务成本（元/月）	老客户服务成本（元/月）	计算公式
工具成本	CRM工具成本	2458	2011	447	CRM账号月费×人数
	客服工具成本	5000	1515	3485	客服工具月费×人数
	IM工具成本	417	341	76	IM工具月费×人数
	合计	7875	3867	4008	三项工具月费汇总

按照计算公式，我们可以计算出：

客户平均服务成本 =（人员总成本$_{全部}$ + 工具总成本$_{全部}$）/在约客户数$_{全部}$

$\qquad$ =(704 000+7875)/9000=79（元/月）

新客户平均服务成本 =（人员总成本$_{新客户}$ + 工具总成本$_{新客户}$）/在约客户数$_{新客户}$

$\qquad$ =(494 000+3867)/1500=331（元/月）

老客户平均服务成本 =（人员总成本$_{老客户}$ + 工具总成本$_{老客户}$）/在约客户数$_{老客户}$

$\qquad$ =(210 000+4008)/7500=28（元/月）

服务成本占客户均价比例为 79×12/6000=15.8%，在一个比较合理的区间内，一般的服务成本占客户均价比例为 15%～20%，低的能做到 10%。

除了这个行业的参考区间，SaaS 企业如何根据实际情况去评估服务成本是否合理以及是否要增加服务资源投入，这个评估稍微复杂一点。早期人不多、总成本相对可控时，可以算一笔大账，如服务成本不要超过总成本的 20%；后期可以根据企业具体的毛利及利润目标去做拆解。

2）按照价值来算

通过服务客户的价值来计算服务人效，国外一般会采用人均服务年度经常性收入（Annualized Recurring Revenue，ARR）这个指标，提得比较多的是客户成功经理的人均 ARR，通过这个指标来判断客户成功人效，并据此确定一个客户成功经理应该服务多少客户。

国外有个著名的"200 万刀"法则，即一个客户成功经理应该服务价值 200 万美元 ARR 的客户，如图 4-11 所示。其中 Deal Size 指交易规模，箭头方向为交易规模从小到大，随着客户合同（ACV，Annual Contract Value，指年签约合同金额）的增加，客户成功经理人均服务的客户数量（Accounts，指服务的客户数）变少，服务的需求从被动服务（Reactive）转向主动服务（Proactive）。

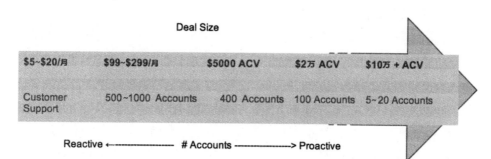

图 4-11　200 万刀法则

国内大多数企业做不到，据笔者和同行的交流了解，一般能做到服务 ARR 400 万～ 500 万人民币就非常不错了，而且这里需要注意的是，不同的产品、行业，算出来的结果会有很大差异，建议大家更多地和同行以及过去对比人效，把人均服务 ARR 当作一个监控指标，在实际的业务管理中，还需要考虑客户 LOGO 尺寸、客户潜在增购规模等情况来做按需分配。

但人均 ARR 有一个非常重要的价值是指导服务资源的合理分配，针对 ARR 高的客户，分配更多的服务资源，能够持续带来更高的产出，最大化利用好服务资源。

3）按照收入来算

在 SaaS 企业发展后期，续约及增购业绩占比增加到一定值后（如 30% 以上），可以通过"收入 – 支出"方式来计算服务效率。

这种方式更为直观，也更容易理解和接受，即花多少钱、挣多少钱，部门毛利、净利率数据如何，能否自负盈亏，如果客户成功部门直接或间接产生的收入都养不活自己和相关服务部门，就更别谈为公司带来利润了。

2.如何评估服务成本及效率

首先是服务成本投入评估，即应该配置多少人的服务团队，一个客服该解答多少问题，一个客户成功经理该服务多少客户。

如果单从内部视角来看这个问题，抛开服务竞争、客户预期等不说，答案是：**成本决定上限，收入和效率决定下限，服务效益决定中间平衡点。**

1）企业在当前经营阶段能够投入的成本决定投入的上限

从服务成本来看，SaaS 企业有多少钱能够花在服务上，这个是上限，即按照当前阶段的财务目标（毛利、净利润、UE 等），从客户那挣的钱扣除获客成本、产研成本、管理费用等成本之外，需要将客户售后服务的成本控制在什么范围之内。

具体可以拆解到每个客户身上，即不同客单价的客户，在服务上可以投入的钱有多少。这也决定了单个客户成功经理需要服务的 SMB 客户数量多、KA客户数量少，因为 SMB 客户的成本空间少，而 KA 客户有更大的成本空间。如果 SMB 客户和 KA 客户都是均匀地分配服务成本，那么这个钱花得是不到位的，没有花在价值更大的客户身上。

从收入成本来看，由于部分客户成功产生续费和增购收入，获得这部分收入的成本应该计入获客成本，即每产生 100 元的续费收入、增签 / 增值收入，我的成本是多少，一般来说这里的获客成本要控制在这部分收入的 10% 以内，即续费和增购要贡献 90% 的利润（非会计口径）。

这里的成本，如果是单独的续费团队，简单点来算，主要包括员工基本薪资、提成及营销费用；精确点来算，还需要包括客户成功部门针对老客户的主动服务成本。

如果是客户成功部门自己做续费，则成本主要包括针对老客户的主动服务成本和续费增购的提成成本或绩效成本，基本工资不建议算入续费获客成本，应该算作服务成本更加合理。

售后服务成本加上续费获客成本，构成了服务的总成本，根据企业的阶段性财务目标，可以算出总成本的上限。

案例

还是以 SaaS 产品 B 为例，该产品单价为 6000 元 / 年，假设当年的财务目标是要控制盈亏平衡，其中获客成本为 40%、产研均摊成本为 30%、管理费用等成本为 15%，那么剩下的 15% 就是服务成本的上限了，即至多只能投 15%的服务成本，否则无法实现盈亏平衡。

2）服务及运营的效率决定服务投入的下限

效率就是单位时间内完成的工作量。提升效率就要考虑做同样一件事情，你和过去或他人对比，如何花更少的资源（时间、金钱等）。那么，怎么通过效率去衡量一个客户成功经理该服务多少客户？

笔者的建议是将客户成功经理每天的工作内容都详细统计下来：对接客户信息需要多少时间，客户首次建联需要多少时间，客户拜访需要多少时间，处理产品缺陷（Bug）及需求对接需要多少时间，数据统计和分析需要多少时间。

把这些时间都详细记录下来，然后去看在规定的工作时间内，一个人能够做多少事情，也就能大概算出一个客户成功经理能够服务多少客户了，量力而行（如表 4-15 所示）。

表 4-15　服务效率统计

工作内容	50 个新客户 +350 个老客户对应的工作时间（小时）	50 个新客户 +700 个老客户对应的工作时间（小时）
建联电话	0.25	0.25
客户答疑	1.8	3
客户跟进	2.5	2.5
微信通话	0.5	0.5
复盘理单	0.5	0.5
CRM 跟进	0.75	0.75
电话回访	0.17	0.25
提交 JIRA、审批等	0.17	0.25
续费增签	0.17	0.17
沟通（跨部门）	0.33	0.33
合计	7.14	8.5

这也是后期提效的重要依据，因为大家的时间是有限的，这里面哪些是机械化的可以通过工具来替代，哪些是因为跨部门机制不成熟导致的协作成本，哪些是人员技能不熟练导致的成本……分门别类算一下，就可以把人均服务的极限值算出来。

从服务效率的角度可以计算出服务成本的下限，即至少可以投多少服务成本。

3）服务效益决定下限和上限之间的平衡点

除了成本投入上下限，我们还需要关注服务效益产出情况，也就是增加服务投入是否能带来更多的经济效益。

在服务成本允许的前提下，也并不是投入越多服务效益越高的，即提供给客户更好、更贴心的服务，不一定能够带来续费、增购和转介绍等收益的线性提升，这里面是有一个临界点的（如图4-12所示），当服务做到一定程度之后，服务需求会被过度满足，服务满意度不会继续升高，反而会形成服务高期望的常态，后续想要控制成本、降低服务标准至正常水平时，会出现反弹，俗称"惯坏了"。

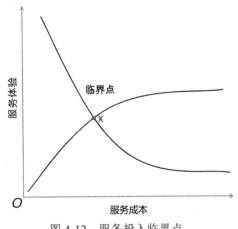

图 4-12　服务投入临界点

在实操过程中具体如何把握这个平衡是非常难的，笔者的经验是在满足客户"温饱需求"的前提下，谨慎增加服务资源投入（一般指服务标准），或者更保守一点，能不加就尽量不加，除非不加会导致已知的效益损失，然后在有限的服务资源下，通过工具及服务人员专业度去提升服务效率及体验。

谨慎增加的原因还是在于客户成功方程式：客户成功 =70% 的客户成果 +30% 的服务体验。服务体验再好，也只占30%，关键是客户成果，所以在有限的资源情况下，得优先保障客户成果的兑现。如果真的要加服务资源，可以通过服务资源分配的方式来增加部分高价值客户的服务资源投入，如 KA 客户、转介绍客户等。而且提升服务体验，不一定要通过增加服务资源的方式来实现。

那么，何谓**服务"温饱需求"**？笔者的理解是能够保障客户的大多数需求得到及时响应及解决：

- 从服务响应来看，一般来说，如果客户90% 以上的问题都能够被响应，那么服务时长就不需要增加；如果服务时间内客户的问题在平均

10 ～ 15 分钟以内被响应，那么服务的时效性应该也没太大问题，除非部分客群或者产品对时效性要求很高。如果客户问题有 20% 及以上没有得到及时的响应，或者压根没响应，那么客户的"温饱问题"就没有得到解决。例如，客户是做电商的，晚上及节假日的问题很多，占比超过 30%，但 SaaS 服务在这个时间段的服务覆盖很少，这就属于没有解决客户的"温饱需求"。

- 从问题解决来看，产品主链路 Bug 及系统故障要快速解决，至于具体时效，要看行业和产品，例如及时性要求很高的通信、网络服务问题等，秒级解决；其他的如 CRM 等，小时级别解决；操作答疑这些问题和上述响应时间保持一致；产品需求类的就要根据产品资源来定了。

6.4.1 节将介绍服务效率提升的一大前提和三大关键。

（4.5） 本章小结

客户成功的指标体系建设是客户成功的起点，只有清晰地定义并量化出客户成功的标准，才有持续帮助客户成功的可能，否则客户成功只是一句口号。

不同的指标有不同的适用阶段，指标体系的建设是一个循序渐进的过程，客户成功管理者切记不要一上来就建一个"大而全"的指标，需要根据业务的实际需求确定当前最重要的目标，逐步搭建一二三级指标体系，并在不同业务阶段有不同的侧重点。

但无论何时，都需要一个能够引领业务方向的北极星指标，请记住，只有确保在给客户创造价值的路上，才有 SaaS 企业成功的可能，这个是 1，后续都是 0。

客户生命周期管理是客户成功的
必经之路

客户生命周期管理是客户成功工作的重中之重，几乎是客户成功日常管理及客户成功经理日常工作的"百科作战指南"。

这个以客户需求为中心、以"客户旅程"为节点来设计的管理体系，是践行"持续交付服务和产品价值"理念的保障，也是通往客户成功的必经之路。

只有让客户持续获得产品的价值不中断，持续让客户获得成功，SaaS公司才能源源不断地获得丰厚的价值回报。

5.1 如何理解客户生命周期管理

生命周期管理对于互联网公司来说并不陌生，C 端的运营也会经常用一些漏斗模型及 LTV 指标等来衡量及管理用户的生命周期，以期更好地提升客户生命周期价值。

对于订阅制的 SaaS 产品而言，由于客户群体是企业而非个人，共情极难，且"决策人和使用人分离"，生命周期不确定因素增加，所以想要做好 SaaS 产品的客户生命周期管理，如何准确、完整地理解客户就变得更加重要。

5.1.1 什么是客户生命周期管理

1.客户生命周期管理的定义

首先需要明确的是，对于企业而言，客户是有"生命"的，有"出生"到"成长"到"死亡"的过程，具体来讲，从客户起心动念购买企业的产品或服务开始，直到他决定不再购买为止，整个过程被称为客户生命周期（Customer Life Cycle，CLC）。客户生命周期越长，说明客户在企业留存的时间越长，能贡献的价值越高。

SaaS 企业为了尽可能延长客户留存的时间，拉长客户生命周期，来获得更多的价值（续约、增购、转介绍等），就需要做一些主动干预的工作，根据客户不同阶段的特征做精细化的管理，这就是客户生命周期管理（Customer Life Cycle Management）。

无论是客户生命周期，还是客户生命周期管理，都是**企业从自身角度出发**，给客户定义的一个"生命"，客户对这个"生命"是没有太多感知的，客户只关心自己的业务发展，合作开始或合作结束都服务于业务目标，因此客户生命周期管理是 SaaS 企业为了自己的需要所定义出来的一套理念和方法。

详细来看，客户生命周期一般会划分为这么四个阶段：探索期、形成期、发展期、退化期。

- 探索期是指客户从有采购的想法到逐步了解、对比产品和服务的过程，也就是说只要客户开始注意到你，客户的生命周期就已经开始了。对于

SaaS 企业来说，这个阶段的重点工作是占领用户心智，让客户遇到问题的时候能第一个想到你，并且能够从多个渠道获取到客户想要了解的信息。

- 形成期是指客户从开始考虑购买到逐步增加信任并形成合作关系的过程，也就是我们通常所说的目标客户转化，这个阶段是 SaaS 销售部门的工作重点，通过和客户建立联系、提供解决方案、促成合作等步骤来完成目标客户转化。

- 发展期是企业和客户之间最美好的阶段，双方或明确或含蓄地向对方表达愿意为一段持续而长期的关系作出保证，是指客户通过 SaaS 企业提供的产品和服务，在自身业务上获得了较为满意的效果，同时 SaaS 企业也对客户所带来的价值回报较为满意。这个阶段是客户成功部门的工作重点，需要根据客户的不同场景提供系统启用方案，并在后续的过程中提供更多场景的解决方案来加深双方的合作，最终达成续约、增购等商业目标。

- 退化期是企业和客户关系开始逆转的阶段，也就是我们常说的客户流失期。需要注意的是，客户的流失不单指客户到期后不续约流失，客户的流失可以发生在探索期、形成期、发展期任意一个阶段：如果客户探索了解后觉得不合适而离开了，客户就流失了；如果客户购买完后悔了，客户也可能流失了。这个阶段是 SaaS 企业市场营销部门、产品部门、客户成功部门都需要重点关注的，即客户为什么要走，是我们的解决方案不吸引客户，还是销售选择错了客户，还是客户因为什么原因无法获得产品的价值。

2.客户生命周期和客户旅程的关系

为了更准确地理解客户生命周期管理，我们还需要**从客户的视角**来看待这一定义，即需要了解客户生命周期和客户旅程两者的关联和区别。

客户旅程是指客户开始寻求业务问题解决方案开始到逐步了解、交流、合作、使用、反馈等一系列经历的过程，在《硅谷蓝图》一书中详细描绘了客户旅程（参见图 5-1），将客户旅程分为注意到产品、帮助客户理解、决策支持、使用培训、使用和增购这五个阶段，并详细描述了每个阶段客户的个体旅途及个体需求。

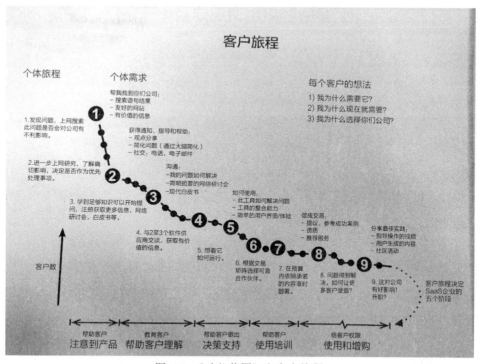

图 5-1 《硅谷蓝图》之客户旅程

通过上述定义我们可以发现，客户生命周期和客户旅程的相同点有两个：对象都是客户、都有时间线路。

而不同点在于客户生命周期更多的是企业的视角，客户旅程更多的是客户视角。客户生命周期更多强调如何更好地干预及管理处在不同阶段的客户，以期能够提升客户价值；客户旅程更多强调如何洞察客户在不同旅途阶段的想法及需求，以便能够更好地满足客户需求。

一个强调管理和干预，一个强调洞察和满足，这个是客户生命周期和客户旅程的不同点。

笔者认为不存在纯客户视角的运营体系，供应商是供应商，客户是客户，两者都有不同的目的和利益，SaaS 企业加入更多的客户视角最终也是为了自身发展得更好，企业和客户不可能做到利益完全一致，但可以构建相互成长、互利互助的关系。

所以在商业的目标里，客户生命周期管理和客户旅程又殊途同归，最终都服务于 SaaS 的盈利目标，或者更直接一点说，客户旅程服务于客户生命周期管理，客户生命周期管理服务于 SaaS 盈利目标。

⊖ 5.1.2 为什么要做客户生命周期管理

在第 3 章和第 4 章都提到开展客户生命周期管理的原因，生命周期管理是保障续约率的不二选择，我们来具体阐述一下更详细的原因。

1.客户生命周期管理的必要性

（1）**从客户的角度来看**，由于处在不同阶段的客户需求不一样，因此为响应及满足客户的需求，我们不得不做生命周期的管理。

如果仅从自然时间的角度来看，客户成功经理手上的客户由于阶段不一样，客户的需求也不一样。例如，在 100 家客户中，有 20 家刚完成签约，客户着急想摸一摸产品，想了解产品是如何帮助自己解决问题的；有 20 家已经完成系统启用了，希望能够快速响应自己在使用中碰到的问题；另外 20 家在系统使用上已经比较熟练了，但最近在业务上碰到了新的难题，希望能够将这个系统和自研的系统打通；剩下 20 家可能面临流失的风险，客户使用效果不佳，对服务也不满意；最后 20 家临近到期，客户重新对比竞品，考虑是否要续约。

所以你看，不同阶段的客户需求差别很大，面对这些可能，没法用同一套方法来解决客户的需求，必须要做差异化的解决方案。所以做客户生命周期管理在满足客户需求上是必要的。

（2）**从管理的角度来看**，处在不同阶段的客户数量、客户需求内容及优先级不一样，需要据此来设计不同的运营侧重点，来更好地分配服务资源，提升服务效率。

从优先级来看，优先级从高到低依次为启动期阶段的客户→续约期阶段的客户→流失期阶段的客户→成熟期阶段的客户。

- 启动期阶段的客户，刚完成签约，对于产品和服务的期望处于高点，同时热情也较高，希望能够快速上手系统，将此前的投入带来等价的回报，而对于 SaaS 企业来说，更需要在这个阶段趁热打铁，帮助客户启用系统，这个阶段一旦完成启用，客户后面流失的可能性就大大降低，如果这个阶段没有启用，后面就更难启用了，所以需要将实施交付、客户成功等资源集中在这个阶段的客户上。

- 续约期阶段的客户，马上面临续约，是客户成功实现价值回报的关键阶段，所以跟紧客户，帮助客户解决问题，促进客户续费。

- 流失期阶段的客户，如果不及时干预，就有可能真正流失，等到续费期再去介入就来不及了，所以也需要及时去干预。
- 成熟期阶段的客户，短期的优先级就没有那么高了，重要不紧急。

从客户需求来看：

- 启动期阶段的客户更多是实施培训需求，需要更多地分配实施及交付资源，帮助客户快速启用系统。
- 成熟期阶段的客户更多是服务支持类及运营类的需求。优先提供日常服务支持，有资源的情况下，再加大运营投入。

因此根据不同的需求类型，需要匹配不同的服务资源类型及投入比例，以期能够实现资源利用最大化，这个是管理上的必要性。

2.客户生命周期管理的重要性

对于提升续约率，做好客户生命周期管理能够持续满足客户不同阶段的需求，直到客户合同到期前，提升客户续约的概率。

第 3 章和第 4 章反复提到了客户续约的基本逻辑，客户之所以会续约，是因为客户判断再次续约后能够带来预期的价值，判断依据就是到期前（或者决定续约前）的价值获得情况，而生命周期管理就是促进客户续约的落地方法。

通过制定不同阶段的价值交付重点，设计不同的交付策略及 SOP，在交接期能够顺利承接客户开启服务，在启动期能够帮助客户快速启用产品获得首次价值，在成熟期能够促进客户深度使用并提升增购及转介绍量，在续约期能够提前把控流失风险促进客户续约。

对于提升组织协作，客户生命周期管理能够让不同部门以客户为中心加强协作与链接，从而打破职能"孤岛"，提升协作效率和客户体验。

（1）首先客户生命周期管理能够给各个部门提供统一的目标视角。

如果按照部门职能的协作方式，销售部门负责新签，签约完之后就跟自己没关系了，实施部门负责新客户系统实施，实施验收后也跟自己没关系了，客户成功经理负责客户运营，后期的续费如果是单独的续费团队来做的话，也跟自己没有关系了。

但如果是从客户生命周期的角度来看，这就是一场接力赛，终点是客户完成续费，然后又进入新的循环，各个岗位最终的目标都应该是客户完成续费，而不只是完成自己的那部分工作，所以各个岗位都需要从最终结果的角度来反推自己目前的工作是否有利于续约。

（2）其次客户生命周期管理有利于促进各个环节之间的衔接。

客户生命周期是一条线，这条线不应该被割裂，在各个衔接环节之间需要设计一些机制做好承上启下，比如签约完成后的客户交接，交接好客户，不仅是对客户成功经理的要求，也是对销售人员的要求，需要设计有"双方要求"的交接机制。

又比如实施完成后的再次交接，客户成功经理如何更好地介入能够促进后续的客户运营工作，实施经理交接完之后客户如果再次找到自己，又该如何处理，需要设计出平缓过渡的服务机制。

5.2 如何设计客户生命周期管理体系

客户生命周期管理体系的设计属于客户成功顶层设计的重要部分，要设计好这个体系需要对客户需求及业务有很深入的理解。

这个体系一旦确定，后续将直接影响客户成功经理和客户的交互质量，好的管理体系能够大幅提升价值交付质量及效率，反之，则会让客户成功团队陷入无休止的恶性循环。

这对客户成功负责人提出了更高的挑战。

5.2.1 客户生命周期管理体系的设计要点

在着手设计客户生命周期管理体系之前，需要先制定北极星指标及相关数据体系，以此作为客户生命周期运营的量化目标

1.确定不同阶段的定义及统计口径

客户生命周期一共划分为几个阶段？每个阶段的定义和数据统计口径是怎样的？这是设计客户生命周期管理体系首先需要考虑的事情。

粗略一点，笔者通常会将客户生命周期划分为4个阶段：交接期、启动期、成长期、续费期，精细一点可以增加"成熟期""预流失期""流失期"等阶段。

这个阶段具体怎么设计，是否每个阶段都有兼顾，需要根据业务的情况来设定，图5-2为某SaaS企业生命周期管理大图。

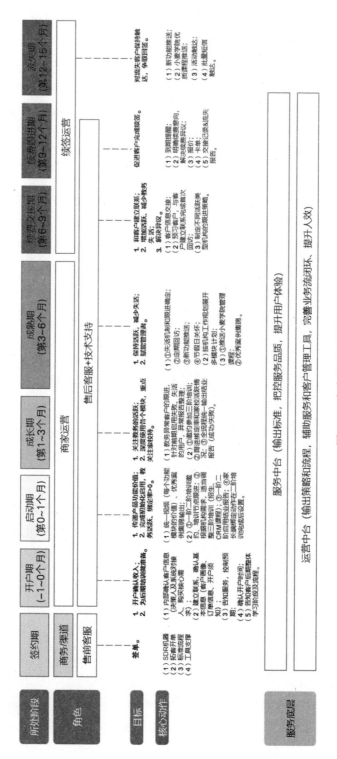

图 5-2 生命周期图举例

划分的标准主要参考客户的生命时间线，以客户开始合作的时间为起点、合作结束后 3 个月为终点，辅助客户状态作为不同阶段客户特征的定义。

原因很简单，由于订阅制的模式，客户的合作是有期限的，SaaS 企业按照时间的消耗来增加确认收入，一旦开始就不会停止，我们需要在有限的期限内持续交付产品和服务的价值，一方面是获得确认收入，另一方面是获得下一次的价值回报。

但客户的实际状态并不严格像我们期望的那样随时间而变化，有可能交接期完成后客户就进入流失期了，所以需要辅助不同客户状态特征的定义描述，以便更准确地划分客户所处的阶段。

案例

我们以购买某款工具型 SaaS 产品 1 年期的客户为例，来看不同阶段的定义介绍（M 代指客户开始合作的月份）。

（1）交接期。

客户时间：签约完成后 72 小时内。

客户需求：想尽快了解产品是如何运转的，如何解决问题，并获得服务响应。

状态描述：对产品和服务的预期处于高点，热情和积极性较高。

（2）启动期。

客户时间：M0 ～ M1，即服务开始后的首月。

客户需求：将产品正式应用到业务当中，希望实际买到的和宣传的是一致的。

状态特征：需要学习并掌握系统日常操作，将产品和业务运营流程进行融合（健康分达标）。

（3）成长期。

客户时间：M1 ～ M3，即服务开始的第 2 ～ 3 个月。

客户需求：系统逐步融合到业务场景，并逐渐获得提升效果。

状态特征：产品在业务运营中越发流畅（健康分持续上升），对于系统价值认可逐步提升。

（4）成熟期。

客户时间：M3 ～ M9，即服务开始的第 4 ～ 10 个月。

客户需求：希望遇到问题时能快速得到响应和解决，希望有和同行学习交流的机会。

状态特征：系统使用进入稳定期（健康分保持稳定）。

（5）预流失期。

客户时间：开始合作后的任意阶段。

客户需求：无。

状态特征：客户和服务商的互动较少甚至停止，客户操作和使用（健康分下降）变少甚至停止。

（6）续费期。

客户时间：M9 ～ M12，即到期前的 3 个月内。

客户需求：了解续约价格，重新评估系统价值决定是否续约。

状态特征：可能会重新对比竞品，容易被竞品跟进。

（7）流失期。

客户时间：M12 ～ M15，即到期后 3 个月内。

客户需求：无。

状态特征：客户已停止合作。

2.明确不同阶段的目标及关键路径

不同阶段的定义和统计口径明确之后，先别着急去设计落地执行 SOP，我们需要把不同阶段的客户需求及特征剖析清楚，然后制定运营目标及关键路径。

以交接期为例，客户对产品和服务的预期处于高点，热情和积极性较高，希望实际买到的和宣传的是一致的，希望尽快将产品正式应用到业务当中。

在这个阶段，客户比较信任收自己钱的那个人，也就是销售人员，将他们对销售人员的信任逐步转移到客户成功经理身上，也是必须要做的工作。

另外如果客户成功经理没有参与售前环节的话，客户的具体需求及期望信息还停留在销售人员那里，需要尽可能完整、准确地将客户的背景、需求等信息交接过来，这样客户成功经理能够根据客户的情况制定合适的系统启用规划，帮助客户快速启用系统。

因此对于**交接期的客户，充分了解客户信息、控制客户预期就是运营目的。**

- 为充分了解客户信息，可以通过设计一定的交接机制，让销售人员及时交接客户信息，包括客户背景、客户干系人情况、客户重点需求、客户性格等情况，同时也需要客户成功经理主动和客户建联，通过电话或者上门拜访的方式（视客户规模和服务效率而定）了解客户信息，所以达成这个目的的关键路径就是信息交接和主动建联。

- 为控制客户预期，一方面是在售前环节尽可能透明传输服务内容及标准，让客户在购买前就对服务有一定的了解，另一方面要想办法减少销售人员对服务和产品的过度承诺（op），同时客户成功经理在和客户首次建联时，再次介绍服务内容、标准及系统落地规划，让客户知道后期双方配合中的细节，将客户对我们的期望从"模糊"变得"具体"、从"过高"变得"合理"，所以达成这个目的的关键路径就是售前服务透明传输、减少销售 op 和首次建联服务介绍。

这种目标确定及关键达成路径拆解方式，需要反复斟酌和讨论，每一个阶段都要明确目标及路径，这个会作为后面落地执行 SOP 的指导。万一这里的目标定得有问题，后面的执行得越到位，问题越大。

3.设计不同阶段落地执行SOP

每个阶段的目标及目标达成关键路径确定好以后，就到执行落地的环节了，需要设计不同阶段的 SOP。

在开始设计 SOP 之前，我们需要对 SOP 有一个清晰的理解。按照百度百科的理解，SOP 是 Standard Operating Procedure 的简称，一般指标准作业流程，指将某一事件的标准操作步骤和要求以统一的格式描述出来，用于指导和规范日常的工作。SOP 的精髓是将细节进行量化，通俗来讲，SOP 就是对某一程序中的关键控制点进行细化和量化。

通用的解释没有问题，但在业务实操中，我们需要有更深的理解。

SOP 到底是什么？SOP 是业务最佳实践，我们通过提炼业务中的某个场景 / 链路 / 人的最佳做法，然后将其扩大、复制到整个团队中，以期实现更大规模的产出，这就是 SOP 的本质及目的。这里面有两点需要注意的：

（1）最佳实践的提炼是一个相对漫长且系统性的过程，最佳实践是通过在实际业务中不断地复盘总结一点点沉淀下来的，而不是靠一时的讨论或者管理者臆想出来的。

为什么部分管理者制定了 SOP，一线也按照 SOP 要求落地了，却没有效果，甚至比之前的情况还更糟糕？原因就在于制定的 SOP 本身不是最佳实践，通俗点讲，就是没有将团队内最好的做法复制到其他人身上，而是复制了一个普通的做法，或者是不太恰当的做法。

所以 SOP 的设计需要日常的大量积累，需要通过日常培训分享、内容物料沉淀等方式不断积累下来，这是 SOP 设计的前提，如果没有这个前提，千万别想着通过一个专项大家一起共创出来，或者管理者自己花个三五天总结一套出来。

（2）SOP 不是制度，不是管理，而是运营，别想着通过 SOP 去管理大家的行为，SOP 的首要目的是通过推广业务最佳实践来获得规模化的产出，而这个最佳实践是随着业务的变化而变化的，需要从实际业务中不断更新迭代。这和管理的方式是截然相反的，管理讲究的是原则，是确定性和稳定性，所以千万别把 SOP 当作管理工具，一旦这么做，SOP 就失灵了。

4.设计SOP落地监督及效果评估的机制及工具

再好的流程和方法，没有被很好地执行，也是一纸空文。而良好的执行，既需要训练有素的团队，也需要合适的机制及称手的工具。

1）机制

先讲机制，机制这块没有大家想象的那么复杂，和工艺品生产一样，做好每个生产环节的**核查**及最终成品的**品检**就行了。

（1）首先是 SOP 落地动作的核查，如果没有合适的工具辅助，早期可以由组长或者主管负责核查每个人实际落地动作的达标情况，通过抽检的方式详细排查是否有按照 SOP 的落地要求来执行，如表 5-1 所示，并将 SOP 的达标率作为过程考核指标，来保障执行效果。后期可以单独设立中台运营的岗位（如服务运营），来单独负责 SOP 动作的检核，效率更高，也会做得更系统。

表 5-1　检核表

客户名称	客户成功经理	具体阶段	签约时间	检核项目1	检核项目2	检核项目3	备注
A 公司	小王	交接期	2022.6.3	完成	完成	超时	
B 公司	小王	交接期	2022.6.5	超时	未完成	完成	
C 公司	小李	启动期	2022.3.1	完成	完成	完成	忘记填写跟进记录，实际已完成

这里有一个点需要注意，除了检核的动作，还应尽可能通过检核的过程去发现更好的做法，因为SOP本身代表最佳实践，而最佳实践需要从实践中不断迭代，确保SOP始终保持领先性。这和SaaS产品迭代的本质是一样的，因此SOP的落地要求需要有一定的包容性，不能要求所有人100%按要求完成，同时针对完成率比较低的同事提供正常的反馈通道，或许能够发现更好的最佳实践做法。

（2）其次是品检，品检是工厂生产产品中非常重要的一个环节，主要是对产品质量进行检测，质量不达标的无法入库，在SOP的落地检核上，品检主要针对SOP的落地效果进行评估，直白点说，就是评估按照目前生产工艺生产出来的产品质量如何，这是衡量SOP是否有效的重要方式。

比如在交接SOP中，我们设计了一系列降低客户预期的动作，那按照这些动作都做完以后，客户的预期是否在正常范围，我们可以对照SOP执行前后的客诉率、关键节点推进速度等数据来做评估；比如在交付期中，我们设计了培训推进要求等动作来提升培训完成率，那么SOP完成率较好的人，他的客户培训完成率是否也较好，这里是否呈正相关，如果是，那么说明当前SOP对于业务指标的提升是有效果的，如果多次对照下来都不是，就需要重新对SOP的动作及内容进行复盘。

2）工具

再讲工具，业务规模或团队规模达到一定程度后，就很难通过人工的方式来保障SOP的准确执行，即使能做到准确执行，也需要耗费巨大的人力物力，因此就需要称手的工具来保障SOP的执行，既能提升客户成功经理工作的效率，也能够保障SOP的执行效果。

这里的工具根据不同的SOP体系有不同的需求，但有一些通用的工具，比如CRM系统、对客IM系统、需求故障管理系统等多平台打通后，能够大幅提升信息核查及协同的效率；比如外呼系统，能够提升电话沟通检核的效率，也有助于做针对性的诊断及复盘。

5.2.2　客户生命周期管理体系的常见问题

客户生命周期管理体系的落地，是客户成功部门日常管理中最重要的内容，如果说北极星指标和续约率策略是方向和指导，那么生命周期管理体系就是到达的路径，它承载了客户成功战略的落地，也是帮助客户成功的必经之路。

但这条路并不好走，走着走着方向和动作容易出现偏差，容易出现以下3个常见的问题。

1.近管理而远客户

如果完全把客户生命周期体系当作一个管理工具的话，就会偏离"以客户为中心"的指导思想，容易臆想、自嗨，最终就和价值创造、交付渐行渐远。

客户生命周期管理，首先要清晰地洞察和分析客户在不同旅途阶段的需求，其次才是通过合理的引导及管理，通过生命周期管理及 SOP 落地方法，确保客户成功经理能够准确地交付产品及服务价值，满足客户不同阶段的需求（可参考第 1 章的图 1-4，为方便阅读复制到这里，如图 5-3 所示），最后才能通过生命周期的管理去实现 SaaS 企业的业务目标，这个顺序不能乱，否则容易本末倒置。

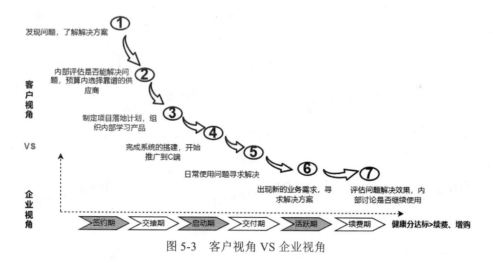

图 5-3　客户视角 VS 企业视角

因此必须明确客户每个阶段的需求及业务目标，通过这两者相结合来确保 SOP 设计的正确性，我们以交付期为例来做以下对比分析。

当我们完全把生命周期管理当作一个管理工具时，容易出现的一个问题是，会忽略客户的需求及业务的目标去做 SOP 的设计，导致 SOP 设计的动作及内容过于发散，没有根据客户的需求及目标去做设计，并融入很多管理的约束性内容。

以交付期为例，在没有明确交付阶段客户的需求及业务目标的情况下，客户建联的动作和内容到底该如何设计？可能不同的人有不同的想法：销售人员觉得联系客户越快越好，所以希望销售动作完成之后，客户成功经理或实施团队立马联系客户，并兑现销售过程中的承诺，如提供培训指导和实施方案；客户成功经理觉得需要根据自己的时间节奏来安排客户建联，否则这么多客户都需要第一时间建联，自己的工作根本无法开展；部分善于做平衡的管理者会去平衡各方的需求，最终定出一个相对折中的时间，然后尽快给客户提供售后服务。

在没有明确客户需求及业务目标的情况下，这几种需求似乎都是正确的：销售人员要求及时给客户提供服务是对的，客户成功经理需要按照一定的时间节奏来完成工作是对的，管理者在两者之间做平衡也是对的。这样的结果是，最终交付期的客户建联工作就完全是内部需求之间的平衡结果。

可当我们回归到这个阶段的客户需求和业务目标时，客户购买完之后的确希望尽快看到销售承诺的兑现，但销售的承诺是基于客户的需求而做出的，也不一定是最佳的实现方式，所以了解客户的业务背景及真实需求，并评估最合适的实现方案，才是客户建联阶段的目标。

明确了这个目标之后，我们就不会完全纠结于客户建联的时间了，而会重点关注客户建联的内容，即如何更全面地获取客户的需求，并评估出合理的解决方案。

而且不可否认的是，客户的需求是会变化的，购买时的需求和使用一段时间后的需求可能会有所不同，所以也需要阶段性去复盘和迭代 SOP，确保客户需求、SOP 目标、SOP 流程三者统一。

2. "棒槌型"和"哑铃型"生命周期

客户生命周期落地过程中另一个容易出现的问题就是"棒槌型"和"哑铃型"生命周期。

1）"棒槌型"生命周期

"棒槌型"，即交付期做得很重，成长期和活跃期几乎没做什么动作，只有被动服务，等到续费的时候才去做续费的谈判和跟进，就像一个"棒槌"。

交付期固然重要，对于大多数工具型产品而言，做好了交付期的价值交付，客户就不会轻易流失掉了，但这不代表完全不需要做后面阶段的事，原因如下：

- 客户的需求是会变化的，如果没有主动监控和关注客户的使用情况，那么客户在使用过程中遇到问题需要客户成功经理介入时，我们也不知道，等联系客户续费时，才发现客户老早就没再使用产品了，而且我们也没办法拿到客户流失的真实原因。
- 即使客户没有流失，一直在使用产品，但由于我们只交付了初期的产品价值，客户没有深入地使用产品，我们也没有根据客户内部更多的应用场景去提供最佳实践指导，客户对于产品的整体满意度不会太高，容易被产品价格或者竞争对手所影响，降低客户续约的概率。

在这种情况下，前期服务做得比较好，跟进也很及时，中后期服务突然断档，客户整体的满意度逐渐下降，等到续费时再去联系客户交钱，即使客户有意愿续费，也会比较反感，会觉得我们需要交费的时候才出现。

2）"哑铃型"生命周期

"哑铃型"生命周期，交付期和续费期都做得比较重，这种相对好一些，至少有头有尾，而不是等到期时很突兀地去谈续费，但活跃期的价值交付是不足的，等到续费期发现客户流失或者有较大流失概率时，能做的动作已经比较少了，等到续费时就只能拿到一个"客户没怎么用""客户联系不上"的不续费原因。

3）"双漏斗型"生命周期：理想的生命周期

理想中的生命周期管理体系，应该是一个"双漏斗型"，头大脚大，中间粗，在客户的交付期做重一点，趁热打铁，让客户迅速上手，获得产品及服务的价值，系统在客户内部形成初步的工作流闭环，这样后期客户流失的概率大大较低。

在中间和客户保持一定的交互频率，针对大多数客户，定期主动地联系客户，维持客情；针对部分数据较好的客户，保持更高频的交互，挖掘客户内部应用场景，推进客户深度使用；针对部分数据较差或者数据波动较大的客户，了解原因，及时干预。

在续费期再做得重一点，把交互的频率提升上来，及时了解客户续费的风险，并推动问题的解决，既能通过人工干预减少部分摇摆不定的客户的流失，又能通过前置的服务工作，增进客户关系，让续费动作变得更加自然。

3.团队扩张后很难准确执行

生命周期管理体系落地的第三个问题是，团队扩张后很难准确执行，具体来看，有下面两个方面。

1）如何在漫长的客户旅程中确保 SOP 的动作能够准确执行

SaaS 产品通常是按年订阅购买，在以年为单位的生命周期中，如何确保 SOP 动作能够准确执行，既考验客户运营体系的设计，也考验客户成功经理多线程并行的能力。

以一个客户成功经理每天的工作为例，客户成功经理手上有不同阶段的客户，这些不同阶段的客户执行的要求不一样：新客户需要及时安排对接和培训，老客户需要保持定期联系，续费期的客户需要跟进续费，产品 Bug 及需求需要及时反馈和跟进上线情况，如果要同时负责增购的话，还得主动挖掘增购商机。这么多项工作，客户成功经理要想高效、准确地执行，是非常有挑战的。

从客户成功经理自身来看，先不说系统工具能支持到何种程度，多线程并行的能力是客户成功经理必须掌握的能力，而招聘或培训掌握这些能力的客户成功经理，对于 HR 和用人部门都是一个非常大的挑战，因此团队大规模扩张时，团队的执行能力难免会有所下降。

从客户运营体系设计来看，有两种方式能够尽可能减少因为人员能力和管理质量下降带来的问题：

- 第一种是通过系统工具或者运营机制直接告诉客户成功经理当天应该做什么以及要做到什么程度，比如通过系统工单的方式，根据不同客户阶段的不同任务要求，自动触发对应的任务工单，客户成功经理每天只需要完成对应的工单就行。
- 第二种思路是通过提供相对完善的系统工具给到客户成功经理，帮助客户成功经理梳理客户阶段、客户数据，客户成功经理据此制定自己每天的工作计划。显然第二种对于人的要求更高，更适合应用于 KA 客户的管理。

2）如何确保团队在扩张过程中得以复制和落地 SOP

这里的难度取决于你的 SOP 运营机制：

- 如果 SOP 的落地都需要通过人工的方式来完成，如需要每周甚至每天去做大量的客户表格盘点，并要求客户成功经理每天制订非常详尽的工作计划，客户成功管理者也需要每周去做任务完成情况的检查，那么这个复制和落地就非常依赖于人，难度就落在了招聘和管理上，对人员执行力的要求非常高。

- 如果SOP的落地不完全依赖于人工，而是通过系统运营的机制，那么只需要给新员工培训这套系统运营机制及对应的绩效考核制度就行，不管新员工是否完全体会到了SOP的本质和内容，只要按照SOP的要求去做，至少能保障SOP的执行得及格分。

据此，如果你发现在人员管理和运营流程上花了很多精力，生命周期运营执行效果却一直不理想，那就不一定是执行人的问题，而可能是生命周期的策略、内容以及配套的机制出了问题，需要复盘生命周期的设计是否符合客户需求，是否好落地。

这在管理学上是一个流程管理的问题，解决SOP落地执行中"执行难、复制难"的问题，以前更多的想法是如何让现有的SOP更好、更准确地落地，如通过管理的方式提高一线执行力、通过产品化的方式去做执行监督及反馈。近期更多的想法是，团队的执行力不单是人员（WHO）决定的，还和执行流程（HOW）及做的内容（WHAT）相关，如图5-4所示。

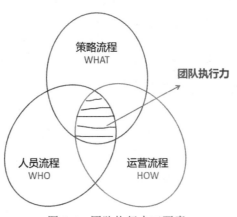

图5-4　团队执行力三要素

在生命周期管理中，生命周期管理的策略及内容就是WHAT，客户成功人员的"选育留换"就是WHO，运营流程是HOW，包括产品化SOP和纯人工SOP。

如果你发现整体的执行效果一直得不到改善，除了通过管理的方式去改善人员流程，还需要反思生命周期管理的策略内容及SOP是否合理，而不能一味地怪团队没有执行好，团队没有执行好也是你的责任。

5.3 交接期和启动期设计

客户前 3 个月用起来了，后面大概率就不会流失了，这是做好交接期及启动期生命周期管理的意义所在。

打铁须趁热，趁着客户对于产品和服务有较高的热情，愿意投入时间和精力来落地系统，我们需要协同客户做好系统启用准备工作，帮助客户快速启用系统，以期能有机会获得产品的价值。

如果客户在前期没有启用起来，后面再启用是非常难的，因此建议要保障50% 以上的服务资源用于新客户的启用，早期业务甚至要做到 80% 以上。

5.3.1 交接期和启动期的定义及价值交付目标

5.2.1 节提到过不同生命周期阶段的描述，现在我们详细来看一下不同阶段的具体设计及案例。

1.交接期定义及价值交付目标

所谓交接期，顾名思义，是指完成客户交接的阶段，即将客户从销售人员交接给客户成功经理，来完成后续的价值交付。

交接的内容有两部分，第一部分是客户信息及客户需求的交接，尤其是客户的需求，需要尽可能完整地交接过来，第二部分是客情的交接，客户一般比较信任首次沟通的人，如果客情没有很好地交接过来，后续客户遇到问题时也会习惯性地找销售人员，这很符合人性，钱交给了谁，出了问题自然也就找谁，因此客情的交接，不仅对于客户成功经理至关重要，对于销售人员来说也一样，如果客户交不出去，自己的精力就很难释放出来。

交接期的价值交付目标主要是，为后期制定客户价值交付路径提供信息和信任基础，只有充分了解客户的情况、需求、痛点，才有可能制定合理的价值交付方案，同时这个方案的成功交付也依赖于客户的配合，所以客户对客户成功经理的第一印象和信任度也很大程度上影响了后续工作的开展。

2.启动期定义及价值交付目标

启动期，是指客户启用系统并达到可以在业务中正常运转的状态。

启动期可以说是客户生命周期中最重要的阶段，这个阶段客户对于产品的热情是最高的，同样也是客户后续获得产品及服务价值的基础，客户一旦完成启用，将产品融合到实际业务中，后期流失的可能性就大大降低了。

这个阶段客户的需求是希望能尽快将产品正式应用到业务当中，希望实际买到的和宣传的是一致的，因此这个阶段的价值交付目标是让客户获得产品的初级价值。

5.3.2　交接期和启动期的设计要点

介绍完两个阶段的定义和目标之后，我们以实际案例来看一下交接期和启动期 SOP 的设计要点。

1.交接期SOP设计过程及要点

在设计交接期 SOP 之前，项目组成员将过往相关的培训及文档进行了系统性梳理，并以"自述＋采访"的形式，将团队内优秀成员的做法进行总结，最终得出的 SOP 执行表如表 5-2 所示。可以看到，这个阶段的工作目标是了解客户的基本需求及信息、完成客情交接，我们围绕目标设定了时效及具体需求，并从人、系统、场景库三个方面去落地执行，整个 SOP 的内容结构是非常清晰的。

表 5-2　交接期 SOP

客户阶段	具体阶段	具体时间	工作目标	负责人	关键动作		场景库
					动作	系统	
交接期	客户交接	签约后 24 小时内	了解客户基本信息及需求	CSM、销售经理	销售经理： ● 按模板及时提供完整的客户交接信息 CSM： ● 确认客户购买信息无误 ● 确认客户需求及启用规划 ● 确认客户对接人及 KP ● 填写客户档案及标签	CRM	● 信息对接模板

续表

客户阶段	具体阶段	具体时间	工作目标	负责人	关键动作		场景库
					动作	系统	
交接期	客户建联	签约后48小时内	完成客情初步交接	CSM、销售经理	● CSM建群，销售经理将客户KP及对接人拉入群内 ● 销售经理介绍群内双方人员，注意突出CSM职责 ● CSM自我介绍，预约客户电话沟通时间	CRM、企业微信	● 双方介绍话术 ● 群命名规范 ● 群规则
		签约后72小时内	再次确认客户需求	CSM	● 电联客户，确认客户购买信息、需求及启用规划，并同步服务内容 ● 添加客户好友，并拉企业微信群，绑定CRM系统账号 ● 发送新手任务及服务支持图示		● 客户首次建联沟通话术 ● 新手任务链接及说明 ● 服务介绍文档 ● 同行案例

这个SOP的设计有两个要点：

（1）首先是客户信息的交接，要销售人员把客户的信息完整地做交接是有难度的，销售人员签约完这一单后就得忙着去签下一单，工作重心不会放在客户交接上，而且也很难交接得那么细致，因此交接的模板及要求越简单、越"傻瓜式"越好，比如一键转发聊天记录。

当然这个也需要文化的引导，对于SaaS企业的销售人员来说，签约不是终点，签约只是一个逗号，后面客户能否用好才是真正的开始，客户用好才会有转介绍，做SaaS销售如果没有转介绍，业绩是很难稳定产出的。

如果文化实在引导不了怎么办？也可以考虑利益驱动，如将交接动作加入销售人员的绩效考核中，或者将交接动作的完成和线索资源分配（转介绍）挂钩，销售人员是逐利的，通过利益机制来驱动，能够确保制度落地执行到位。

（2）其次是场景库的设计，可以看到，这个SOP中除了有每个细分阶段的目标及动作之外，还有非常多的素材内容，如话术、视频、课程、文档介绍等，这些是SOP中主要的部分，内容才是SOP的核心，交接期的设计需要团队内优秀同学的不断总结和输出。

场景库文档的设计，早期的时候可以通过专项的形式来完善，通过专项集中性地完善场景库，同样也需要 TL（团队领导）营造内部分享的氛围，大家在日常的工作中积极整理相关话术文档，或者将自己认为好的话术及时分享出来，这样日常就能积累不少素材，也能保证素材总是保持最佳实践水平。

后期可以考虑设置服务运营或产品运营岗位来统筹建设，这样能够更加全面地去设计 SOP 内容，也更容易去保持一定的迭代更新频率。

2.启动期SOP设计过程及要点

某款工具型 SaaS 产品在启动期的核心目标是在 30 天帮助客户启用系统基础及核心功能，检验标准是健康分达标（40 分以上），核心动作是培训方案制定及落地、客户使用情况主动跟进，如表 5-3 所示。

表 5-3 启动期 SOP

客户阶段	具体阶段	具体时间	工作目标	负责人	关键动作		场景库
					动作	系统	
启动期	系统初始化	建联完2～7天内	制定系统启用计划并完成初始化设置	CSM	● 根据客户需求及启用模板制定系统启用计划 ● 邀约并完成系统管理员一对一培训 ● 督促客户完成系统初始化设置	CRM、企业微信	● 系统启用规划制作模板 ● 视频课程（直播+录播）及邀约话术 ● 重要节点跟进话术 ● 疑难场景推进案例
	基础功能启用	建联完14天内	启用 XX 模块等基础功能	CSM	● 邀约客户分级管理员及操作人员参加线上培训 ● 跟进客户培训参与情况，通过后台培训学习数据判断学习情况及是否二次跟进 ● 跟进客户功能使用情况，查看客户后台基础功能设置及操作情况	CRM、企业微信、培训后台、BI	● 视频课程（直播+录播）及邀约话术 ● 重要节点跟进话术 ● 疑难场景推进案例

续表

客户阶段	具体阶段	具体时间	工作目标	负责人	关键动作		场景库
					动作	系统	
启动期	核心功能使用	建联完30天内	启用XX模块等核心功能	CSM	• 邀约客户对应模块管理员及操作人员参加线上培训 • 跟进客户培训参与情况，通过后台培训学习数据判断学习情况及是否二次跟进 • 跟进客户功能使用情况，查看客户健康分达标情况 • 每周发送健康分数据诊断表，表扬或督促客户使用	CRM、企业微信	• 视频课程（直播＋录播）及邀约话术 • 重要节点跟进话术 • 疑难场景推进案例 • 健康分诊断模板

该阶段设计要点如下：

第一是时间节奏的把握，新客户要快速完成启用和推进，一旦搁置下来，后面再重启需要花费的时间和精力更大，所以要设计好启动期各个阶段的节点要求，循序渐进推进客户使用。

第二是疑难场景的解决，配合度高且有落地能力的客户，推进起来是很顺利的，只要按照节点去推进落地就行，但当碰到一些疑难场景、很难推进的时候，解决问题的方法就很重要了。

所以团队内部要形成学习分享的氛围和机制，定期分享客户跟进疑难场景的方法及经验，比如客户不着急使用、客户比较忙、客户员工不配合等场景如何攻克，不断丰富疑难场景解决方案库。这个反而是SOP的能力上限，流程及节点的要求只能保障SOP能力的下限，能够保证80%的问题顺利解决，剩下的20%就是新手CSM和合格CSM的差距。

第三是SOP过程数据的可视化，如果SOP的节点数据全部需要通过人工来统计，效率会非常低，而且没法准确评估每个动作是否做出了效果。比如培训阶段发给客户的课程，客户是否完成了学习，需要系统后台提供课程学习数据统计的能力；比如客户后台操作情况，客户是否按照教程完成了操作（非影响健康分的操作），如果能够通过后台查看到任务完成情况，CSM 就能够判断是否需要二次跟进或推进到下一个阶段。

对于大多数工具型 SaaS 产品来说，产品培训是客户成功非常关键的一项工作，所以培训的学习情况及客户实际掌握情况，需要尽可能数据化、可视化，这部分需要产品能力的支持。

5.4　活跃期和流失期设计

活跃期和流失期是客户生命周期管理中比较容易被忽略的两个阶段，也是最能体现客户成功战略价值的阶段。为什么容易被忽略呢？主要有下面三方面原因：

- 客户如果在启动期用起来了，客户成功经理就去忙下一个客户或者更多地关注问题客户，对于用得比较好的客户反而缺少关注。
- 客户如果在启动期没用起来，后面想要再激活的难度就更大，对于"难啃"的客户，大多数客户成功经理不愿意多做沟通，因为挫败感太强。
- 另一个原因是，由于部分公司对于客户成功资源的预计和投入不足，导致客户成功经理只有精力来关注"一头一尾"，即新客户和快到期的客户。

5.4.1　活跃期和流失期的定义及价值交付目标

这两个阶段的描述和定义是有点难的，活跃期和流失期不是指某个特定的时间阶段，而是客户使用的一种状态，尤其是流失期，在生命周期的任何阶段都有可能发生。

1.活跃期定义及价值交付目标

活跃期（也叫成长期），是指客户完成了产品的启动和应用，并活跃使用产品，一般通过北极星指标连续周期内达标来判断。

活跃期的客户基本得到了产品的基础价值，产品的核心功能在客户的业务流程中稳定运转起来，一般来说这个阶段的客户对于产品和服务的价值是比较认可的，也愿意去和SaaS厂商产生更多的互动。因此针对这类客户的价值交付目标有两个方向：

- 一是探索客户更多的应用场景，推动客户内部更广泛、更深入地使用产品，进一步扩大产品价值，巩固合作关系。
- 二是挖掘客户价值，如了解和分析活跃客户最佳实践路径，并推广到其他客户、挖掘转介绍和增购。

其中第一个方向对于不少工具型产品来说是非常重要的一项工作，客户内部可能一开始只有很小一个团队在使用你的产品，订单金额也很小，但如果客户成功经理能够通过目前在使用的团队接触到客户的其他团队，挖掘他们的使用场景和需求，就能推动产品和最佳实践在客户内部的推广。然后，这个客户的订单金额很可能会扩大几倍甚至几十倍，这种扩展做得好的话，能够推动NDR的提升，解决很大一部分SaaS业务的增长问题。

2.流失期定义及价值交付目标

流失期（含预流失期），是指客户因为产品无法满足业务需求而停止或逐渐减少产品的使用，包括服务期内的流失和服务结束后的流失。

流失期不是指某一个特定时期，不是客户不续费了才算流失，只要客户没有再使用或者减少使用产品和服务，那么流失就开始发生了。

流失可能发生在客户生命周期的任何一个阶段，有可能这个客户刚签约完就已经流失掉了，因为销售人员签约了一个没法兑现承诺的客户。

流失期的工作目标同样有两点：

- 一是观察和监控到客户的流失，即流失预警。
- 二是阻止和减少客户的流失，即客户挽回。

第一点最为重要，很多时候当你发现客户在流失再去做挽回和改进的工作时，为时已晚，比如在续费期和客户沟通续费时，客户反馈产品没怎么用、很早就没用了，这个时候你费尽口舌和客户大谈特谈我们的产品和服务有多么好、我们将会如何改进，已经没有意义了，客户会想"你早干吗去了？"

你甚至拿不到很多客户流失的原因，在续费期的时候联系不上客户，或者客户不愿意沟通，随便搪塞了一个不续费的理由，然后客户成功经理将客户的反馈写在了流失报告上：客户联系不上、客户觉得产品没啥用。而且每次做客户流失盘点时，流失的原因都是那么几项，最要命的是，这些原因对于前期的产品和服务工作没有任何实质性的改进帮助。

所以当客户开始流失时，我们就需要及时地去介入，这个时候才有可能了解到客户真正流失的原因，客户挽回的概率也更大。

"哀莫大于心死"，和人际关系一样，当客户对你已经冷漠时，再去做改进动作已经没有任何意义了。

5.4.2　活跃期和流失期的设计要点

由于活跃期及流失期对于客户成功经理在价值传递及运营能力上要求的侧重，这两个阶段的 SOP 设计难度要比交接期和启动期更高。

同时这部分的价值交付，对于客户成功与产品部门（或产品运营部门）及市场部门的配合提出了更高的要求，需要这几个部门加强联动，一方面需要产品部门为客户成功经理提供配套的运营工具，如工单系统、数据监测系统等，另一方面也需要产品运营部门及市场部门为客户成功经理提供更多的场景库，如客户案例素材、产品更新素材。

1.活跃期SOP设计过程及要点

某款工具型 SaaS 产品在活跃期的核心目标是让客户深度使用产品，尽可能将产品应用到更多的客户场景中，增加客户黏性；核心动作是定期回访，以及最佳实践打造和输出，如表 5-4 所示。

表 5-4　活跃期 SOP

客户阶段	具体阶段	具体时间	工作目标	负责人	关键动作		场景库
					动作	系统	
活跃期	启动期北极星达标至续费期之前	签约后第 4～9 个月	客户维护	CSM	● 定期回访，至少 3 个月回访一次，电话或微信都可以，回访内容包括 kp、近期使用情况、产品需求使用调研等 ● 按照回访工单要求记录客户回访情况	CRM 回访工单、企业微信	● CRM 回访跟进记录填写规范 ● 外呼话术

客户阶段	具体阶段	具体时间	工作目标	负责人	关键动作		场景库
					动作	系统	
活跃期	启动期北极星达标至续费期之前	签约后第4～9个月	挖掘客户新的场景，推荐新的应用和功能	CSM	● 定期回访，至少3个月回访一次，电话或微信都可以，回访内容包括kp、近期使用情况、产品需求使用调研等 ● SMB客户一年输出一次服务报告，KA客户半年输出一次服务报告，并要求一次上门拜访，了解客户新的需求及场景 ● 按照回访工单要求记录客户回访情况	CRM、企业微信、培训后台、BI	● 回访话术及跟进记录填写规范 ● 服务报告模板
			最佳实践打造	CSM、市场人员（或运营人员）	● 每个季度每人至少输出1家案例并在团队内部分享 ● 联合市场部定期采访客户，挖掘并包装最佳实践案例	CRM、企业微信	● 案例模板
			行业指导、产品更新通知	CSM、产品经理（或运营人员）	● 邀约客户参加学院直播课程及线下沙龙，提供行业知识学习机会 ● 定期分享行业资讯、业内干货及新功能更新通知，一般消息在朋友圈发，重要消息一对一发	企业微信（侧边栏素材库）	● 直播课程内部券码 ● 常用公众号及文章

该阶段的主要有两个设计要点：

（1）首先是定期回访。使用较好的客户往往会被客户成功经理所忽略，用户使用状态良好，系统也比较熟悉，日常咨询的问题不多，可能客户碰到问题了或者有新的需求产生了也不一定能及时捕捉到。

使用较差的客户，因为激活比较难，如果没有定期的回访或促活机制，这部分客户很容易被客户成功经理抛弃。

所以定期的CALL-OUT就很重要，通过定期的回访，主动了解客户在产品上使用的情况及服务体验，收集产品及服务改进建议，同时尽可能了解客户的业务计划及变化信息，以捕捉到增购及转介绍的商机、客户重新启用的计划等信息，同时通过定期的回访或拜访，也能够和客户保持一定频率的互动，维持客情。

（2）其次是最佳实践的打造，最佳实践是指产品在客户侧的最佳使用实践，最佳实践的打造对于老客户的使用提升及新客户的签约都具有非常重要的意义。

从老客户使用提升来看，如果我们能够提炼总结出客户的最佳实践，那么只要将该方案在同类型客户中进行推广及复制，就能够助力同类型客户掌握产品的最佳使用方法，同时能够让同类型客户看到产品的效果，起到"效果外化"、重新传递产品价值的作用。

从新客户的签约来看，最佳实践就是一个非常真实的客户使用案例，这个案例比市场部门包装的产品卖点更能够打动同类型的客户，是一个非常好的销售素材，同时通过最佳实践能够提升销售人员的产品力，能够将产品价值更好地传递给客户。

需要注意的是，这部分案例的设计一定要纳入客户成功经理的日常考核中，是他们必须掌握的一项能力，而不是可选项，只有这样才能够快速推动这项工作的落地。也有部分负责 SMB 的客户成功团队会把这项工作交给专职的产品运营（或商家运营）来做，具体怎么分工，需要考虑团队的能力水平及资源。

2.流失期SOP设计过程及要点

流失期不是指某一个特定时期，流失可能发生在客户生命周期的任何一个阶段，只要客户没有再使用或者减少使用产品和服务，那么流失就开始发生了。因此流失期没有固定的时间阶段，没法设计一个基于时间阶段的 SOP 出来。

但根据流失期的工作目标（流失预警和客户挽回），我们可以将流失期的工作加入活跃期的长期回访中，当客户的健康状态（指健康分）有较大变化时，客户成功经理就需要主动回访了解客户的情况。

如表5-5 所示，我们将不同活跃数值的客户划分为 4 个等级，从下到上代表客户的使用健康状态越来越好，我们可以根据客户的活跃等级变化来设置一个简易的流失预警系统（如表 5-6 所示）。

表 5-5　活跃等级

活跃层级	活跃数据
高活	健康分 ≥ 80
活跃	60 ≤ 健康分 <80
低活	0< 健康分 <60
0 活	健康分 =0

表 5-6 活跃等级变动任务

活跃层级变动	工单任务	任务时效
下滑 1 个层级	微信或电联客户，了解变动原因	预警 3 天内
下滑 2 个及以上层级	电联或上门拜访客户，了解变动原因	预警当天

当客户的活跃层级下滑 1 个时，系统自动生成一个健康预警工单，提醒客户成功经理去主动回访客户，了解客户使用状态及活跃数据变动的原因，是客户业务规划有调整还是客户近期人员有调整。

当客户活跃层级下滑 2 个及以上时，系统自动生成一个流失预警工单，要求客户成功经理尽快（当天）去联系客户，了解客户突然降低使用的原因，并采取对应的干预动作，如果是非人为原因，则继续保持健康数据监控，如果是人为原因，需要尝试做客户挽回的动作。

通过流失预警的机制，我们可以在较早期就发现客户流失的风险，及时地做动作干预，而不是等到客户到期了去联系续费时，才发现客户很长时间没有使用了，最终只拿到一个"客户没怎么用"的不续费原因。

除了健康分之外，其他一些能体现客户弃用的行为也可以纳入流失预警的监控中，如客户批量删除／导出数据、客户删除子账号等。

需要注意的是，流失预警的机制最好配合系统工单来使用，能够确保动作的执行落地，如果通过人为的数据统计和任务发放，执行成本太高，且过程很难监督管理。

5.5 续费期设计

良好的续费期客户跟进流程，能够减少使用良好客户的流失率，也能够降低对客户成功经理的销售能力要求。

这个阶段的设计和新签销售 SOP 的设计大同小异，如果把进入续费期的客户当作一个线索或商机，那么续费率就是转化率，客单价都一样。

唯一不同的点是，续费期客户的线索和商机是相对固定的，没法通过个人努力去做自拓，因此转化率就显得尤为重要。

除了和新签销售 SOP 对比外，续费期还有一个非常重要的任务是拿到客户的流失报告，以便改进产品及服务。

5.5.1 续费期的定义及价值交付目标

续费期，是指客户到了应该续费的阶段，一方面是客户账号即将到期需要续费，另一方面是客户成功经理需要主动去跟进客户完成续费。

按年周期购买的客户，续费期通常是指到期前 3 个月，一般提前 3 个月去介入客户的续费比较合适（不一定是去商谈续费，判断客户续费风险也是续费期的工作），太早了客户也不会提前那么久续费。

续费期的首要任务是完成续约率目标，减少客户流失，这是 SaaS 产品利润实现的"临门一脚"，前期投入了这么多的服务和产品资源，如果没法按照预期完成续费，单个客户就是亏损的。

续费期的次要任务是拿到并分析客户不续费的原因，以便改进前端的销售动作、产品价值和体验及主被动服务工作，这是促进续费长期提升的闭环工作。

到了续费期的客户，客户续不续费基本上是一个很难改变的结论，短短 3 个月能够让一个不打算续费的客户重新续费的可能性是非常低的，所以通过不续费的原因去改善前端工作，让续费成为一个自然而然的结果，是续费期的重要使命。

5.5.2 续费期SOP的设计要点

续费期 SOP 根据不同的岗位分工有所不同，如果是客户成功经理来做续费，那么流程设计相对简单一些，如果是销售或者是单独的岗位来做续费，那么流程设计需要充分考虑协作的工作。

下面将分别从客户成功经理负责续费、续费 BD 负责续费这两种主要的分工模式来阐释续费 SOP 的设计方法。

1.续费和服务由同一个人负责

首先是客户成功经理负责续费，客户服务和续费都是同一个人负责，不需要做客户交接。

如表 5-7 所示，该续费期 SOP 的主要工作目标是提前判断客户续费风险，并解决、完成续费收单，收集不续费原因。由于客户成功经理的销售能力通常比不上销售人员，所以这个续费 SOP 的设计会更加细致一些，通过详细的 SOP 流程来降低客户成功经理续费工作的难度。

表 5-7　续费期 SOP 示例 1

客户阶段	具体阶段	具体时间	工作目标	负责人	关键动作		场景库
					动作	系统	
续费期	续费准备	到期前90～180天	确认待续名单，续费目标	CSMTL（客户成功团队负责人）	确认近6个月待续名单	到期客户查询支持	● 目标制定规则参考
					确定部门、小组及个人续签目标并发放		
			了解客户分类及基本情况	CSMTL、CSM	通过 CRM 了解客户使用情况、客诉、需求	CRM 跟进记录同步开放	无
					预估目标差值	无	无
					盘点提前跟进客户名单，提前做激活触达	无	无
	客户回访	到期前60～90天	回访建联，刷存在感	CSM	根据不同类型客户发放不同素材	企业微信侧边栏话术库、案例库	● 不同类型客户建联话术 ● 产品更新、同类型客户案例
					确认 KP（续费负责人）	CRM 客户联系人及子账号信息	无
					完成回访建联	外呼系统、企业微信会话存档、CRM 跟进提醒功能	● 外呼话术 ● 跟进记录模板
			了解客户异议，评估续费风险		预估续费意向	BI 健康分看板	无
					根据续费意向确认跟进策略，提前跟进	企业微信侧边栏话术库、案例库	无
					记录 CRM	CRM 跟进功能	● 跟进记录模板

续表

客户阶段	具体阶段	具体时间	工作目标	负责人	关键动作		场景库
					动作	系统	
续费期	客户跟进	到期前30～60天	触达商家沟通续费意向	CSM	初次正式触达商家提醒续费	无	● 续费沟通话术 ● 客户异议解决沟通话术 ● 报价话术
					判断续费意向	无	
					明确商家续费卡点	无	
					将信息沉淀到CRM中	CRM跟进记录功能	● 跟进记录模板
			重点跟进续费问题客户		保持至少每周一次的跟进	无	
					解决商家在服务、产品、价格的卡点	无	● 客户异议沟通话术（含客诉处理流程）
					按周将进度沉淀到CRM中	CRM跟进记录功能	
	客户续费	到期前0～30天	正式沟通续费，确认续费意向	CSM	再次电联/微信联系客户，到期提醒	无	● 跟进记录模板
			达成续费		报价并确定合作套餐	CRM下单系统	● 报价话术 ● 报价模板 ● 促销活动物料
			完成续费		收单		● 合同及发票流程及话术
			友好分手		提醒客户数据导出及不续费的其他注意事项	无	● 不续费话术
			不续费原因分析		CRM记录客户流失原因	CRM系统流失报告	● 流失报告模板
	逾期续费	到期后0～60天	流失挽回	CSM	保留企业微信群60天	无	● 产品更新及同类型客户案例
					正常发送营销案例及产品更新	企业微信侧边栏话术库、案例库	

围绕该阶段的工作目标，有几个设计要点：

（1）客户情况的提前排摸，虽说续费期是"临门一脚"的工作，但不能真的等到门前才去做续费，年费客户需要至少提前 3 个月去了解和判断客户续费风险，针对有流失风险的客户，提前沟通和解决客户的异议。

因为这个时候临近到期但距离真正考虑续费又还有一段距离，所以提前介入去了解客户的使用反馈，有可能在客户续费决策前争取到一次续费挽回的机会。

另外针对部分使用良好的客户可以做提前续费，提前确认续费收入，增加续费的确定性，也能够空出精力来解决有续费风险的客户问题。通常我会给客户成功团队定提前续约率的指标，这个指标能够促使客户成功经理提前了解客户情况，完成续费，也能保障续约率的稳定性。

（2）续费期的商务沟通，客户成功经理需要掌握一定的商务能力，包括报价、卡单、异议解决等基本技巧，总体原则是在报价前先解决客户在产品和服务上的问题，这个环节做得好，也能够提升一定比例的续约率（笔者估算过，大约能提升 5% 以内）。

所以要重视客户成功经理商务能力的培养和锻炼，客单价越高的客户，这方面能力要求越高，最重要的一个点是要将商务能力作为客户成功经理的硬性要求，而不是能力可选项，只有这样才能在一次又一次的实战中倒逼客户成功经理去提升这方面的能力。

（3）不续费原因的收集及分析，每个月、每个季度都要做不续费原因的分析，这个事情需要客户成功部门一把手亲自抓，并联动产品、销售、服务部门一起来分析客户不续费的原因，并提出改进建议，只有这样才能够长久地提升续费率，具体分析方法在第 3 章第 1 节中有详细介绍。

2.续费和服务由不同人负责

还有一种情况是续费 BD 负责续费，客户服务和续费由不同的人负责，需要客户成功经理把客户交接给续费 BD。

如表 5-8 所示，由于不同人负责续费和同一个人负责续费在大部分续费环节都是相同的，因此这部分 SOP 只体现差异，这部分 SOP 的主要工作目标是客户交接和打单配合。

表 5-8　续费期 SOP 示例 2

客户阶段	具体阶段	时间	工作目标	负责人	关键动作		场景库
					动作	系统	
续费期	续费准备	到期前90～180天	客户情况交接	CSM、续费BD	CSM整理客户情况、交接客户联系方式及客户群	客户转接功能、交接报告	● 交接格式模板
	客户跟进	到期前30～60天	协同解决客户异议	CSM、续费BD	疑难客户相互打好配合	无	● 异议话术
	客户续费	到期前0～30天	协同完成续费收单	CSM、续费BD	续费BD主要负责报价、CSM原则上不保价或报标准价格	CRM下单系统	● 报价话术 ● 报价模板 ● 促销活动物料
			共同记录不续费原因		各自记录不续费原因	CRM系统流失报告	● 流失报告模板

5.6　本章小结

本章总结了客户生命周期管理的方法，针对各个阶段的常见问题给出了相关案例。

好的开始等于成功了一半，对于初创型公司及客户成功团队早期建设阶段，笔者建议重点抓交接期和启动期，只要产品和客户的需求能基本匹配，这个阶段抓好了，后面客户流失的概率相对较小，后面只需要做好"临门一脚"的续费工作就行了。

而中间的成长期及活跃期体系的设计，则是客户成功体系化水平的主要体现，这两个阶段的落地对客户成功经理要求较高，中小型客户对于批量运营的能力要求较高，需要注重效率；中大型客户对于客户深度运营及价值输出的能力要求较高，需要注重行业经验。

总的来说，客户生命周期管理的设计及落地都是比较烦琐的工作，既考验管理者的耐心，也考验团队的执行能力。

良好的体验是客户成功的放大器

1.2 节详细讲解了客户成功方程式，客户成功＝客户成果（80%）＋客户体验（20%），其中良好的客户体验（客户体验健康分）是重要的组成部分。

如果说客户成果是 1，那么客户体验就是后面的 0，良好的客户体验是客户成功的放大器，即客户成果的放大器。

因此本章将详细讲解什么是良好的客户体验，以及如何实现良好的客户体验。在此之前，我们先看看 B 端服务和 C 端服务的差异性，理解二者对用户体验需求的差异。

6.1 B 端服务的特性

6.1.1 B端服务和C端服务的差异性

由于 B 端客户和 C 端客户在决策方式、使用人群及方式等方面的不同，B 端客户和 C 端客户在服务上的诉求是不一样的。

（1）首先在追求的回报上，B 端注重的是效果，C 端根据购买的产品特性不同有不同的注重点，可能是效果，也可能是体验。

B 端客户购买 SaaS 产品的出发点是为了解决问题，更多考虑的是投入产出比，如果应用 SaaS 产品后问题仍然没有得到解决，即使产品体验再好，也不太可能继续付费。

原因很简单，B 端客户的决策通常是一个组织的决策，组织的决策有多个角色参与，而商业组织的重要目标是盈利，如果投入产出而无法服务于盈利目标，那么只要是一个正常的营利性组织以及在正常的决策水平下，是不太可能继续付费的。

反向来说，即使 SaaS 产品的体验没那么好，但能够解决实际的问题，能够直接或间接服务于盈利的目标，B 端客户也是有很大概率继续付费的，这也是为什么不少 B 端客户边骂边用。

而对于 C 端客户，如果购买的是一个体验性的产品，那么继续为体验付费是自然而然的，即使购买的是一个效果类的产品，如果商家在客户体验上做得足够好，那么 C 端客户也是有很大概率继续付费的，所谓"为情怀买单""我花钱我快乐"就是这个道理，因为人是感性的，而组织通常不是。

（2）其次对于 SaaS 厂商来说，和 B 端共情极难，C 端比较容易换位思考。

如果是做 ToC 的业务，产品经理也好，客户成功经理也好，自己也是一个 C 端消费者，是可以通过换位思考，或者通过体验、调研等方式和客户共情的，能够从客户的角度去理解客户的感受。

但做 ToB 的生意，如果你自己没有在你服务的客户的那个行业、岗位上做过，是比较难理解客户的感受的，因为你不了解客户的业务场景及日常工作难点，也不了解这个岗位上的人所面临的职业压力及挑战。

这也是部分新入行的客户成功经理没办法和客户平等对话的原因——你没法和客户产生共情，直白一点讲，是你没法和客户聊到一块儿去。

对于产品经理和 UI 设计师来说也是一样的，如果你不了解客户的场景及操作习惯，你设计出来的产品其实都是按照自己的认知设计出来的，你很难理解为什么这么好用的产品客户用不来，为什么客户非得要按照"不合理、不严谨"的逻辑来操作或者提需求。

（3）从 B 端的使用角色上来说，B 端通常是多个角色，C 端通常是一个角色。

这决定了 B 端服务体验提升的难度，多个角色有多个诉求：老板及管理者可能更在意整体的使用效果及对员工的管理帮助度，但通常不太关注产品使用的便捷性；一线操作人员会更多地关注产品的易用性，是否能给自己的工作带来效率的提升或者直接产出的提升。

而且这两类角色的诉求，有时候可能会产生一些互斥和矛盾，大多数时候，SaaS 产品的引入是为了提高管理和经营效益，是服务于公司主体及管理者的，一线员工更多的是被动接受和使用，需要一线员工去学习系统，并按照管理上的要求去使用系统，这个要求本身就会给员工带来新的工作量和负荷，也会改变原有的工作习惯，尤其是在系统上线初期。

那么面对这两类角色，怎么在产品和服务上去做权衡？对于 SaaS 产品经理及客户成功经理来说，都是极大的挑战，就是同一项事情，你得以不同的内容及方式分两次去提供给这两个角色。

以上三点，决定了 B 端体验提升的复杂度，也是 B 端服务和 C 端服务的主要差异性。

6.1.2　B端不同角色服务体验的选择与平衡

由于 B 端角色的多样性及复杂性，甚至某种程度上，B 端的多个角色在服务诉求上有着一定的互斥和矛盾，这就需要 SaaS 厂商在服务体验设计的时候，考虑优先满足哪种角色的需求，或者尽量去做一些平衡。

在这个问题的考虑上，我的思路是，首先判断要不要去做平衡，其次才是怎么去做平衡。

我们是否一定要平衡这两类角色的体验？还是说主要关注其中一类角色的体验就行。

针对这个问题，还得从提升体验的目的出发，提升体验最终是为了提升续费率、转介绍量、增购量等商业目标，所以要看影响这些关键行为决策的角色是谁，或者谁影响程度最大。

总体来看，是管理者对这些关键行为决策的影响程度最大，因为他们的决策权或者决策建议权更大，所以从概率上来说，更多注重这类角色的体验不太容易出错。

从产品类型来看，自下而上去推动决策的产品，需要更多注重一线员工的服务体验，就是如果你的获客方式是，一线员工用着用着然后产生付费的需求，从而推动管理者去采购 SaaS 产品来解决一线员工日常工作上的问题，那么需要更多地注重他们的服务体验，因为这种模式下，决策的发起人可能是一线员工，高频使用的也是他们，他们拥有更多的决策建议权。比如协同类的产品大多数就是自下而上的，一线员工为了提高自己的工作效率去尝试使用免费的产品，用得多了以后，向公司提出需求购买付费的产品。

如果是自上而下去推动决策的产品，就更多需要关注管理者的服务体验，因为需求的发起人是管理者。

6.2 如何理解良好的体验

客户体验是指客户在使用产品以及和 SaaS 厂商产生服务互动过程中的体验感，**良好的体验**是指体验较好，满足或超出了客户对于体验的预期，通俗一点讲就是，客户用得爽。

借助 1.2.1 节举过的打车例子，可以理解良好的体验。

6.2.1 良好的服务体验

从 SaaS 用户的体验分层来看，服务体验可以分为三层，参见第 1 章的图 1-6，为了便于阅读，我们把图放在这里，如图 6-1 所示。

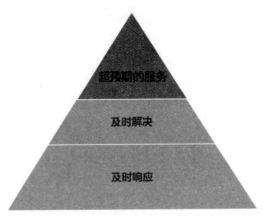

图6-1　服务体验分层

1.客户提问较方便，并能得到及时响应

不论是 B 端还是 C 端客户，客户遇到问题时最需要的是能够较为方便地提出问题，并且得到及时的响应。

找不到人是非常糟糕的体验。C 端客户碰到问题没人回复可能还能等一等，先去干其他事情，B 端客户可等不来，尤其是客户面对自己客户的问题却无法响应时，相当于影响了客户做生意，任何时候"断人钱财"都是"大恶"。

能找到人、有人回，是一种最基础的安全感和信任感。而多久回复就是衡量这种安全感和信任感的重要尺度，不同类型的客户、不同类型的问题、不同客户角色以及不同提问的渠道，对于 SaaS 服务人员多久回复的要求不一样。

（1）不同类型的客户对回复等待时长要求不同。根据实战经验来看，信息化程度越高、从业者综合素质越高的行业客户，对于 SaaS 厂商回复问题的速度容忍度越高，可能是自己的工作方式基本也是多线程的，所以不会时时关注厂商回复时间；另一方面，这类客户可能即使对于回复速度不满意，只要不是回复特别慢（如半天都没回复），出于自身素质的原因不会直截了当地说出来。反之，信息化程度较低、从业者综合素质差一些的行业客户，会更直接、更为苛刻地提出自己对于响应时间的要求。

（2）不同提问的渠道也会影响客户对于回复时效性的要求，工单、邮件等，由于是通过系统发给 SaaS 厂商整体的，客户没法知道背后是谁在处理，也就很难去反馈自己对于回复的要求，也不太可能实时去关注和查看回复的信息，所以一般来说当天能回复都能接受（也看 SaaS 厂商服务给出的标准或预期）。

而通过微信（含企业微信）来提问就不一样了，客户知道背后是谁在处理，能够较为方便、直接地提问及反馈自己对于回复时效的预期及要求，且最关键的一个点是，客户自己天天在发微信，本身对于微信消息回复的速度就有一个心理预期，这也就是为什么微信上的客户要求"秒回"的原因。所以当 SaaS 厂商不能达到这个预期时，客户就会觉得响应不及时，即使在非工作时间，你没有回复客户消息，客户觉得你就是故意不回，因为哪有人不看手机、不看微信消息的。"微信秒回"是客户的真实需求，而要做到秒回，服务成本会大大增加，也因此，微信消息的及时回复成了 SaaS 厂商的"通病"。

2.客户的问题及需求能够得到及时解决

相对于及时响应，问题的解决是更重要的。如果问题得不到解决，秒回也是没用的，就和一个"渣男"一样：你的问题我都会响应，但我没法解决你的问题。

从问题解决的紧迫程度来看，可以分为故障类问题、操作类问题及需求类问题：

（1）故障类问题最要紧，也是最容易导致客户不满的问题类型。故障会影响客户的正常使用，此类问题的解决迫在眉睫，SaaS 厂商需要将此类问题提到最高优先级，联动服务和产研资源，尽可能快地解决客户问题。

（2）操作类问题次之，如果不能解释、解答，也会影响客户的正常使用。此类问题最为高频，需要服务人员快速定位到客户描述的具体问题，并给出客户好理解的解决方案。

这类问题的解决，核心考验的是服务人员对于产品知识的掌握情况以及沟通表达的能力：产品知识掌握透了，能够快速定位到客户的问题，并快速给出解决方案；沟通表达能力强的话，能够更快地让客户描述清楚自己的问题，并能够将解决方案清晰地传递给客户，这也是客户成功经理的基本功。

（3）需求类问题相对没那么紧急，也是 SaaS 厂商最容易忽略的问题类型。

需求类问题的沟通不仅是为了解决客户使用上的问题，也是 SaaS 厂商和客户做产品共创的重要途径，SaaS 的本质是行业内最佳实践的产品化沉淀，而这个最佳实践需要不断吸取客户对于产品的需求反馈。

为达到此目的，客户的需求需要全部响应，并满足合理的需求，一方面是让客户的需求得到满足，把产品真正用起来；另一方面是为了让客户源源不断地提出需求，提供产品迭代的方向。

3.客户能够获得超预期的服务

服务体验是客户和 SaaS 厂商互动而产生的，从互动的角度来看，可以分为主动和被动：

- 问题的响应和解决属于被动服务范畴，源于客户遇到问题并向 SaaS 厂商提出问题，SaaS 厂商是被动去响应和解决的。被动服务一般是作为服务标准的内容，属于客户预期范围内的服务。
- SaaS 厂商主动提供服务标准内容之外的服务，就属于客户预期范围之外了。包括以更加人性化的方式解决客户的问题，提供彻底解决问题的专业建议，提供服务标准之外的客户关怀等内容。这三部分的内容构成服务体验评估的标准，而服务体验的量化，通常可以用 NPS（净推荐值）、客户满意度调研等方式来收集，可以通过产品化的方式来定期收集客户的反馈信息。

超预期的服务涉及方方面面，笔者实践中主要涉及以下三点：

一是以更加人性化的方式响应及解决客户的问题，如沟通话术的人性化，而非一问一答式的机械化，让客户感觉到自己面对的是一个专业的、有温度的、活生生的人，而不是一个机器人。

二是除了解决客户提出的问题本身，同时提供更长远的解决这个问题的操作建议或业务建议，比如当客户询问的是问题 A 时，服务人员不仅能回答问题 A，而且能够通过了解客户的业务及使用场景，提供系统最佳使用的建议。

三是能够主动提供不在服务标准之内的服务，比如定期主动回访了解客户使用情况并给出提升建议和帮助、逢年过节的客户关怀、老客户的答谢会 / 感谢信、新产品功能的免费试用等。

超预期的服务就和你第一次去海底捞吃火锅一样，本来想去简简单单吃个饭，没想到排队的时候有很多免费零食吃；带小孩去还可以在那玩玩游戏；吃饭的时候服务人员眼力见儿很好，总是在你需要的时候为你提供服务，又是给你递毛巾、又是帮你换餐盘子；你要是一个人去，还会给你搞个玩偶陪你一起吃，怕你孤独。

但第二次去感觉可能就不一样了，你已经有了服务的预期，且海底捞的服务预期还挺高，关于服务预期的把控，3.4节中有非常详细的讲解，这里就不再赘述。

6.2.2 良好的产品体验

对比人工服务而言，产品是客户日常接触和使用最多的，产品的体验比服务的体验更重要，但也很容易被忽略，因为当产品体验出现问题的时候，人工往往被要求"顶上"，久而久之，通过服务的方式来解决产品的问题成了客户成功的"烫手山芋"。

从某种意义上来说，极致体验的产品是不需要人工服务的，C端产品中已经有不少这样的极致体验产品，但B端产品还很少见。

从B端产品体验来看，笔者认为主要涉及以下两个方面：

1.首先是产品的稳定性

产品的稳定性是良好产品体验的最基础需求，一款产品如果经常报错，那么体验也不可能好到哪里去。**衡量产品稳定性**的重要指标就是**故障大小及故障次数**，而这个点和需求发布的数量、测试的质量及产品的架构息息相关。

产品迭代速度越快，需求发布越多，越容易出错。项目多了，Bug率难免会增加，这是很正常的，但如果有较好的测试质量，也能减少这个问题，就是测试团队能够尽可能地把Bug测试出来，而不是让用户去线上测试。

而实际的情况是，部分SaaS公司更新迭代很快，对于测试又不够重视，甚至都不写测试用例，导致服务人员和用户来做测试，测出了一堆Bug，产品的体验非常糟糕。

产品的架构是影响产品后期稳定性的决定性要素，产品架构如果做得好，简单清晰、拓展性强，那么后期产品迭代起来又快又稳定。就像搭积木一样，积木的底座搭得好，上面搭起来也很容易。

同样，由于部分SaaS公司早期创业艰难，很难请到优秀的架构师，只要产品能跑就行了，等到后期功能不断叠加时才发现原来产品架构的弊端，这个时候要么选择重构，要么继续忍受糟糕的产品迭代速度及不可预期的产品稳定性。

2.其次是产品的易用性

关于产品的易用性，在3.3节中曾提到影响续约率的因素之一**产品因素**，其中产品价值部分有一个公式：客户实际获得的价值 = 交付的价值 − 获得成本。

其中，获得成本就受产品易用性的影响，产品易用性强，获得成本越低，客户实际获得的价值就越高。所谓**产品易用性**，从用户的角度来看，就是用得"爽不爽"，例如产品逻辑容易理解，能够快速上手、很容易找到自己想找的功能、不需要太多思考和学习就能完成操作、点一两下就能得到操作结果、整体操作特别流畅。

从用户使用产品的"旅程"来看，首先产品是支持"开箱即用"，还是需要通过实施部署（含线上实施）以后才能开始使用产品；然后进入产品的第一界面后，用户是否能够"一镜到底"看明白这个产品大概有哪些功能，以及自己需要的功能在哪个位置；再后面，自己日常使用的产品功能是否符合通用的操作习惯（或特定用户人群的操作习惯），以及整个操作体验是否流畅（操作次数多少及反应速度）。

产品易用性除了会影响客户获得产品价值的成本及体验外，还会影响服务成本。如果产品易用性较差，而SaaS厂商并不会因为产品易用性差而不去交付产品价值，所以服务部门就得"贴"上去，跟客户一起承担这个获得成本。随着客户体量越来越大，服务的成本就越来越高。

从这个角度来看，SaaS公司想要提升人效，除了提升"人"效，还得想办法提升"品"效。

 ## 被动和主动服务体验设计

好的服务体验是需要经过精心设计的。

如何在保障成本的前提下提供良好的服务体验，是所有服务管理者的核心命题，既需要好的机制及工具，也需要服务意识较好的人去落地。

尤其是在目前以微信为主要服务渠道的情况下，如何在微信体系内提供及时、高效、有温度的服务，对于服务管理者来说是一个不小的挑战。

结合6.2.1节中提到的服务体验的几个层次，我们一起来看下如何来应对这个挑战。

6.3.1 被动和主动服务的区别

在设计服务体验机制之前，需要明确被动服务和主动服务的边界，因为一个是客户来找你，一个是你去找客户，问题的主导人是不一样的。

被动服务和主动服务的区别可以从以下几个方面来剖析：

- 从服务体验来看，被动服务主要满足客户的预期内需求，即问题响应及解决等产品售后问题。主动服务主要满足客户预期外的需求，即服务标准或客户心理预期之外的需求。

- 从财务角度来看，被动服务属于必要的成本，是为昨天的利润买单，属于必要的投入，如果不提供此项服务，客户可能会产生退费，而且被动服务成本还会影响毛利率（gross profit），被动服务成本越高，毛利率越低（其他成本项不变的情况下）。主动服务属于投资性的成本，是为了让客户体验更好而投入的成本，不是必要的，不投入这部分服务，客户也能继续使用。因为主动服务不属于产品售后标准范围，这个成本的投入主要看产出，量化指标为转介绍数量及续约率。

- 从承接职能来看，被动服务主要是客服及相关服务支持岗位的职责，具体内容包括基础性问题的响应及解决、产品实施上线等工作，也就是产品售后标准范围内的内容。主动服务主要是客户成功岗位的职责，具体内容包括复杂问题的响应及解决、最佳实践的打造及推荐、客户使用的主动干预、产品迭代优化等工作。

以上三点是笔者认为的被动服务和主动服务的区别，有了这个清晰的认知后，主被动服务的体系设计就有了基础。因为主被动服务的设计，首先需要从组织架构上来做区分，即谁来提供被动服务，谁来提供主动服务。

笔者见过不少客户成功团队大部分时间都是在做被动服务的工作，花大量的时间做产品的培训、客户的答疑工作，主动服务的工作涉及非常少，本质上就是一个高级客服的工作，没有把客户成功的价值充分发挥出来。

从服务的分工来看，我认为**被动服务应该主要由客服来承担**，客服团队也更擅长去做被动服务；**主动服务应该主要由客户成功团队承担**，因为客户成功团队本质上是一个投入性的部门，需要有"钱"相关的产出。

当然这是一个终局的分工状态，根据不同的业务阶段，分工会有不同的侧重点，比如业务早期阶段，如果设立了客户成功团队，这时客户成功团队承担的职责更多应该是被动服务，既需要响应及解决客户的问题，也需要做好产品培训及续费的工作。等业务体量及团队规模起来之后，就可以考虑进一步划分职责，让客服去负责所有渠道的被动服务，客户成功团队尝试做更多的主动服务，提升转介绍数量及 NDR。

6.3.2　被动服务体系架构设计

被动服务是指客户通过任何渠道找到服务商，并获得响应及解决的过程。

被动服务体系架构包括服务接入、服务响应、问题分类、问题解决、反馈结果这五部分，其中，2 和 3 可以根据业务实际情况调换顺序，如图 6-2 所示。

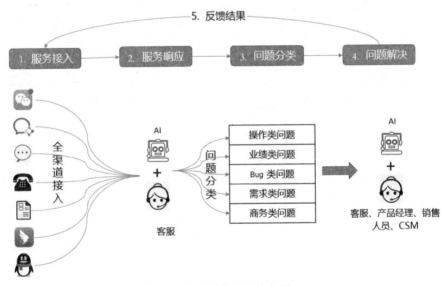

图 6-2　被动服务处理流程图

在这个服务体系架构设计中，每个流程环节都应该服务于一个目标：在保障成本的前提下提供良好的服务体验。

1.服务的接入要兼顾便利性及解决效率

1）从客户角度来看

从客户角度来看，服务反馈的渠道应尽量降低对发送者的要求，最好是"傻瓜式"操作，需要方便、快捷，不能做太多反馈信息及格式的限制，总体来看各种渠道，**IM 工具优于电话，电话又优于其他工具；移动端优于 PC 端**。

大多数情况下，通过微信等 IM 工具（也可以是产品内的 IM 工具）来反馈问题是最方便的，像聊天一样能够随时随地发起咨询，同时发送的信息类型比较自由，可以是文字、图片、视频，也可以是语音，并且能够相对方便地接收到客服的反馈，而不用一直保留网页窗口，实时关注客服的回复。

也有部分行业或部分类型的客户更倾向于电话的方式来反馈问题，比如从业者信息化水平较低的一些行业，文字编辑能力较差，或者日常的工作不方便发微信，那么有空闲的时候一通电话反而更能清楚、高效地反馈问题并得到实时的解决。

而移动端的优势在于发送信息和收取信息的便捷性，基本上不需要学习成本，像日常聊微信一样发送问题咨询即可，收取信息也很方便，不用保留网页窗口，来消息了就能看到。

PC 端在图片、视频、语音等类型信息的发送上是非常不方便的，首先图片的查找就很费劲，得根据保存的路径来找，万一不小心点错了还得重新保存；视频也一样，部分产品内的 IM 工具可能还不支持视频的发送，或者发送非常慢；语音更不用说了，语音的输入都是一个问题。

2）从 SaaS 厂商角度来看

从 SaaS 厂商来看，微信等 IM 工具对客户很便捷，对于服务人员来说也很容易给到客户反馈，但问题也很突出：一是客户可以随时随地找到你，且认为你应该随时随地在线，对于服务的预期更高了；二是对于大部分有标准答案的问题，绝大部分 IM 工具没法通过客服机器人去解决，即使有也很鸡肋，比如企业微信里的机器人只能应用于群聊，没法运用于单聊，群聊所支持的机器人知识库也很单薄。

所以单从服务效率来看，**产品内嵌入咨询渠道的方式是最理想的**，客服可以按照服务标准内的时间来上下线，也能比较方便地调用强大的知识库，数据统计也很方便，目前市面上已经有不少非常完善的客服 SaaS 系统。

综合客户角度和 SaaS 厂商角度，笔者认为服务接入首先要考虑到客户咨询的便捷性，尽可能提供符合客户习惯的服务渠道及方式，同时要选择一个相对好拓展服务支持工具的渠道，保障服务的效率，即使提供全渠道的咨询，也需要选择一个主要的咨询渠道。

相对好拓展服务支持工具的渠道，也是为了保障服务的效果，单个问题处理效率越高，问题的解决越快，且通过服务数据的监控及分析，也能够及时发现服务的问题。

2.服务要全响应，越快越好

问题有人响应，是客户对于服务预期的最基础需求，服务响应和产品的可用性一样，要尽一切可能做到 3 个 9（保证 99.9% 的时候都有人响应）。在服务渠道多元性、社交化的情况下，要做到这一点并不容易：

（1）首先是很难确保客户的问题，服务人员都能看得到。比如微信体系类的消息是很容易被漏掉的，尤其是群聊，客户成功经理或客服需要服务大量的客户，群聊的消息很容易被其他消息淹没，这个时候客户的问题就没人响应了。

还有是微信体系内的客户交接比较难，当有人员离职时，新的服务人员即使添加了客户的微信，但客户不一定分得清谁是谁，还是会找到之前的人员去咨询问题，也会导致新的服务人员收不到客户的咨询。

企业微信相对较好，能够做客户承接，能够一定程度上解决这个问题，但企业微信看不到客户的朋友圈，所以部分需要做客情的大客户，还是需要通过个人微信去添加客户。

（2）其次是看到问题的人可能不重视。如果客户咨询的客户成功经理或客服需要服务大量客户，问题就很容易被忽视，因为重复的消息回复是很容易让人产生倦意的，部分问题扫了一眼可能就忘记再回复了，尤其是微信内的消息很难去做响应率等服务过程的监控。

如果客户咨询的是销售人员或者公司其他人员，就更难保障客户的消息能够被及时响应并回复了，需要全公司有良好的服务文化。

（3）最后，看到问题的人即使重视，也不一定有能力去及时回复，像早期客户成功经理既要做客服的工作，又要做产品培训的工作，一旦去做产品培训，就很难及时回复客户的消息。

因此，针对以上问题，笔者的建议是在早期业务阶段，如果微信体系内的服务由客户成功经理来负责的话，尽可能采用企业微信这种可以做服务监控的工具，通过会话存档的功能来开发服务响应时间及解决时间的数据看板，这样能够确保服务响应标准严格落地。

在客户体量达到一定规模后，可以考虑做主被动服务的划分，让客服来负责微信体系内的服务工作，一是客服只做被动服务，不会被其他工作打断服务，能够确保及时响应客户，客户的体验更好；二是能够释放客户成功经理的精力，让客户成功经理去做更深层次的工作，充分发挥客户成功经理的价值；三是能够通过分工来节省成本，客服人员的成本要比客户成功经理的成本更低。

3.问题的分类和处理考验跨部门合作机制的设计

在通过多渠道收到客户问题并及时响应客户问题后，最终还是要快速解决需要解决及能解决的问题。因此需要针对客户的问题进行分类，并按照归类分配给合适的人去解决。

首先是问题的分类，一般来看，可以分为操作问题、业绩问题（续费、新签等）、Bug 问题、需求问题及商务合作问题，其中操作问题一般占比最高。

（1）操作问题需要客户成功经理或客服当场给出准确答复，考验的是客户成功经理或客服的沟通能力及产品知识掌握能力，其中沟通能力是指需要通过和客户的沟通来准确定位到真实的问题，有些用户不一定能够清晰描述自己碰到问题。

（2）业绩问题，如果自己职责范围内，能处理，就直接处理掉；如果处理不了，就需要对接到相关的人员。

（3）Bug 类问题需要对接产品和研发团队，让他们给出解决方案或者解决的结果，而且需要协同产品及研发团队制定不同级别 Bug 的响应及修复时间。这和服务标准一样，需要有一个内部的处理机制，比如主流程的 Bug 要在多少分钟内响应、多少分钟内解决，非主流程的 Bug 要在多少小时内响应、多少小时内解决，这样能够让产研一起给客户提供好的服务，具体如表 6-1 所示。

表 6-1　某产品 Bug 处理机制

故障等级	故障定义	常见故障举例	反馈机制	处理时限
P0：致命	服务宕机，大面积报 500 错误，大面积用户反馈问题，主流程无法跑通，系统无法运行，崩溃或严重资源不足，应用模块无法启动或异常退出，主要功能模块无法使用	系统无法登录	第一时间电话联系对应产品负责人，若 5 分钟内电话联系不上，直接打产品部门负责人电话，若仍未联系上，直接在公司群内 @ 产品和技术部所有人	30 分钟内解决
		服务器错误		
		页面报错		
		系统宕机		
		XX 崩溃无法操作		
		XX 数据错误		
		XX 报错		
		验证码导致无法登录		
		XX 端无法登录、无法操作		

故障等级	故障定义	常见故障举例	反馈机制	处理时限
P1：严重	影响系统功能或操作，主要功能存在严重缺陷，但不会影响到系统稳定性	XX 端无法接收消息	第一时间电话联系对应产品负责人，若 5 分钟内电话联系不上，直接打产品部门负责人电话，若仍未联系上，直接在公司群内 @产品和技术部所有人	6 小时内解决
		XX 端无法提交		
		XX 无法正常支付		
		XX 无法保存、发布		
		系统数据统计错误		
		XX 到账问题		
		某个按钮点击无效		
		XX 活动故障		
		500 报错		
P2：紧急	核心数据、性能缺陷	跟进时间显示错误	先在 JIRA 上提 Bug，如果未及时处理，XX 上反馈给值班测试人员	2 个工作日内解决
		待办事项显示错误		
		XX 无法显示或显示不全		
		Web 端与 App 显示不同步，或者计算逻辑不统一		
		XX 显示不对		
		版本升级引起的小功能报错		
		系统兼容性问题导致的部分机型无法使用或者显示不全		
		信息显示不统一		
P3：一般	非核心数据缺陷	所有非 P0、P1、P2 的紧急问题	先在 JIRA 上提 Bug，如果长时间未处理，XX 上反馈给值班测试人员	4 个工作日内解决

（4）需求类问题和 Bug 类问题有点类似，都需要对接产品和研发团队，让他们给出解决方案或者解决的结果。不同的是，需求类问题更多是产品迭代方向的一个补充，不一定需要满足，但需要给客户一个评估结果，原因如下：

- 一方面要从服务角度来考虑：客户给我们提了这么多需求，这个需求合不合理，会不会做，至少要给一个明确的反馈，不管这个答复是最终的评估结果还是一个"客套话"。要做到事事有回应，在客户面前树立一个

"靠谱"的形象。所以这就需要产品经理或者产品运营人员给客户需求评估的结果，如果需求量大没法一一准确评估，给一个初步的结果即可。

- 另一方面要从产品迭代优化的角度来看，SaaS 产品有一个优势是产品会不断更新，客户也会不断地给你反馈使用的情况及建议，随着客户用得越来越多，如果能够把客户需求收集及评估的机制设计好，基本上客户的需求就能够作为产品迭代参考的主要方向，不需要额外去做市场调研了。

因此，从产品迭代优化的角度来看，产品部门需要想办法让客户直接或者间接反馈使用的情况及改进建议。但需要注意的一点是，不是所有客户提的需求都要重点评估，产品部门要时刻明确产品的定位和边界，要核心关注这一定位和边界下的目标客户反馈的需求。如果所有需求照单全收了，或者做了大量非目标客户的需求，那么你的目标客户就会用得越来越不爽，最终远离你而去。

6.3.3 主动服务触发机制设计

比起被动服务，主动服务更需要顶层设计。被动服务是客户找上来，无论如何也得想办法解决，不然客户可能会投诉或者退费；主动服务需要我们主动去找客户，一般谁会没事自己给自己找活干？而且主动服务短期内还没法看到效果。所以主动服务需要自上而下地去设计触发机制，通过机制去落地主动服务，让利益来驱动团队做主动服务，千万不要去挑战人性。

主动服务触发的机制，最重要的还是需要和考核挂钩，一靠目标考核，二靠过程考核，如图 6-3 所示。

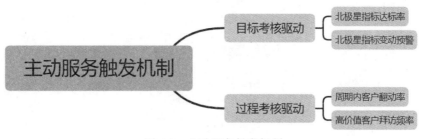

图 6-3　主动服务触发机制

1.目标考核驱动

主要是通过北极星指标达标率来驱动，客户成功经理需要关注自己服务客户的北极星指标达标情况，并结合生命周期（SOP）主动跟进客户的使用情况，尤其是那些问题客户，需要更主动地去了解客户的使用场景及使用卡点，并提供解决方案。

同时配合周例会或双周会客户盘点机制，定期盘点客户的北极星指标达标情况，并制定下一步跟进动作，如表6-2所示。

表6-2　客户盘点表格

客户成功经理	新量考核数	新量活跃数	新增活跃率	新增目标	目标差值	预计还可活跃数	预计活跃率
A	50	30	60%	70%	5	6	72%
B	45	25	55.6%	70%	7	6	68%
C	50	32	64%	70%	3	5	74%
合计	145	87	60%	70%	15	15	70%

有了北极星指标的考核，加上客户盘点的机制，大家自然而然就会主动去关注客户的使用情况，并提供主动服务。

其次是通过北极星指标（或活跃率）变动预警机制来触发主动跟进，比如当客户北极星指标发生大幅变动的时候，系统就自动触发一个预警工单，提醒客户成功经理去跟进。如图6-4所示，当客户的层级发生不同级别的变动时，客户成功经理需要及时主动地去干预，了解变化原因，并做出针对性动作。

北极星层级	北极星分数（简称M）
A	M ≥ 80
B	60 ≤ M < 80
C	0 < M < 60
D	M = 0

预警类型	北极星层级	跟进动作
流失预警	下降2个	强跟进，3天内电话或微信跟进，了解原因，及时干预挽回
	下降1个	弱跟进，关注客户使用情况
机会预警	上升2个	强跟进，3天内电话或微信跟进，了解原因，及时干预提供帮助
	上升1个	弱跟进，关注客户使用情况

图6-4　客户北极星层级变动预警机制

当客户北极星层级下降时，可能存在客户流失风险，需要客户成功经理主动去跟进客户，了解客户使用情况是否变动，判断是否存在流失风险，如存在，需要做出针对性干预方案。

当客户北极星层级上升时，对客户成功经理来说是一个非常好的健康信号，需要及时跟进客户，了解客户的使用情况，并给出针对性的帮助，让客户稳定使用，并可以考虑打造客户使用案例。

2.过程考核驱动

1）客户翻动率

过程考核中最重要的就是**客户翻动率**，即一定时间内客户翻动的比例，一般是指多久主动联系一次客户。做客户翻动（或者叫客户回访）的原因有以下几点：

一是光通过北极星指标等数字并不能反映客户的全部情况。北极星指标是唯一重要指标，能够反映客户总体使用情况，但客户的使用体验、产品需求、与产品相关业务经营状况等并不能通过指标完整体现出来，所有需要通过客户回访的方式去做详细的了解。

二是由于客户生命周期是漫长的，如果不设计客户翻动的考核指标，客户成功经理是很难做到和客户保持一定频率的互动的。部分使用比较好、不需要人工介入的客户，也可能在其他方面存在问题；部分使用很差的客户，也几乎不会主动发起服务需求，这部分也是比较难搞的客户，不做主动触达的话，客户就会真的流失掉了。

三是日常的客户互动和正式的客户回访沟通是不一样的，当要求大家做客户回访时，部分客户成功经理会反馈自己天天和客户在聊，不需要再做客户回访了。但正式的客户回访性质是不一样的，以相对官方的口径去回访客户，了解客户问题及诉求，客户能够更真实、全面地反馈出来，这就和管理上做人员绩效面谈一样，正式的绩效面谈能够更加全面地评价和沟通。

在落地客户翻动率要求上，我的建议是采取工单的形式，来降低对客户成功经理的执行要求，即设定好客户翻动的要求，系统每个月初发放待回访工单，客户成功经理根据自己的时间安排去完成回访工单，并填写好跟进记录，这样月底就能看到整体回访的完成情况。

如图 6-5 所示，除了通过系统生成工单，还可以根据需要人工导入工单，客户成功经理收到工单后，可以根据工单的优先级或者自己判断的优先级进行处理，如果工单的完成质量很难通过系统自动判定，我们还可以在工单中增加一个质检环节，让质检部门来核查工单的质量，不符合质量要求的"退回返工"。

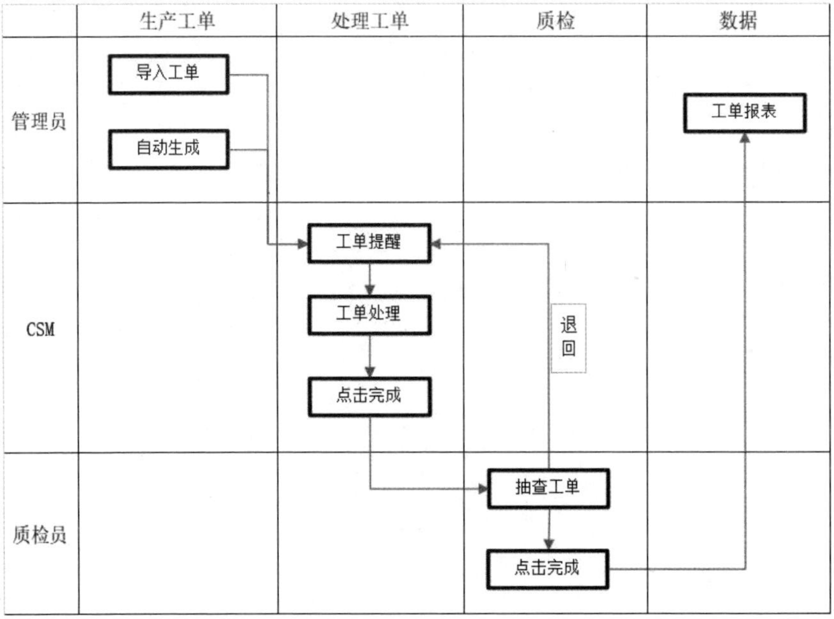

	生产工单	处理工单	质检	数据
管理员	导入工单 / 自动生成			工单报表
CSM		工单提醒 / 工单处理 / 点击完成	退回	
质检员		抽查工单 / 点击完成		

图 6-5　客户成功工单处理流程

关于客户翻动的方式，对于业务偏线上的，建议优先采用 CALL-OUT（电话外呼）的方式，电话回访更加正式，能够收集到客户更多的反馈，比如沟通的语气、沟通的时长等。如果电话外呼量较大，可以考虑针对 SMB（中小客户）先通过"AI 外呼"的方式筛选一遍，需要二次沟通的客户再转人工。

2）客户拜访

过程考核的另一个点就是客户拜访，主要是针对高价值客户，客户拜访是增进客户关系非常重要的工作，所谓"见面三分情"，和客户见面沟通后，客户对我们的信任会有所增加，同时通过拜访，也能够挖掘到客户深层次的需求，比如客户高层的工作思路及预期，这有利于后期挖掘增购机会。

客户拜访核心考验的是客户成功经理"CALL-HIGH"（高层对话）的能力，直白点说，就是你要能够和客户高层聊到一块去，能够平等对话。平等对话的前提是你能够展现出相对等的"能量"，这些能量来自你的谈吐、专业度以及对客户业务的理解程度。

我见过不少客户成功经理，和客户高层对话的时候，讲一大堆产品功能细节，客户都听得不耐烦了。实际上，大部分企业高层都不太关心颗粒度太细的动作，而更关注产品能够实现的价值以及和自己所在企业或行业的利益关系，如果你能和客户高层交流一下行业趋势，那么你会进一步赢得客户的尊重。

所以客户成功经理的"Call-High"能力是非常重要的，而这项能力的培养非常难，要么招募客户所在行业的专家，要么客户成功一把手自己上，先示范，然后手把手教，而且针对高价值客户来说，建立双向联系也非常重要，即客户的高层和SaaS企业的高层联系、客户的执行层或中层和SaaS企业的执行层或中层联系，这样的客户关系更加牢靠。

6.4 不容忽视的服务效率

服务效率就是服务的人效，也反映出服务团队的整体能力水平，在服务成本相对固定的情况下，服务效率越高，我们能够给客户提供的服务深度越深，服务的质量也越有保障。

而提升服务效率，一靠合理的分工，二靠科学的作业流程，三靠称手的工具，这需要服务管理者及产研部门的精心设计。

6.4.1 服务效率提升的一大前提和两大关键

服务人效的提升是一个系统性的工作，需要设计较好的服务架构，也需要团队超强的执行力。由于团队执行力的影响因素较多，暂且不展开讲解，服务架构部分，主要考虑以下3个方面。

1.标准化是提升效率的前提

人效提升的一个重要前提是**服务标准化**，因为统一的、明确的标准解决了不确定性的问题，确定性意味着无须等待、讨论和发散；而且有了标准之后，也减少了大部分的沟通讨论成本，因为标准具有确定的执行要求。

1）什么是服务标准化

什么是服务标准化？就是做什么、怎么做以及做到什么程度。以客户培训为例：

- 培训什么内容，分为哪几个板块，培训的主要对象是谁——这是做什么，表示工作内容。
- 用什么样的方式培训，远程还是线下，一对一还是一对多，录播还是直播——这是培训的方式，是怎么做。
- 培训效果怎么验收，怎样代表培训工作完成了，是客户签字验收，还是系统完成了初始化的搭建——这是做到什么程度。

服务的标准化，具体来说包括两个方面：

- 首先是对客服务标准化：
  - ➢ 培训的方式和内容。
  - ➢ 服务的时间和方式。
  - ➢ 日常服务响应及解决的时长。
  - ➢ 系统故障响应及解决的时长。
  - ➢ 不同客户规模的服务标准。
  - ➢ ……
- 其次是内部操作标准化：
  - ➢ 培训效果验收的标准，最好是量化的标准。
  - ➢ 重大客诉响应及解决的时长。
  - ➢ 客户案例的框架及效果验收标准。
  - ➢ 内部需求及 Bug 提交的规范。
  - ➢ ……

有了标准以后，就知道需要做哪些服务内容，以及具体做到什么样的"量化程度"，这是"提效的对象"。

2）提升组织效率

合理分工能提升组织效率。组织架构代表组织效率，合理的分工及架构，能够界定清晰的职责边界，也能够减少沟通及管理成本，为提升各个环节的工作效率提供良好的环境。

分工需要根据业务复杂度及业务阶段来确定。

- 从业务复杂度来看，当业务复杂度相对较低，每个工作环节对人员能力水平要求没有那么高时，适合让一个人来做多份工作。比如当产品实施比较简单、实施周期比较短时，客户成功经理可以承担实施的工作；当产品实施相对复杂、实施周期比较长时，就需要设置一个单独的实施岗位来做这个事情，不然客户成功经理就没法做自己专职的工作。

- 从业务阶段来看，业务早期的时候可以一人身兼多职，不用做太细的职能划分。早期的时候，客户成功经理一般既当爹又当妈，所有的工作自己全部搞定，包括产品培训、客户答疑、续费跟进、客诉处理等，这样效率相对较高。当客户数量起来及工作的精细化提升之后，就需要考虑将不同的工作做一些职责拆分，比如将主动服务和被动服务拆开，让客服协助客户成功经理完成被动服务的工作；又如将产品培训单独分开，让线上（或线下）实施人员单独负责产品培训工作。

另外到业务后期，还可以考虑设置服务中台来进一步提升服务效率，6.4.2节会单独展开讲解这部分内容。

2.流程化降低执行要求

人效提升的一个落地关键是流程化，流程和标准是两个概念，很多人会搞混淆。

- **标准**往往代表落地要求，是大家要按照这个标准去执行，不然会受到处罚或者苛责，这本质上是一种自上而下的**管理思维**。
- **流程**是做事的步骤和顺序，需要结合不同业务、不同场景的实际情况，给出不同的流程方案，本质上是一种**运营思维**。

管理是堵，运营是疏，两种思维方式不一样。

为什么说人效提升的关键是流程化？因为不明确的甚至不同的步骤和顺序，会影响做事的效率，也会影响后期的产品化（下面会讲）。

还是以培训为例，培训的内容、方式、验收是标准，培训内容的先后顺序、培训信息的对接、培训完成后下一步动作的衔接是流程，先做什么、后做什么、和谁对接、如何闭环。

关于流程还有一个重要的点，**流程拆解和分工**。

以客户流转为例，初创型的企业或者新项目，一般不会把流程拆解太细，也不会划分很多细分职能，往往是一个 CSM 既负责客户培训，又负责客户服务，还负责续费增签。但是当客户规模达到一定量级之后，CSM 很难在每个环节都做到极致高效，因为每天要做的事情太多了。

这时就可以考虑对客户服务的流程进行拆解和分工，如新客户签约后，由销售人员交接给实施人员，实施人员完成培训后，交接给 CSM，客户快到期时，CSM 又可以把客户交接给续费经理，中间过程中所有的在线服务，又可以由客服部门负责承接，每个职能都可以基于各自环节的特点去提升效率。

3.产品化提升执行效率

标准和流程都明确之后，就是落地的问题了，是完全通过人工去落地，还是配套一些工具去做辅助，这两者的效率毫无疑问是不同的。

以客户答疑为例，微信体系内的答疑和在线客服系统的答疑效率差距是非常大的，在线客服系统能够分流，解决波峰波谷、人效不均的问题，而且还能充分发挥 AI 机器人的功能，至少能解决 50% 标准、简单的问题。

而在标准和流程产品化的过程中，笔者认为**不同平台信息的打通非常重要**，因为信息输入和获取的便捷性，非常影响操作的效率。例如，客户的档案、服务记录、销售订单、活跃数据、操作记录等，客服和 CSM 在日常工作中需要非常高频地查询、填写这些数据。

以客户档案为例，如果我们能够将内部的 CRM 平台和对客服务平台数据打通，客服一进线就能看到客户的基本档案，就能大幅提升我们定位和解决客户问题的速度。

如通过企业微信的公开接口获取到用户的 union id，调用 CRM 系统内同 id 的客户档案，展示在企业微信的侧边栏，同时又可以将企业微信的侧边栏填写的客户信息回传到 CRM 系统，方便后续做客户盘点。

而要打通平台是非常难的，因为要调用内部的很多资源。在很多创业型的 SaaS 公司，把研发资源用于内部系统是非常奢侈的。

◎ 6.4.2 服务中台助力服务效率提升

中台这个概念相信大家并不陌生，比较常见的有技术中台、业务中台、组织中台，早期阿里和华为都有相关的成功应用。

其实，中台这种组织方式也很好理解，简单来说就是做集约化管理，减少重复造轮子，有点中央集权、统筹管理的意思。如果把各个部门看作一个业务单元，那么人力资源部、财务部其实也可以算作一个中台。

那么中台和客户成功又会摩擦出怎样的火花呢？笔者在客户成功的实践过程中发现，服务中台的价值远远超过我们的预期！

1.服务中台的业务价值

（1）首先是**分工**，中台意味着链接和统筹，是一种实质意义上的二次分工。业务早期其实是不需要中台的，各业务自己玩自己的就行，完全能运转得过来。

以客户成功为例，早期的时候可能就是客户成功部门既当爹又当妈，所有的工作自己全部搞定，定制度、定流程、出策略、做质检、处理客诉，这些工作量不大或者说工作要求没有那么苛刻的时候，团队负责人（TL）就可以搞定，这个时候是一人一中台。

当团队扩大之后，工作量增加了，职能线变多了，又是交付团队、又是客服、又是运营，这个时候各团队也能自己玩自己的，但是效率会比较低，而且不统一。这时中台的作用就是二次分工，那么是分谁的工？

第一分的是各部门 TL 或专职人员的工，把工作收上来统一管理，中台负责制定标准、流程、策略，部门单元负责落地执行；第二分的是大业务单元 TL 的工，原来这些标准统筹的工作需要 TL 一个人去把握，现在相当于有一个单独的职能来协助。

（2）其次是**效率**，二次分工之后，职能更加集中，流程标准由中台统一输出，统筹管理，减少了沟通和摩擦成本，同时也能让业务单元的工作更加聚焦，更加专注于前线工作，各自效率都会有所提升。

（3）最后是**质量**，分工之后，相当于多了一个整编军来做原来各自业务 TL 需要做的事情，专人专岗，能够把原来的工作做得更加精细化，更加专业，视角也不一样，能够从全局的角度去考虑制度和流程的合理性。

2.服务中台的适用条件

既然服务中台有这么多好处，是不是每个企业的客户成功部门都应该搞一个呢？前面讲到中台实质上是一种二次分工，二次分工或者说精细化分工是有适用前提的。

举一个工厂流水线的例子，大家可能更容易理解。假设一家生产皮鞋的工厂总共有五道大工序，开模、做鞋面、鞋底封装以及包装，其中做鞋面又分为鞋面打造和粘胶水，鞋底封装分为放模型和打钉子。

当每个月的出货量比较小的时候，是没有必要把做鞋面、鞋底封装分成4个人来做的，分开之后虽然每个人更专注，效率和质量都有所提升，但是4个人的工作不够饱和，成本更高。当每个月出货量达到一个量级的时候，把工序分得更细，每道工序上的人工作量饱和，效率更高，质量更好，这个时候分工的作用才会凸显出来。

所以中台的适用条件是，当前的业务多、复杂且量足够大，需要分工，分工后能比分工前提升效率和质量。

3.服务中台的工作职责

服务中台总体的职责是要起到二次分工后的提效、提质的作用，具体来说，要通过集约化、标准化、产品化等1对N的方式，制定服务标准、制度，输出运营策略、流程及内容。

- 服务上，要提供标准，并监督标准落地。
- 全局上，要制定整个产品的服务内容及标准，并确保外部客户及内部同事都熟悉整个公司的服务内容及标准。
- 局部上，通过制定质检、客诉制度及流程，结合服务工具，保障客户问题及时响应及解决，每周每月复盘执行落地情况，及时调整和改进。
- 运营上，要输出策略，并确保策略奏效。
- 好的服务是要经过精细设计的，尤其是主动服务策略，需要根据客户的不同旅途和触点，结合公司资源现状，设计出可落地执行的策略及流程，包括客户分层运营、客户触达节点、批量运营体系等内容。
- 产品上，要设计内部工具和外部服务产品化，提高效率，提升内外部用户体验。
  - ➤ 对内部而言，好用的工具能够大幅提升客户成功整体的工作效率，售前和售后部门信息对接系统、完善便捷的客户档案系统、多平台打通的协作系统、客户商机管理系统等，不胜枚举，客户成功在内部系统的需求上，被满足得太少了！
  - ➤ 对外部而言，好用的自助服务工具能够节省客户时间，例如完善的产品说明文档、操作视频、自助服务工具、信息反馈通道等。

如果服务中台能够推动这些系统的完善，将会大幅提升整个团队的工作效率，也会间接提升客户的体验。

4.服务中台的团队建设

（1）从组织架构来讲，前面说到，服务中台是一种二次分工，而且某种意义上，分的是服务中心 TL 的工。所以为了确保服务中心的工作能够顺利落地，一般服务中台要比平行的部门高半个职级，需要由服务中心直接统筹管理，如图 6-6 所示。

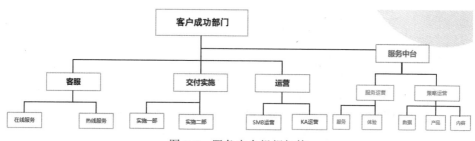

图 6-6　服务中台组织架构

倘若和其他部门完全平行，会增加很多内部摩擦的成本，一是因为某种意义上其他业务单元的策略性工作被弱化了，如果中台能力强一点，其他业务基本就只剩下框架范围内的执行和调整，以及团队管理的工作；二是因为中台大多数时候只做输出，不做执行，这种情况下，其他部门肯定会不爽，会想"凭什么你说的是对的，我得按照你说的来做？"

这个时候，中台高半级的设计就很重要了，能够减少沟通成本。但另一方面，这对中台的专业性、业务渗透能力要求很高，不能站在想当然的角度去考虑问题，要贯通业务，得是专家型的选手。

（2）从团队搭建来看，中台团队人员的搭建上，有两种人比较适合：

一是原有团队的管理者，对业务足够熟悉，大局观也不会差，能够从全局的视角去考虑问题，同时后续工作推动落地上也会比较容易。

二是运营型专家，懂数据、懂产品，能够通过数据发现问题，通过产品和工具解决问题。

（3）从运作方式来看，服务中台运营的方式上，笔者建议用项目制，通过大大小小的项目来推动整体流程的完善。每个人都是一个项目的 owner（所有人），发现问题，发起项目，然后协调资源，推动项目解决落地。

项目制有两个好处，首先通过项目让大家的精力更加聚焦，思路也不至于太发散，不然今天这里动一下，明天那里动一下，对于团队的稳定性影响也不好，聚焦精力一个一个项目去完善，和 Growth Hacker（增长黑客）做增长实验一样，通过一个一个增长实验去推动增长。其次通过项目，能够充分调动资源，其他部门的人也能充分参与到其中，而不是被动吸收。

在项目的落地过程中，笔者建议中台的负责人除了输出策略和流程，还需要深度参与到项目的落地工作中，甚至自己也作为服务一线去开展工作，这样能够避免中台人员盲目自嗨，能够更深入地理解业务。

6.5 本章小结

本章介绍了客户体验的内容及提升方法，详细阐述了主被动服务体系及部分实际案例。

客户体验同样是一件系统性的工作，和 C 端消费者不同的是，要做好 B 端的客户体验，既要掌握专业服务领域知识，又要了解目标客群不同角色的体验诉求。

良好的客户体验是客户成功的放大器，需要客户成功经理具备良好的"共情"能力，根据客户不同角色的诉求，提供不同的体验。

跨部门合作是客户成功的关键因素

客户成功是一个前接销售、后接产品和研发的部门，工作中存在着大量的跨部门合作。

重要的是，在以帮助客户成功为中心目标的组织设计中，客户成功部门是否能够高效地协调公司资源、快速形成客户问题解决小组，是交付产品价值和提升客户体验的关键。

而且客户成功部门作为一个相对新的部门，其话语权天然不高，对于客户成功负责人来说，良好的跨部门协作，能够帮助团队争取到更多的资源，从而为客户成功战略的落地争取更多的时间及空间。

因此，对比 SaaS 企业其他岗位来说，跨部门合作是客户成功团队从上到下都必须掌握的一项能力。

7.1 客户成功部门和产研部门的协作

和所有前台和中后台岗位的协作一样，客户成功部门和产品部门、研发部门的协作不是一件容易的事情。

客户成功部门和产品部门的合作主要在产品规划及产品设计上。客户成功部门每天接触大量客户，会收到各种需求及反馈，而且其中有不少负面反馈，对于产品设计及规划有较高的期望及要求。

客户成功部门和研发部门的合作主要在产品稳定性及部分问题的支持上。如果产品稳定性较差，经常出现故障，故障的修复又不及时，就会增加客户成功部门的服务工作量，也非常影响客户体验，容易造成客户流失和负面传播。

客户成功部门和产研部门如何良好协作？只有双方都靠近一步，多一些主动了解和换位思考，在信任的基础上不断完善跨部门合作机制，才能真正协同助力客户成功。

7.1.1　和产研部门协作的常见问题及原因剖析

问题分析清楚了，答案也就出来了，在讨论如何加强协作之前，我们先来看一下客户成功部门和产品部门、研发部门日常协作过程中常见的问题，以及出现问题的原因。

1.和产品部门协作

客户成功部门和产品部门的协作问题主要有产品需求规划及产品设计两个方面。

1）从产品需求规划来看

- 客户成功经理觉得，产品迭代的功能不是客户想要的，客户需求的实现一直在排期，迟迟无法上线，也不清楚产品后期的迭代规划。
- 产品经理觉得，功能不是说单个客户需要就做的，需要考虑整体产品的定位及规划，客户自己也不清楚自己想要什么，而且客户成功经理提的需求太简单，没有描述清楚客户需求背后的业务场景及真实需求。

2）从产品设计来看

- 客户成功经理觉得，产品的操作逻辑不容易理解，客户学习成本高，且容易出错，通过服务的方式来弥补，服务成本高且心累。
- 产品经理觉得，产品的操作逻辑就是这样的，哪能那么随意，客户成功经理应该把产品培训工作做好，让用户掌握产品的使用方法。

从各自的角度来看，好像都没毛病，大家都是对的。但最终导致的问题就是，由于未能准确把握客户的需求，设计符合客户场景及使用习惯的产品，无法持续地给客户交付新的产品价值，客户渐行渐远。

那么究竟是什么原因导致了这个问题的产生？笔者认为是客户成功部门离客户太近，产品部门离客户太远，双方未掌握好"客户成功、SaaS成功"之间的联系及平衡，未能从全局的角度来共同践行以"客户成功"为导向的产品开发工作。

- 客户成功部门离客户太近，未做客户需求的分析和洞察，也未从客户整体需求及产品阶段性规划的角度去考虑需求的实现，从能力属性上来看，缺乏一定的产品运营能力，对于产品团队的工作流程及产品经理的岗位缺乏了解。
- 产品部门离客户太远，未从客户实际的操作场景及操作体验去考虑需求的实现和问题的解决，也没有真实感受客户的需求或问题解决的迫切程度以及对客的服务压力，缺少和客户的"共情"。

2.和研发部门协作

客户成功部门和研发（技术）部门的合作主要在 Bug 修复及技术支持上。

1）从 Bug 修复来看

- 客户成功经理觉得，新功能上线前研发应该多测试，不要拿客户来测试，出现了问题要第一时间响应，快速解决。
- 研发工程师觉得，每周需要上线这么多新功能，代码都要写几万行，出现 Bug 在所难免，一点点小的体验问题，可以等手上项目干完后再解决，客户成功经理应该多体谅一下，做好服务工作，而不是直接把客户的情绪带到工作对接中来。

2）从技术支持来看

由于大部分技术支持岗位会设在研发部门，或者是由原有的研发工程师来兼职负责技术支持工作，技术支持距离客户较远，比较难和客户产生"共情"，而客户成功经理大多数都不具备技术专业能力，在面对同样的问题时容易产生分歧：

- 客户成功经理觉得，客户现在碰到了问题，需要技术支持才能解决，而且大多数是客户经营数据类的问题，技术支持至少应该快速响应客户问题，并尽快解决客户的问题。
- 技术支持觉得，客户的需求太发散，且部分问题是客户自己误操作导致的，不应该我们来解决，技术解决的成本也很高，客户需要额外付费，但若真做成收费服务，又担心这种需求会大量消耗自己的精力。

是不是很有代入感？

在实际的工作中，由于工种的差异，思维方式和沟通习惯不一样，客户成功经理和研发工程师之间的问题会更突出，而且大多数研发工程师都有自己的技术追求，更愿意把自己的时间投入到重点项目开发及技术框架精进中，而不是去修复一个又一个"无聊"的Bug。

客户成功部门和研发部门的协作出现问题，笔者认为有两个主要原因，一是工种不同（思维方式、沟通习惯）带来的沟通障碍，二是文化及考核机制不同：

- 工种不同带来的沟通障碍远比我们想象中的要大，这就需要两个部门人员加强日常沟通，增加对彼此工作内容及工作方式的了解。
- 在文化及考核机制上，如果也对研发部门考核不同级别Bug响应及修复解决率、客户投诉（以为产品质量有问题），并倡导客户成功文化，那么笔者相信，此类问题会少很多。

7.1.2 加强和产研协作的方式

问题梳理清楚后，如何解决这些问题，加强客户成功部门和产品部门、研发部门之间的协作？

1.认知升级

客户成功是整个公司的事情，这是SaaS的商业底层逻辑决定的，整个公司要以客户需求为中心，从客户的角度出发，持续不断地解决客户的需求和问题，给客户创造价值，帮助客户成功，这样才能做成 SaaS 的生意。

- 客户成功部门和产品部门的良好协作，能够帮助产品经理及时地了解、收集客户前线的大量碎片化信息，帮助客户成功经理更好地剖析和判断客户的需求和场景，更高效、集中地将杂乱无章的产品需求给到产品经理，为每一次的产品规划和迭代提供更多的决策依据，更好地辅助判断产品迭代是否走在正确的方向上。

- 客户成功部门和研发部门的良好协作，能够帮助研发工程师更注重技术框架的稳定性，减少 Bug，更好地促进产品稳定性的提升，保障客户的业务在 SaaS 产品上的平稳运行。

知识的掌握程度及心态意识影响上述这些认知，而认知影响跨部门合作的行为，因此只有升级双方认知，才有可能真正促进客户成功战略的落地。

在具体认知升级落地上，笔者有两点建议：

（1）客户成功负责人和产研的负责人（主要是产品的负责人）要保持高频的沟通。

协作说到底就是一个沟通的问题，两个团队负责人如果沟通都很少，底下的人更难充分沟通。

两个团队的负责人，对于客户成功的方向、产品迭代的方向进行开放性的讨论和交流，邀请对方参加自己的例会，共同拜访重要客户等，这些正式或非正式的沟通都有助于达成认知的一致。

（2）客户成功团队和产研团队各自学习对方领域的专业课程。

知识影响认知，除了团队负责人的高频沟通外，两个团队的成员也需要相互学习对方领域的专业课程，或者参加对方组织的培训分享。产品经理学习客户成功课程，客户成功经理学习产品课程，并形成一个分享学习的机制。

对于各自领域的专业知识有一定的了解后，更能够平等对话及沟通，这个和客户成功岗位所要求的 "CALL-HIGH" 能力是一致的，需要充分了解对方专业领域的知识。

笔者一直认为，客户成功经理是非常有必要学习产品相关的知识的，掌握客户需求的判断、金字塔原理、产品设计原则等知识后，不仅能够促进和产品经理的协作沟通，还能够提升自己在客户侧的专业能力，为后期的职业发展方向提供更多可能。

2.目标对齐

在双方认知相对统一的前提下，如何确保客户成功战略落地？还需要保障我们始终在正确的方向上，所以需要做目标的对齐。

这里笔者建议以产品的北极星指标为目标，作为客户成功部门和产品、研发部门的共同目标，北极星指标是以客户是否获得产品价值为衡量的一个核心指标，能够反映客户在产品使用上是否成功。

具体北极星指标的设计，请参考第 3 章。

在目标的落地上有一点非常重要，就是要把这个目标落地到团队的 KPI（或OKR）上，一定要和绩效考核目标挂钩，这样才能做到真正落地。

关于目标考核，笔者也见过部分 SaaS 公司让产研负责人背续约率、续费率等营收相关指标，这说明该公司对于客户成功战略的重视到了一定程度，做了全面的目标对齐。

3.方法探索

认知和目标都对齐以后，如何不断推动目标的达成，是一个漫长和持续迭代的过程，大家一定要有决心和坚强的意志，这个事情是不可能一蹴而就的，一定是一个长期的事情。

有以下几点经验，供大家参考：

（1）最好通过一个北极星指标的增长项目去切入。

项目的目标一般比较聚焦，通过项目把大家聚集在一起，能够比较高效地理顺这个协作模式，也能够发现更多具体的协作问题。

（2）建立多个客户成功部门和产研部门的纽带机制。

客户成功和产研可以各自参加对方的周会或月会、客户成功牵头组织客户之声月度会议 VOC、双方季度绩效 360 评分等，这种纽带越多越好，大家可以根据公司的实际情况去尝试，会有意想不到的效果。

（3）客户成功经理一定要参加产品规划和产品评审。

客户成功经理需要代表客户在公司发声，需要从客户实际的体验角度以及服务的角度提供更多的建议，所以客户成功一定要参加产品规划和产品评审，对于产品规划及产品设计细节提出自己的建议。

当然不一定要所有客户成功经理都参加，可以让客户成功部门负责人及产品思维较好的同事代表参加。

笔者看见有一些产品项目的评审，客户成功代表一句话不说，这是不行的，观点代表影响力，不说话有可能是怕犯错，或者是无话可说，无论哪一种都说明没有起到参会的作用。

客户成功同事要多发声，提升自己在公司的影响力，这样有助于获得更多的关注和资源，同时有利于推广客户成功文化。

（4）团队和业务线发展到一定规模后，可以考虑设立产品运营和技术支持团队。

产品运营团队距离客户没那么远，又能有产品的思维，能够起到一个很好的纽带作用，增加客户成功和产品之间的协作，也能够弥补客户成功经理的短板。

而技术支持团队能够衔接研发和客户成功，推动 Bug 的解决和 Bug 处理机制的建立及完善。

7.2 客户成功部门和销售部门的协作

客户成功部门和销售部门的协作比和产研部门的协作问题来得更加直接和猛烈，几乎都是涉及利益分配的协作，而利益冲突是发生矛盾的根本原因。

解决的方法还得从利益的合理分配上下手。而利益的合理分配需要服务于 SaaS 公司整体短期和中长期的收入及利润目标。

另外，我们也不能害怕冲突，一起冲突就想着怎么解决冲突，适当的冲突能够促进团队的进步，也能平衡各自的关系。

7.2.1 和销售部门协作的常见问题及原因分析

销售和客户成功这两个岗位由于需要共同服务好同一个客户，日常工作中存在着大量的协同工作。

而由于 SaaS 业务的特殊性，新签只是客户合作的开始，所以客户成功部门和销售部门之间除了客户交接等售后服务相关的协作问题外，在客户后期的业绩归属及分配上也存在着更为激烈的矛盾，常见问题如图 7-1 所示。

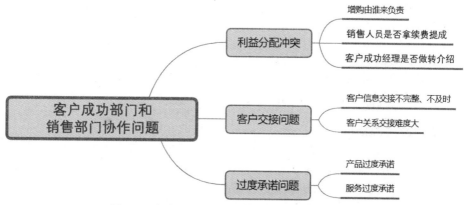

图 7-1　客户成功部门和销售部门协作常见问题

具体来看，客户成功部门和销售部门之间常见的协作问题如下。

1.利益分配冲突

最容易产生的协作问题，就是利益的分配。具体体现在客户跟进及归属权上，包括客户新签后的增购、升级、续费及转介绍。

1）增购（含升级）由谁来负责，业绩归谁

（1）如果 SaaS 公司没有明确约定增购客户跟进归属权，当发生增购业绩时，通常会发生以下"撞单"情况：

- 客户成功经理认为客户之所以增购，是因为用得好，自己在客户使用和服务上花了很多的精力，帮助客户把产品用起来了，且客户增购的需求自己也在跟进，销售人员在客户有增购需求时才介入，为什么自己精心培育的果实，等到成熟的时候却被别人抢走了？

- 销售人员认为客户是自己花了很多精力签约下来的，是因为自己前期的沟通，客户后期才增购的，客户之前也提到了后期用得好会考虑增购，自己也一直在跟进客户的增购需求，合同也是自己签约的，所以增购的业绩应该和新签业绩一样归属于自己。

这种情况就是将利益冲突问题直接交给一线来沟通解决，不管最终的判单结果如何，都会增加双方的矛盾，产生很多内耗成本，也不符合客户成功的文化及价值观。这实际上是管理上的问题，将利益分配问题交给一线来解决，是管理上的"不作为"。

（2）如果 SaaS 公司有约定增购客户跟进归属权，也可能会发生下面这种情况：虽然约定了增购客户的跟进归属权属于客户成功经理，但是销售人员想了一些办法来规避现有的规则，比如让客户重新注册新账号，将增购客户变为新签客户。而客户成功经理明知道是同一个客户，但是由于客户成功服务属性等原因，不太善于收集证据及争抢客户，最终也没法要回客户，心生抱怨和不满。

这种情况比前一种相对好些，至少有明确的业绩归属规则，大家按照"游戏规则"来执行，能够减少大部分的利益冲突问题。但仍然可能有内部矛盾。

2）销售人员是否拿续费提成

销售人员是否拿续费提成，和续费的分工有关系，这部分的协作根据分工不同，协作问题有所区别。

（1）**一种是销售人员直接负责续费，背续费业绩，但不背续约率等比例考核；客户成功经理需要背续约率等比例考核。**

这种情况通常出现在客户成功经理销售能力较差的 SaaS 公司，公司对于客户成功经理的定位为运营及服务，客群一般为中大型客户。

由于上述原因，为了更好地拿下续费订单，销售人员直接负责续费，对续费的业绩金额负责，但由于一般直接考核销售人员总的业绩金额，不太适合背续约率等比例的考核。因为不考核续约率，这种情况就会造成一个问题，销售人员只续好续的客户，难续的客户搞不动就不会继续去搞了，会导致难续的客户流失。做过客户成功的都知道，续约率的提升恰恰就在这些难续的客户上。

客户成功经理背续约率的考核，但又不直接负责续费动作，最终的续约结果取决于销售人员是否能完成续费，自己能够努力的空间比较少，且成就感不足。客户来询价可能也只能报一个标准价格，和销售人员在协同跟进上会遇到比较多的问题，同时当有活跃率等数据较好的客户没续费时，客户成功经理会认为是销售人员的责任。

（2）**另一种是销售人员不直接负责续费，但要求拿续费提成，也是在客群为中大型客户的体系中出现较多。**

面对中大型客户，销售人员的签约周期较长，部分需要做大量的客情维护工作，如果销售人员不拿续费提成，会觉得自己是"帮别人做嫁衣"，自己拼死拼活拿下客户，但成果却给别人了。

这种情况也不利于客户签约后的客情维护，销售人员拿不到续费提成，就不会花时间去做老客户的客情维护，而中大型客户的客情比较难完全从销售人员手上交接给客户成功经理。

如果销售人员拿续费提成，但又没有相关的考核，就会出现上一种情况中"权责利"不完全对等的问题，客户成功经理会觉得销售人员没有做任何的工作，每年就"躺着"挣续费的钱。

而且如果续费提成占销售总收入比例过高，销售老员工就没有冲劲，不利于新客户的开拓。

以上这两种情况似乎都存在一些问题：销售人员是否要拿续费提成？如果拿续费提成，具体应该如何设计？算提成的同时，是否算业绩？在续费跟进过程中应该如何和客户成功部门打好配合？这些是困扰管理者，也是影响客户成功部门和销售部门良好协作的问题。

3）客户成功经理是否做转介绍

转介绍是优质且低价的线索，转介绍如果能做起来，不仅能够助力业绩的增长，且能够大大降低 SaaS 企业的新用户获客成本。

被转介绍的客户，在正式接触 SaaS 公司销售人员之前，大概率从自己的朋友、同行中了解过产品功能、价值以及使用情况，且由于是认识的人介绍的，对于产品的信任度会较高，整体的签约难度要比纯新客户更低。

那么当客户成功经理直接负责续费，整体销售能力不算太差的情况下，是否可以直接做转介绍客户的签约呢？

如果公司不做"一刀切"，不管是客户成功经理还是销售人员，都可以做转介绍，客户成功经理直接负责自己服务客户的转介绍客户签约，能够顺利拿下客户的话，从公司成本上来看，会比销售人员去做转介绍的成本更低（客户成功经理的提成率通常低于销售人员新签提成率），且客户不需要被二次交接，从客户体验上看可能更佳。

但这种情况下就会存在较多的"撞单"、抢客户的情况，销售人员和客户成功经理为了能够获得更多的转介绍业绩，会存在两个人同时跟进一个客户的情况，不仅会造成部分资源内耗，且会过度打扰客户，让客户感觉我们内部比较乱。

2.客户交接问题

客户交接是客户生命周期管理中的第一个重要阶段，也是客户成功经理开展工作的前置条件。

交接期工作做得好，不仅有利于客户成功开展后续的主动和被动服务工作，帮助客户更好地用产品，也能够将客户从销售人员手中完整交接过来，销售人员能够聚焦精力做新客户的开拓。

然而在实际的工作中，经常会存在以下问题：

（1）销售人员对接过来的客户信息非常简单，很难完整了解客户购买产品的目的以及客户后期启用系统的想法。即使客户成功部门给销售部门提供了客户信息交接的格式要求，并且销售总监也在团队内部再次强调了交接的要求，但还是会出现交接信息不完整、不准确、不及时的情况。

（2）销售人员拉群介绍的时候，要么非常简单，说群内这位是我们的客服，让客户分不清楚客户成功经理具体是做什么的；要么就把客户成功经理"夸上天"，在服务上给客户很高的期望，导致客户成功经理在后期的服务对接中非常被动。

（3）销售人员没有把客户关系交接给客户成功经理，或者说客户成功经理没有把客户关系从销售人员手中接过来，导致客户碰到问题还是会继续找销售人员，后期续费也继续找销售人员要折扣和优惠，即使已经明确规定了续费由客户成功经理负责。那么这种情况下，销售人员就感知不到客户成功经理的价值，也很难理解为何客户一直找我，而不去找客户成功经理。

3.过度承诺问题

OP问题（over promise，过度承诺）是客户成功经理对销售人员抱怨最多的一个问题，销售人员为了拿下订单，过度承诺产品效果、服务内容，不仅会增加客户成功经理交付产品及服务价值的难度，更重要的是会让客户有受到"欺骗"的感觉，即说的和做的不一样，影响产品口碑，这和客户成功价值观是背道而驰的。

OP问题主要有两类：

1）一是产品效果OP

销售人员为了快速拿下订单，没有详细确认客户的需求内容，也没有准确确认客户的需求是否能满足，而是大谈特谈产品价值及合作客户案例，并通过营销活动等"逼单"的方式完成签约。最终导致客户真正接触到产品时，才发现自己被"忽悠"了，目前的产品和自己想象的不一样，只能满足自己的一部分需求。

还有一种情况是销售人员提前售卖未来的产品，即根据产品的迭代规划，给客户做出产品能够很快满足需求的承诺。如果产品如期上线，或者按照规划中功能上线，固然没有问题；但产品规划很难百分百执行，一旦优先级出现变动时，销售人员给客户的承诺就没法兑现了。

产品效果 OP **在商业型 SaaS 产品**中经常出现，因为这类产品的效果不仅受产品功能的影响，更受客户自身运营资源及能力的影响，且这类产品一般不适合直接给客户试用，销售过程中更多地会传递解决效果，也比较难去规定销售人员能说哪些、不能说哪些。这样就导致客户在购买前没有完整地"摸"过产品，对于产品的预期也较高，OP 的情况较多。

而产品效果 OP 在**工具型 SaaS 产品**中比较少，因为这类产品效果主要由产品功能决定，客户需要"摸"过产品，至少看过产品演示，才会选择购买，客户在购买前对于产品能实现的效果及实现过程有一个基本的了解。

2）二是服务效果 OP

如果客户成功部门没有给销售部门明确的服务标准及清单，大多数销售人员为了促成交易，会基于自己的理解去给客户做服务上的承诺，并且倾向性地会夸大服务效果，比如客户有问题随时可以找我们，我们会立马解决，下班了也会响应和解决。

当客户成功部门没法兑现这些承诺时，销售人员就只能自己硬着头皮去做好服务工作，同时心生对客户成功部门的不满。

当这个销售人员还在职的时候，在不考虑销售服务工作质量的情况下，服务的承诺还在兑现，但当销售人员离职后，服务承诺就没法兑现了，最终导致客户的不满和投诉，而因为销售岗位的流动性较大，这种情况还比较常见。

客户成功部门也会觉得销售人员为了拿下订单，过分夸大服务内容及效果，导致自己的服务工作压力很大，不兑现服务承诺就很可能会导致客户投诉，更别说交付产品及服务价值了，兑现承诺就会导致自己要在这个客户上投入更多的精力，占用自己的休息时间，也影响其他客户的服务质量。

4.总结

总结来看，在客户成功部门与销售部门的协作中，最常见也是最激烈的问题是"利益分配问题"，这类问题如果没能很好解决，会随着业务规模的增大而越来越明显，不仅会增加团队内大量的管理成本，还会影响整体的客户服务质量，增加客户成功价值观及体系工作落地的难度。

导致这类问题的主要原因不在于实际冲突的个体或案例，而在于整体利益分配原则的设计缺失或者不合理，即"权责利"体系的设计缺失或者不合理。

没有明确的利益分配规则，就相当于把选择交给了人性，而人性趋利，不同利益是导致冲突的根本原因。出现冲突时，管理者为了维护秩序、保证业务正常运转，就需要人工介入来做协调和引导，不管管理者是否公正公平，都会导致其中一方甚至双方的不满。

而且更重要的一点是，没有明确的规则，就没法服务于业务目标，比如今年的业务重点是做新客户的开拓，但由于规则上没有在新客户开拓上做聚焦或者倾斜，导致销售人员在老客户上花了过多的精力，那么业务目标也就很难完成。

因此，销售部门是否能做增购，是否拿续费提成，客户成功部门是否直接做续费，是提供转介绍线索获得转介绍奖励，还是自己直接做转介绍成交等，这些权利、责任及对应利益的划分，需要结合 SaaS 业务的商业模式以及业务不同阶段的目标来做设计，这个规则越早明确越好。

而交接问题及过度承诺的问题，首先在于交接标准和是否过度承诺的标准是否明确，只有提供了标准和要求，大家才能够准确执行。

当然，这个问题根本上也还是利益的问题，如果做好交接工作和不做好交接工作、过度承诺和不过度承诺，都对自己没有什么影响，就只能靠自我要求和文化价值观引导了。

7.2.2　通过职责分工及协作机制减少协作问题

协作的问题，首先是组织上的问题，是管理上的问题，千万不能把这个问题留给一线来解决。

如果客户成功和销售团队出现了较多的协作问题，作为公司 CEO 及业务负责人，首先需要反思的是，这两个团队的组织架构及职责分工上是否存在问题，分工是否明确，职责是否清晰，权利是否对等。

而作为部门负责人，在分工及职责上问题不大的情况下，需要首先思考的是，明确自己的主要目标，所有的资源及动作聚焦服务于这个目标；其次是需要自查自己对于其他协作部门的要求是否具体，是否有明确的标准，而不是仅靠感觉和个人判断；最后才是两个部门是否有日常的协作机制，信息是否有及时共享，沟通是否充分。

总的来说，减少协作问题，需要从以下三个方面入手。

1.清晰的组织架构及职责分工

从组织架构上来看，笔者建议将客户成功部门和销售部门设为平级部门，让两个部门能够平等对话和协作，在碰撞中前进，促进客户成功战略的落地。

有部分 SaaS 公司会将客户成功部交由销售总监或销售 VP 来管理，客户成功负责人向销售总监或销售 VP 汇报，如果销售 VP 底下还有销售总监，那还好，如果没有，就相当于销售部门管理客户成功部门，这样会导致客户成功部门和销售部门比较难开展平等对话及协作沟通。

从某种意义上来说，这种组织架构弱化了客户成功部门的职能和作用，也不利于客户成功战略的落地，因为销售部门和客户成功部门的工作方式是不一样的：

- 销售部门非常注重结果导向，用结果说话。
- 客户成功部门需要更多关注过程，节奏需要慢下来，需要坚持长期主义，让续费变成一个自然而然的结果。

从职责分工上来看：

- 销售部门需要聚焦于新客户开拓，不能在老客户的服务上耗费太多精力，即使要做老客户的关系维护，也更多是为了赢得转介绍。
- 客户成功部门需要聚焦于老客户的续费及增购，需要把老客户服务好，帮助老客户获得产品价值及服务价值，提升客户续约的概率，并关注客户的业务需求变化，挖掘增购商机。

以上两部门分工出现问题的时候，我们首先要去想的是这个部门如何解决这个问题，而不是通过其他人来补位。比如当客户成功部门的销售能力跟不上的时候，不应该让销售部门来补位，而应该想客户成功部门自己解决这个问题，比如提供更多的销售培训、设立业绩 PK 机制，或者成立单独的续费小组来负责续费。

想清楚这一点后，我们只需要根据各自分工去推动自己应该解决的问题，去扛起自己应该扛的责任，那么即使短期可能会有一些"力不从心"，但是长期来看，大家能够各司其职，形成合力。

2.服务业务目标的利益分配机制

对于客户成功部门及销售部门来说，利益分配机制就是客户的业绩归属判定规则。这个规则是否有、是否完善、是否合理，直接影响业绩冲突的数量，也是影响两个部门协作的关键。

（1）首先，有规则比没有规则好，而且这个规则越早定越好。

就像一款游戏，有了游戏规则大家才知道怎么玩，如果所有人都按照游戏规则来，就不会有太多的问题。

规则也没有绝对的公平和合理，规则确定好以后，管理者需要维护好规则的权威性，不能经常"一事一议"，并且按照规则所设定的处罚去执行，否则没人愿意遵守规则。

而且这个规则越早制定，大家越容易接受，也能够从开始就减少这块的沟通成本，减少大家因为"撞单"对彼此信任的消耗。

如果制定得很晚，大家已经习惯了相互拉扯，由于之前种种"撞单"的经历，即使再完美的规则也需要花费较多的时间才能沟通一致。

（2）其次，业绩规则需要服务于业务目标。

从长期目标来看，销售部门聚焦新签，努力开拓新市场；客户成功部门聚焦续费及增购，努力创造更多利润，各司其职。

但在存量付费客户规模到了一定体量，市场占有率相对较高的情况下，让客户成功团队来负责转介绍的签约，能够降低提成率，也是一种选择。

从短期目标来看，如果客户成功团队的销售能力还没法支撑增购、续费等业绩目标，但公司短期又急需在这块获得突破，那么让转化能力更强的销售团队去负责，显然是一个更合理的选择。

如果客户成功团队需要服务大量的客户，且产品交付难度较高，对于最佳实践打造等运营工作有较高要求，客户成功经理很难同时兼顾服务和续费，则可以考虑设立客户成功运营组和客户成功续费组，让运营组专注于服务过程，让续费组做好"临门一脚"的工作。

因此业绩规则的制定没有绝对的参考标准，需要根据业务的实际情况及目标来设定。明确了业务目标，业绩规则的设定就有了方向。

以下为某 SaaS 公司（客群以中小客户为主）对于新老客户的界定及购买行

为跟进权的划分，供大家参考。

如图 7-2 所示，这里将到期 90 天内的客户定义为老客户，是一种相对合理的做法，既明确了新老客户的时间界限，又给客户成功经理留出了做逾期续费的空间，因为部分客户因流程或者项目预算等原因，确实会存在到期后再续费的情况。

一、新老客户界定

1. 新客户

新客户是指客户在本次交易前未购买过任意付费版本或购买后到期未续费超过90天。

2. 老客户

老客户是客户此前购买过任意付费版本，且当前仍在服务期或到期不超过90天。

图 7-2　新老客户界定

如图 7-3 所示，明确规定了新签统一由销售部门负责，续签统一由客户成功部门负责，并补充了分期客户及逾期续签等两种情况说明。

二、业绩类型定义

1. 新签

新签指新客户首次付费。

新签统一由销售部负责，包括电销团队、KA销售及渠道团队，客户付费后，由客户成功部及客服部负责提供后续产品使用等服务。

1.1 分期客户

新签客户采用分期付款方式的，首次付款和合同约定的分期款项为新签业绩，归属新签业绩人员及部门。

2. 续签

续签指已购买过问卷星SaaS服务的客户对原账户进行付费延时。

续签统一由客户成功部负责。

2.1 逾期续签

逾期续签是指客户到期后，再进行付费延时。

逾期90天内的客户，客户成功部可继续跟进，超过90天，视同新客户，由销售部负责跟进。

图 7-3　新签及续签行为定义

如图 7-4 所示，这里将增购做了一定时间周期的划分，新客户购买后 30 天内发生增购，这么短时间内的再次购买，可以认为是由销售人员之前的努力所带来的，从权责利的角度来看，业绩应该归属于销售部门；而超过 30 天增购

（具体时间可以根据业务情况来定义），可以认为更多是因为客户成功经理的努力带来的，业绩归属于客户成功部门。

3. 增购

增购是指已付费客户增购账号、增值应用、增值服务等付费产品。

新客户签约30天内的增购视同新签性质，由销售部负责，超过30天，由客户成功部负责。

4. 升级

升级是指已付费客户从低版本升级到高版本、从短周期升级到长周期。

版本升级统一由客户成功部负责。

5. 转介绍

转介绍是指客户介绍客户的行为，其中被推荐人须为当前未付费用户或未使用过系统的用户。

转介绍属于新客户，统一由销售部门负责，客户成功部推荐转介绍客户可获得转介绍线索奖励。

图 7-4　增购、升级及转介绍行为定义

而升级一般发生在客户使用过程中或者续费的时候，可以认为是客户成功经理的努力带来的，业绩归属于客户成功部门，转介绍符合新客户的定义，让销售部门来负责更合适。

在这个业绩归属定义的基础上，再增加一个特殊情况"判单"的规则，基本上就能够解决大多数业绩冲突的问题了，大家都按照这个规则来遵守即可。

3.具体的协作要求及机制

客户交接问题和过度承诺问题的发生，笔者认为很大一部分原因是没有制定标准及要求，即没有告知销售团队需要做什么、不能做什么。

（1）在客户交接上，交接的标准是什么，需要销售人员什么时候、以什么样的方式、做什么动作，如果没有做到，又会怎么样。

这些客户交接的制度标准，需要做好信息同步工作，让所有销售人员都清楚了解，并加入销售新人的培训或学习材料中。

（2）在产品过度承诺上，销售团队以及客户成功团队是否能够提前售卖未来的产品，需要有明确的规定。如果可以卖，就尽量将产品的规划内容（产品方案及预计上线时间）准确、全面地同步给这两个团队；如果不能卖，那就设定一定的处罚度。

（3）在服务过度承诺上，一方面是需要制定服务内容及标准，将服务标准以文档的形式同步给销售团队，让销售清楚地知道公司的服务标准，标准之内的可以承诺给客户，标准之外的不能承诺客户，并设定过度承诺的相关处罚。

另一方面，客户成功可以将服务内容及标准直接告知客户，比如在签约的协议里附上《服务告知书》，在客户交接期告知客户服务内容及标准，这样能够相对准确地传递服务信息。

（4）在客户投诉处理上，可以设定客诉处理的流程，如果是涉及销售问题的，可以将销售设为其中处理的一环，并定期把客诉情况反馈给相关部门负责人，共同减少客诉的发生。

总的来说，笔者的经验是需要将"无形"的引导化为"有形"的执行要求，尽量通过文本的方式明确执行要求，减少信息不对称和理解的误差，提升整体的执行效率。

7.2.3　客户成功文化助力背靠背作战

和跟产品、研发部门的协作一样，要想客户成功部门及销售部门默契配合、为同一目标背靠背作战，光有制度还不行，还需要文化的指引。

某种意义上，销售团队比客户成功团队更需要客户成功文化的熏陶。在订阅制的 SaaS 生意中，新签只是合作的开始，续费和增购才是目的。如果销售团队不拿续费和增购提成，是不会关心这些的。但我们从影响新签的原因去做拆解，似乎销售团队更需要客户成功文化的熏陶。

（1）如果客户买了不用或者用得很差，很有可能造成退费，即使不退费，也大概率会影响产品的口碑。客户的圈子是很小的，口碑如果做烂了，是没办法持续获得新客户订单的，更别说获得客户的转介绍了。

（2）如果客户用得好，随着签约的客户越来越多，产品的口碑越做越好，主动咨询的客户就会增加，我们获得客户的信任成本就会减少，从而有助于新客户的签约。

（3）另一个很重要的点是转介绍。纯自拓是非常难的，而且不稳定，如果销售团队能尽量少签无法满足需求的客户，并协同客户成功团队做好服务工作，再利用一定的转介绍机制及技巧，是很有可能获得稳定的转介绍线索的。

这样一来，获客难度降低了，且随着老客户越做越多，转介绍线索也会更加稳定，这能够帮助销售部门每个月获得一定基数的订单，也能够增加销售部门整体的业绩稳定性。

而且在实际工作中，笔者见到过不少销售冠军，在客户服务上都做得比较好，转介绍业绩能够占到 40%，甚至 50% 以上。

因此，销售团队想要持续稳定的业绩增长，一定要落地好客户成功的理念，把自己当成一个"服务"角色，和整个公司一起为客户提供服务。

当团队的价值观逐渐趋向一致的时候，就能在碰到制度空白或者存在缺陷的时候，通过价值观的引领，为一致的目标做出正确的选择，从而将复杂留给内部，将简单留给客户。不仅如此，还能够推动制度的优化，通过一个又一个的案例，推动制度在更合理的方向上迭代。

（7.3） 本章小结

本章介绍了客户成功部门和产品部门、研发部门及销售部门之间的协作问题，分析了协作问题产生的原因，并总结了改善协作关系的方法。

由于客户成功岗位的特殊性，不管是对客的工作，还是内部流程的改进，都需要大量的跨部门协作才能完成，因此跨部门协作关系直接影响客户成功工作的结果。

因此对于客户成功部门负责人及客户成功经理来说，都需要加强跨部门协作，推动 SaaS 公司能够基于客户需求及问题，快速形成以客户成功为中心的"作战小组"，为客户更好地交付产品价值及服务价值，提供良好的服务体验。

/第/8/章/

客户成功团队的组建及发展

客户成功人才的发展就像一个金字塔模型，基础的从业人才越多，高端人才也就越多，反之基础人才越少，高端人才越少。

国内缺有经验、专业能力强的客户成功经理，更缺具有体系化增长设计能力的客户成功负责人。而由于国内 SaaS 产品细分行业的复杂性，每家企业的情况个体差异性极大，使得这一情况更加严峻。

那么面对不同产品情况，以及不同业务阶段，如何组建和发展客户成功团队，以期落地客户成功战略，实现增长目标。

本章将为大家分享实战经验。

8.1　不同业务阶段对客户成功的需求

并不是所有阶段都需要客户成功团队，但任何阶段都需要客户成功价值观。

客户成功团队的建立需要一定的条件，过早地搭建客户成功团队会让客户成功经理无从下手，也会消耗较多有限的资源。

但是，客户成功价值观越早落地越好，以客户需求及业务结果为第一导向的价值观，能够帮助产品团队紧贴客户价值，而不是闭门造车，也能够帮助市场及销售团队直面客户需求及痛点，说人话、做人事，真正引导和帮助客户解决问题。

8.1.1　任何阶段都需要客户成功价值观

客户成功价值观是指 SaaS 企业需要始终坚持"**先帮助客户成功，再让自己成功**"的理念，优先满足客户对于产品和服务的期望及需求，帮助客户实现其期望的业务成功，并获得良好的客户体验之后，SaaS 企业从中获得应得的价值回报。

先有价值创造及价值交付，再有价值回报，这两者呈先后关系，且是平等关系：既不是一味地满足客户不合理的需求，也不是以"顾客是上帝"的卑微姿态提供服务，而是一种平等的利益互换的商业合作价值观。

客户成功价值观是 SaaS 企业成功的关键因素之一，SaaS 商业模式的核心是提供可持续的、增量式的价值，这意味着，SaaS 企业需要不断改进其产品和服务，以满足客户的需求，客户才会继续使用产品和服务，并推荐给其他人。

因此，**不管处于业务的何种阶段，都需要具备客户成功价值观**，客户成功价值观能够帮助团队更好地为客户创造价值。而组建客户成功团队只是为了加速落地客户成功价值观的一种方式。

1.产品团队需要客户成功价值观

做 B 端产品会遇到的一个问题是"共情"极难，就是说你很难通过换位思考，设身处地去揣摩客户可能碰到的问题及感受——如果你没有在客户所在岗位或者行业工作过的话。

C端产品要好很多，产品经理通过自己生活中的体验及自己使用同等产品，就能够较好地换位思考，以此来做产品设计。

因此做B端产品需要通过一定的方法来了解客户面临的问题及需求，而这是客户成功价值观的体现及要求。

一种较为直接的方式是走进客户现场，去了解客户的工作环境、工作流程，和客户深度沟通，了解客户工作中的痛点，甚至和客户一起办公，深度体验我们的产品在客户工作中的作用，比如给线下实体店铺提供B端产品的，产品经理可以驻店学习，这是非常有效的方式。

另一种方式是把自己部门或者公司当作一个客户，自己用自己的产品，比如做CRM的，自己可以用自己的CRM；做协同SaaS的，自己团队也用这个协同工具，并定期收集这些"客户"使用的情况。这样也能够帮助产品经理做换位思考。

2.市场团队需要客户成功价值观

市场团队常见的一个问题是只按照自己的获客流程来"教育"客户，而没有从目标客户的实际情况去设计产品宣传及咨询流程和物料。

举一个简单的例子：

一个面向零售夫妻店提供SaaS服务的产品，市场部门给出的产品介绍辞藻华丽，充斥着痛点、痒点、需求等"互联网化"的语言，且海报等相关物料的设计非常潮流，但"夫妻店"类型的客户压根儿看不懂，客户只想一眼就知道你是干吗的，美不美观都是其次的。

因此对市场部门来说，需要了解其目标客户的工作环境、文化水平、社交习惯等信息，来制定相关物料及推广动作。

这也是客户成功价值观的体现。

3.销售团队需要客户成功价值观

销售团队更需要客户成功价值观，在SaaS的商业模式下，客户签约只是合作的开始，只有客户后面能够顺利续费，并源源不断地贡献转介绍，销售团队的获客成本才有可能降下来。因此对于销售团队来说：

- 一方面需要签约符合产品定位的目标客户，这样客户才有可能获得产品的价值，并介绍给身边的客户，也能够保障后期的续约率。这一点可以通过一定的制度设计来保障，比如将客户后期的系统上线率或者活跃率作为销售团队的考核或激励指标，上线率及活跃率高的，可以获得一定比例的市场线索或者客户成功团队提供的转介绍线索。

- 另一方面，客户签约完后不能做"甩手掌柜"，还需要维护好自己的老客户，关注客户的使用情况，定期做一些客户回访，跟客户建立较好的信任关系，后期才有机会获得更多转介绍。

8.1.2 何时开始引入和扩大客户成功团队

客户成功价值观能够增强全员的客户成功意识，客户成功团队的组建和落地能够加速客户成功战略的落地。

既然不是企业创建阶段就需要客户成功团队，那么究竟何时开始引入客户成功团队，何时开始扩大客户成功团队？

基于这两点，笔者给出一些参考建议，如图 8-1 所示。

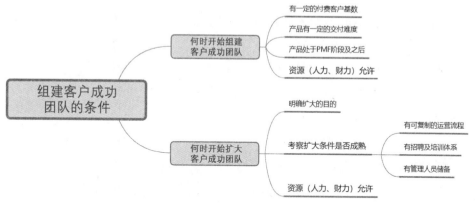

图 8-1 组建客户成功团队的参考条件

1.何时开始组建客户成功团队

是否需要组建客户成功团队，需要考虑以下几个方面。

1）有一定的付费客户基数

客户成功团队主要面向客户做价值交付，所以引入客户成功团队的前提是需要有一定的付费客户数，如果付费客户很少，笔者建议不如让产品经理，甚至让企业高管自己来做服务。

前期产品推广阶段，产品不够成熟，种子客户由产品经理自己来做好服务（俗称产品共创），更能了解客户实际的使用情况，以便快速调整产品迭代方向。

高管亲自提供服务，也能够让管理者深入客户市场，为制定更合理的产品及市场策略提供有效的依据，而不是仅仅根据行业报告和投资分析制定出看似"高大上"却没法落地的策略。

2）产品有一定的交付难度

如果产品相对复杂，交付难度大，就需要专业的交付岗位才能完成客户的价值交付。这时如果还让产品经理或者高管来全程负责客户系统的上线及服务支持工作，可能会影响其他项目的推进，同时也不一定能够做好。这种情况可以考虑设立实施交付岗位或者客户成功岗位来负责这块工作。

如果产品相对简单，交付门槛低，那么有付费客户后，也可以考虑仅设立客服岗位来做服务支持工作，等客户达到一定规模后，再组建客户成功团队。

3）产品处于PMF阶段及之后

产品在MVP和PMF等不同阶段，对客户成功团队的需求不一样。

（1）首先来看MVP阶段。

根据Eric Ries在《精益创业》一书中提出的概念，所谓最小化可用产品（MVP），是让开发团队用最小的代价实现一个产品，以最大程度地了解和验证对用户问题的解决程度。

这个阶段的目的是验证产品想法的可行性，判断客户对于最小可用产品的兴趣程度。SaaS产品通常用客户是否愿意付费来判断客户感兴趣程度，部分免费增值模式的SaaS产品也会用免费客户激活及留存指标来判断，一般来说更多需要产品及运营的能力。

所以这个阶段对于客户成功团队的需求不大。

（2）接着来看PMF阶段。

PMF（产品市场匹配）阶段，简单来讲是产品能够得到客户市场的认可，达到PMF的评估标准通常包括两方面：

- 对客户来讲，产品是否能够帮助客户带来业务结果的提升，量化的指标是北极星指标达标的客户比例（前期是北极星指标能反映客户业务结果情况）。

- 对企业来讲，客户续费、增购、转介绍等数据情况，核心是客户数量续约率，客户愿意继续付钱才是认可你。

而要达成这个阶段的目标，就必须非常依赖客户成功团队的力量，所以处在 MVP 阶段到 PMF 阶段之间，可以考虑引入客户成功团队。

4）资源（人力、财力）允许

因为客户成功团队的组建需要耗费较多人力资源成本（人力、财力），且需要投入一定周期（一般是一年，至少半年）后才能看到最终的效果，所以在组建客户成功团队前需要充分评估企业当前的资源情况。

资源相对充裕的情况下，可以根据上面 3 点来评估组建客户成功团队的必要性。

资源相对有限的情况下，可以考虑先组建客服和实施团队，保障基础的服务，同时培养客户成功价值观，让大家尽可能做一些客户成功服务，也为未来组建客户成功团队做一定的人才储备。

2.何时开始扩大客户成功团队

1）明确扩大的目的

既然要增加资源投入，那么目的就需要非常明确，需要想清楚是基于什么样的目标或者为解决当前何种问题，而需要扩大客户成功团队。这里涉及两种思维模式：一种是问题思维，另一种是增长思维。

（1）从问题思维来看，是当前碰到了什么样的问题，需要寻找解决的方案。

比如当前客户数增加，客户成功部门人手不够了。人手不够具体体现在哪些方面？是被动服务的数量增加导致没法及时回复客户，还是产品交付周期延长？被动服务数量增加又是什么原因导致的？是产品整体的新手引导缺失，还是产品培训课程质量不过关，或者是近期产品 Bug 较多？

总之，需要刨根问底、抽丝剥茧般去找到问题的根源所在，然后再来寻找问题的解决方案。

问题的解决方案有很多种，不一定要通过增加人员来解决，比如产品基础问题咨询过多，可能是产品内的新手引导、帮助文档等内容有问题，这个时候就需要从产品和文档物料上下工夫。如果所有的问题都通过加人来解决，那么客户成功团队的人数就会和客户数线性挂钩，整体人效没法提升甚至还会下降。

这个是问题思维的关键，通过不断分析问题，最终也就能找到解决问题的方法。

（2）另一种是增长思维，是指现在业务上没有什么问题，但是公司想要更多增长，当然这在某种意义上也是一个问题，就是现在的增长不及预期，只是和问题思维的侧重点有些不同。

增长思维核心需要考虑的是投入产出比，即增加投入能够带来多少回报。

比如当前的客户成功团队按照当前的服务标准已经做得比较好了，但续约率一直维持在一个水平上，提高不上去。这时我们就想是否可以通过增加区域化的客户成功人员，做一些上门拜访工作，来提升主动服务的深度及频率。

那么评估这个资源投入的产出情况的指标就是续约率，但续约率相对后置，所以需要看一些关联指标来做过程评估，比如北极星指标提升情况。

在资源能够支持的情况下，只要投入产出比达标，这笔"大账"就能算得过来，扩大客户成功团队或者增加其他方式的投入都是没问题的。

其中有一个点需要注意的是，在增长思维模式下，由于不是从存在的实际问题出发，更多是对于当前结果的不满足，所以很多情况下都需要**从假设出发**去做尝试。

比如上面那个案例，扩大客户成功团队来做上门服务能够提升续约率，这是一个假设，这个假设可能来自日常的思考或者个别客户的反馈，这个假设是否成立需要做进一步的调研和论证。

最好的方式是和做产品一样，先以 MVP 的方式来做验证，得到正向反馈、完成 PMF 后，再进一步增加资源。

2）考察扩大条件是否成熟

扩大客户成功团队并不像"复制粘贴"那么简单，团队人数的急剧增加对于招聘、培训及管理都是巨大的挑战。具体来看，扩大客户成功团队包括以下3 个必要条件：

（1）已经建立较为系统的客户成功运营流程。复制团队的前提是需要有能够复制的运营流程。

如果在没有建立体系的客户成功运营流程的情况下，大规模扩张客户成功团队，那么对于管理来说是一个巨大的灾难。

原有的团队可能通过部门主管及老员工积累的"习以为常"的工作经验，

就能拿到较好的业务结果，但新的团队缺乏这样的底子，在没有管理制度及运营流程的保障下，仅靠新的团队主管及团队成员，很难保障产出水平。

这里的运营流程主要指，北极星指标、客户生命周期管理运营、客户服务体验管理体系这三个方面，如果客单价跨度较大，就可能涉及客户分层分级管理制度。

（2）新人招聘画像及培训体系较为完善。由于市场上客户成功人才储备不足、不同 SaaS 产品对于行业经验要求等因素，客户成功新人的招聘成为一个"老大难"的问题。

因此在大规模扩张团队之前，一定要勾勒清楚自己的招聘画像，包括客户成功经理的胜任力模型以及面试评价维度。如果招聘没有相关经验的客户成功经理，还需要设计较系统的人员培训体系。

招聘及培训会在 8.2 节详细讲解，这里就不做展开了。

（3）有一定的管理人员储备。扩张团队的另一个必要条件是管理人员的内部储备，既然要开始扩编军队开始打仗，带队的人总得先选好。

客户成功管理者的培养需要提早规划，管理者的胜任力模型需要制定好，这里有两个小建议可以参考：

- 每个客户成功管理者，不管是组长、主管还是总监，都需要培养自己的 backup（类似管理储备），可以将培养 backup 作为各级管理者的考核指标。
- 建立客户成功职级体系，建设人才梯队。管理储备的培养不是一日之功，需要在日常的工作中做好人才梯队的建设，所谓"养兵千日用兵一时"，就是这个道理。

3）资源（人力，财力）允许

客户成功是一个长期的资源投入，费时费力费钱，一定要充分考虑企业当前的资源情况，再做最终的决策，是否扩大客户成功团队。

在 SaaS 生意没有完全自负盈亏之前，需要充分利用好每一笔资金。

8.2　如何从 0 到 1 组建客户成功团队

本节所阐述的从 0 到 1 组建客户成功团队，不代表原来的客户成功团队一个成员都没有，而是原来的客户成功团队不像"客户成功"，需要从 0 到 1 搭建客户成功体系。

那么作为客户成功负责人，如何从 0 搭建客户成功体系，制定阶段性客户成功策略并推动落地？

这需要客户成功负责人想清楚当前阶段客户成功的目标，通过与 CEO 或者业务一号位的多次深入沟通，明确阶段性目标，充分赢得公司高层的支持，为后期的资源投入及落地工作打下良好的基础。

还需要制订详细的作战计划，完成客户成功体系的顶层设计工作，通过作战方针，有序开展客户成功工作。

本节将通过实战经历详细讲解从 0 到 1 的客户成功落地计划及其中可能遇到的问题。

8.2.1 明确客户成功的阶段性目标

1.决定落地客户成功战略前需要搞清楚的两个问题

作为客户成功负责人，在加入一家 SaaS 公司之前或者转岗负责客户成功团队之前，至少需要搞清楚以下两个问题。

1）现阶段是否需要客户成功团队

8.1 节详细阐述了客户成功团队组建的一些前置条件，并不是所有 SaaS 企业都需要客户成功团队，也并不是 SaaS 产品的所有阶段都需要客户成功团队。如果忽略了这些前置条件，而盲目地开始引入客户成功负责人，组建客户成功团队，只会消耗大家对于"客户成功战略"的耐心和信心。

通过对这个问题答案的思考，也可以判断出这家 SaaS 公司的 CEO 或者业务一号位，是否真正了解客户成功的价值，以及其对于客户成功领域的学习情况。是否真正了解客户成功的价值，是企业 CEO 或业务一号位必须想清楚的问题，如果期望客户成功负责人来了以后自己证明自己的价值，客户成功团队的发展方向大概率会变来变去，而客户成功战略的落地也很可能会成为一个"伪命题"。

对于客户成功领域的学习情况，可以判断你的直属上级的学习能力和开放心态。通常来讲，SaaS 公司的 CEO 或业务一号位大多数为产品或者销售出身，对于客户成功所在的服务领域的了解比较少，如果其对于客户成功领域有一定的了解，那么至少说明你的直属上级具备较强的学习能力，同时对于新鲜事物保持较开放的心态。

2）期望客户成功团队解决什么问题或者带来什么效果

这是一个更加实际的点，这个问题的答案越具体，说明 SaaS 公司对于客户成功的思考越深入、越务实。

如果你得到的答案比较模糊或者比较宽泛，例如为了推广和落地客户成功文化，实现全员践行客户成功理念，或者是为了提高续约率或 NDR（Net Dollar Retention Rate，收入净留存率），但目前却没有续约率及 NDR 的计算方式，那么就要慎重考虑入职后是否能够顺利落地了，因为这种空泛的答案背后有两个原因：

- 一是没有真正了解客户成功的基本知识。
- 二是没有想清楚自己是否真正需要客户成功团队，只是盲目跟风去落地客户成功战略。

而无论哪种原因，对于客户成功团队的组建都非常不利。

如果你得到的答案很精确，但是时间很紧凑，也需要谨慎考虑，比如期望在半年内甚至更短时间内实现续约率等结果指标的增长。因为客户成功是一个长周期的工作，客户成功团队的结果指标（续约率、续费率等）至少需要半年甚至一年才能得到体现，所以想要在更短的时间内拿到增长结果，是不太现实的。

2.组建客户成功团队前需要搞清楚的两个问题

前面两个问题有了较为准确的答案后，就需要考虑客户成功团队组建等更具体的问题了，同样至少需要做好以下两件事情。

1）盘点当前资源及后期资源支持情况

接手客户成功团队组建任务后，需要对企业当前的资源情况及后期能够给出的资源支持做一个大致的盘点，包括下面三个方面。

（1）客户成功认知程度。需要盘点核心团队对于客户成功理念及战略的了解程度。各部门负责人此前是否了解过客户成功，是否看过相关文章或者学习过相关课程，尤其是销售团队和产品团队，这两个团队和客户成功团队协作非常密切，需要充分了解这两个团队负责人对于客户成功的认知以及其对于新团队组建的期望。

如果核心团队成员对于客户成功理念有一定的了解，并且对于客户成功有较为具体的期望，那么后期在推广客户成功文化和组建客户成功团队过程中，会更加顺利，至少不会经常挑战做客户成功的必要性。

（2）客户成功人才储备情况。还需要了解此前是否有其他部门成员做过客户成功相关的工作，以此了解客户成功团队储备人才的情况。

比如产品团队是否设计过北极星指标，客服团队和实施团队是否尝试做过主动服务及运营的工作，市场团队是否设计过最佳实践案例。

做过相关工作的成员对于客户成功并不陌生，且对于产品及内部流程非常熟悉，能够大大降低客户成功工作的上手成本，可以作为后期客户成功经理的人选之一。

因为招聘全新的客户成功经理难度是非常大的，外部的人才需要较长时间才能够完全掌握产品知识和内部流程，新组建的客户成功团队最好的搭配方式是，一半是内部转岗的员工，一半是外部招聘的员工。

这样客户成功团队既有对于产品及内部非常熟悉的人，也有客户成功开展经验非常丰富的人，两者能够互补结合，能够加快客户成功工作的开展。

（3）客户成功后期资源支持。客户成功负责人需要了解情况，公司后期能够给到的资源支持情况，比如客户成功团队的 HC 数量（Head Count，人员编制）、客户成功经理的薪酬预算及薪资结构、是否有相关培训资源（产品培训）、是否有单独的活动预算等。

但是这些资源支持也不是一步到位的，大多数情况下，企业对于新团队的资源投入会较为谨慎，会根据实际效果逐步调整资源投入，如果短期能够看到明显效果，则会增加资源投入。当然也不排除部分"不差钱"或者想得非常清楚的企业，能够提供非常充沛的资源支持。

2）进一步明确阶段性量化目标

了解清楚了资源情况后，需要制定短期的工作目标，并根据目标来制定短期作战计划，确认资源计划投入。

这个目标尽可能量化，如果你的直接上级已经有明确的量化目标，那么你需要评估目标的落地难度，确保这个目标是一个够得着的目标；如果你的直接上级没有明确的量化目标，只有一个大致的方向，或者没有很具体的方向，那么你需要提供客户成功发展方向及短期目标，尽可能形成书面文档，并和直接上级充分沟通，达成一致。

这个目标不宜过长，季度目标最好，最多半年度。目标形式采取OKR的方式最佳，因为从0到1的阶段很难有实质性的结果产出，更多是搭建团队、完善管理及运营框架，且前期存在诸多不可预见性，通过OKR的方式，能够确保目标难度，同时又不需要顾虑太多绩效结果，能够放开手脚。

如果团队没有采用OKR的考核方式也没关系，除了KPI本身，自己也可以制定一个OKR的目标来和你的上级做目标对齐。

8.2.2 制订90天客户成功作战计划

和直接上级明确了短期目标之后，就可以准备制订客户成功作战计划了，并根据工作推进情况，不断矫正OKR目标，因为刚接手业务，对于业务情况了解不一定充分，制订的目标不一定准确。

客户成功作战计划建议以一个季度，即90天为周期，太长了大多数公司都等不起，招你进来就是为了快速拿到结果的，如果短期看不到结果或者拿到结果的趋势，客户成功作战计划落地难度就比较大了。

具体包括问题诊断、顶层设计、团队组建及文化推广4个阶段，如图8-2所示。

客户成功建设90天作战计划														
板块	目标	协同方	W1	W2	W3	W4	W5	W6	W7	W8	W9	W10	W11	W12
问题诊断	全面诊断当前业务和团队存在的问题	HR&销售	观察、访谈											
顶层设计	设计初步的客户成功指标体系、客户生命阶段及服务体验标准	产品&运营&销售					方案讨论、设计								
团队组建	制定团队薪资体系、考核标准、能力模型及日常工作规范	HR&直接上级								方案讨论、设计					
文化推广	推广和普及客户成功文化	HR&直接上级	持续推进												

图8-2 客户成功建设90天作战计划

其中，问题诊断是后面几部分工作的基础，根据问题诊断结果来有序开展后续工作，顶层设计和团队组建需要根据实际情况来决定开展顺序，如果是全部新招人，需要确定顶层设计的框架后再启动招人，先有大致的方向及框架，再根据当前业务重点去匹配合适的人才，避免前期顶层设计反复修改导致人才不稳定。

如果有内部转岗的团队，而不是全部新招人，则顶层设计和团队组建可以并行开展，因为原有团队对于公司产品及业务较熟悉，可以在开展日常工作的同时，为顶层设计贡献一部分智慧，让早期成员参与到部门建设中来，以便更好地落地。

下面详细展开讲这几个板块工作的内容。

1.问题诊断

调查能力是管理者的基本功，需要深入业务和团队去做调查，了解实际存在的问题，对症下药、解决问题。

笔者的建议是多观察、多访谈，先尽可能全面地了解问题及问题形成的原因，并详细记录下来，不要着急给"处方"。任何问题的形成都是有原因的，而且这些表面上的问题，你能看到，别人大概率也能看到，不要一上来就给下结论、做动作，要先调查清楚主要问题，有些无关痛痒的问题可以先放一放。

观察的方式有多种，如旁听业务会议、了解过往项目及数据、历史业务相关纪要及文档等；访谈就比较考验技巧，正式的、非正式的都需要，需要做一对一的沟通。

通过观察和访谈得到信息以后，可以按照目标、方法、组织及外部等板块将问题分类，并设定问题优先级，为后续作战计划的开展提供参考。我们以 XX 公司为例，来具体看一下诊断内容。

XX 公司客户成功团队为新组建的一个团队，客户成功团队成员均由原来的客服和实施团队转岗过来，业务一号位待了一段时间，并和团队成员制定了相关的目标体系及流程。新的客户成功负责人接手客户成功团队后，针对客户成功团队做了 次全面的问题调研及诊断，发现当前团队存在如表 8-1 所示的问题。

表 8-1 XX 公司客户成功问题诊断表

板块	工作	问题	优先级
目标	北极星指标	1. 续费关联性低 2. 未反映不同品类客户需求 3. 可改善性不高 4. 季度指标未能很好反映客户近期使用情况	p0
	绩效指标	1. 结果反馈周期太长，未能反映客户近期使用情况 2. 公平性欠缺，不同品类、签约渠道客户交付及活跃难度差异大	p0

续表

板块	工作	问题	优先级
方法	交付	1. 未持续交付价值,初次交付完成后续流失较多 2. 缺少交付最佳实践的沉淀和复制,sop 较难提炼 3. 未针对不同品类、客户规模做差异化交付,交付差距大	p1
	服务	1. 微信群内被动服务覆盖及响应率待提升 2. 交付完后缺少主动服务 3. 大客户的客情维护动作较少	p1
	运营	营销方案运营过于依赖运营团队能力	p3
	工具	1. 服务过程管理工具缺乏 2. 服务效率工具有待完善	p3
组织	团队建设	1. 组长认知能力、推进能力有待提升,缺少方法论和章法 2. 人才梯队缺乏建设,明星员工较少	p2
	团队文化	1. 服务文化及荣誉体系有待加强 2. 组与组、人与人之间竞争氛围不够	p3
	激励体系	1. 激励公平性有待提升(同上述目标) 2. 激励反馈周期太短,及时激励太少 3. 续费指标和续费签约人分离	p2
	跨部门	1. 和销售团队配合不够,缺少常规的反馈沟通机制	p3
外部	产品	1. 产品定位明确,但某些功能补齐需要时间较漫长 2. 产品易用性有待提升,服务团队做了很多兜底工作	-
	销售	不同签约来源的客户水平差距较大	-

从诊断表可知,该公司客户成功团队目前各个方面都存在问题,从优先级来看,最严重的为目标层面的问题,目标体系和商业结果(续费等)存在偏离,如果不做矫正而动手去解决方法及组织问题,那么在偏离商业结果的目标导向下,会越走越偏。

所以当前团队最关键的工作是做目标矫正,目标确定清楚后,再陆续开展其他工作。

2.顶层设计

客户成功的顶层设计完全基于客户成功方程式来开展,具体包括三部分:北极星指标、客户生命周期管理及主被动服务运营体系,笔者称之为"客户成功三板斧",如图 8-3 所示。

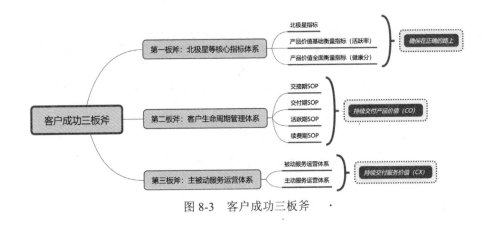

图 8-3　客户成功三板斧

1）第一板斧：北极星等核心指标体系

北极星指标是客户成功的起点，是客户成功体系中最重要的指标，没有之一。

4.1 节讲过，北极星指标是 SaaS 的"指南针"，它能确保我们始终走在正确的路上。

既然要制订作战计划，要开始"打仗"，那么往哪打总得清楚吧，不然东打一枪、西打一枪，是无法带领团队打胜仗的。

因此，正确且可指导工作的目标就是我们最先要去明确的，**北极星指标为客户成功方程式中的客户成果提供了衡量标准**，而活跃率及健康分则进一步量化了客户方程式，使其能够落地到日常的绩效考核中，此为第一板斧。

2）第二板斧：客户生命周期管理

5.1.1 节讲过，SaaS 企业为了尽可能延长客户留存的时间，拉长客户生命周期，来获得更多的价值（续约、增购、转介绍等），就需要做一些主动干预的工作，根据客户不同阶段的特征做精细化的管理，此称为客户生命周期管理（Customer Life Cycle Management，CLCM）。

如果说北极星等核心指标体系是作战目标，那么客户生命周期管理就是作战地图和路径，这个以客户需求为中心、以"客户旅程"为节点来设计的管理体系，是践行"持续交付服务和产品价值"理念的保障。

客户生命周期管理也是通往客户成功的必经之路，**客户生命周期管理为客户成功方程式中的客户成果提供了达成路径，此为第二板斧。**

3）第三板斧：主被动服务运营体系

1.2 节详细讲解了客户成功方程式，客户成功＝客户成果（80%）＋客户体验（20%），其中良好的客户体验（客户体验健康分）是重要的组成部分。如果说客户成果是 1，那么客户体验就是后面的 0，良好的客户体验是客户成功的放大器，即客户成果的放大器。

而良好的客户体验既需要客户成功理念来驱动，更需要精细设计的服务体系来保障，这个保障就是主被动服务运营体系。

恰当的主被动服务，既能够保障客户基础服务，又能够通过主动服务和服务细节给予客户良好的体验，助力客户成功方程式目标的实现，此为第三板斧。

"客户成功三板斧"为客户成功作战提供了方法性的指导，这部分工作需要联合产品团队、运营团队、销售团队来深入讨论落地，尤其是北极星指标，一定要企业一号位或业务一号位深度参与，这个指标不仅是客户成功团队的指标，也是产品的北极星指标。

"客户成功三板斧"亦是本书的重点内容，在 4～6 章有详细的讲解。

3.团队组建

客户成功团队的组建工作可以和客户成功顶层设计工作并行开展，不一定要等顶层设计的所有内容全部完成再进行。顶层设计中的北极星指标及被动服务标准确定后，就可以开展团队组建工作，客户生命周期管理及主动服务运营体系可以随着团队的组建和业务的发展逐步完善。

团队的组建主要涉及两部分工作，一是明确客户成功经理能力模型；二是明确客户成功经理招聘画像并准确识别候选人能力是否符合。

1）明确客户成功经理能力模型

从客户成功经理的职责及工作内容来看，笔者将客户成功经理能力细分为五个维度，分别为：产品力、服务力、销售力、运营力及协同力，如图 8-4 所示。

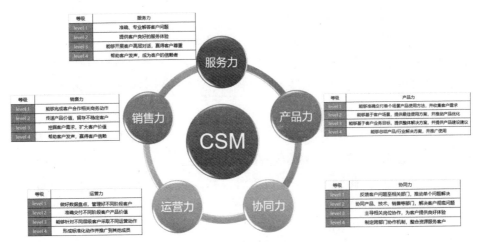

图 8-4　客户成功经理"五力"能力模型

（1）服务力。

服务力指的是客户成功经理给客户提供良好体验的能力，这是客户成功经理需要掌握的基本能力之一，也是客服岗位的核心能力。

不少客服转岗客户成功经理，其核心优势在于服务力，能够急客户所急、快速响应、耐心解答、情绪稳定。

优秀的客户成功经理往往具有较好的"共情能力"，能够设身处地理解客户目前所面临的问题紧迫程度及当前的情绪，通过帮助客户持续发声，推动问题解决，赢得客户信赖。

具体来看，服务力可以分为以下 4 个等级，等级越高，能力越突出，如表 8-2 所示。

表 8-2　服务力能力等级

等级	服务力
1	准确、专业解答客户问题
2	给客户提供良好的服务体验
3	能够开展客户高层对话，赢得客户尊重
4	帮助客户发声，成为客户的信赖者

（2）产品力。

产品力是指客户成功经理在产品侧对客户需求的解决能力，包括结合客户业务场景的产品解决方案输出能力，以及推动产品迭代满足目标客户需求的能力。产品力是客户成功经理必备的能力之一。

这一能力的掌握既需要充分了解自身产品的底层逻辑和功能，还需要对于客户所在行业及场景有充分的了解，这样才能够输出最佳的解决方案，这也是客户成功经理和客服的区别。

客服只需要根据单个场景给出正确且合适的答案，客户成功经理需要给出整体的最佳实践建议，比如客户咨询某个功能如何操作时，客服可能给出的是该功能的操作方法；而客户成功经理需要做的是了解客户问题背后的业务场景，并基于客户场景及目的，给出最佳解决方案。有可能客户问题的最佳解决方案并不是通过这个功能来实现，而是通过另外一个功能来实现，如果对客户业务及场景没有足够了解，给出的方案就不是最佳方案，甚至可能是一个错误的方案，这会很大程度影响客户的业务成果。

同样从产品力的能力掌握程度，我们可以分为以下 4 个等级，如表 8-3 所示。

表 8-3　产品力能力等级

等级	产品力
1	能够准确交付单个场景产品使用方法，并收集客户需求
2	能够基于客户场景，提供最佳使用方案，并推动产品优化
3	能够基于客户业务目标，提供整体解决方案，并提供产品建设建议
4	能够总结产品 / 行业解决方案，并推广使用

（3）销售力。

销售力是指客户成功经理的销售能力，具体工作体现在续费、增购、转介绍等方面。

销售力也是客户成功经理必备的能力之一，即使客户成功经理不用直接负责续费，也需要掌握一定的销售能力和销售意识，这能够协同做好续费工作，并挖掘更多的增购及转介绍，提升客户价值贡献。

销售力一直是客户成功经理较为薄弱的能力，尤其是面向大客户的销售能力，不少公司之所以选择让销售团队来负责续费，也是因为客户成功团队的销售能力过于薄弱，做不好续费"临门一脚"的工作。

销售能力薄弱的原因和客户成功岗位性质有关，客户成功工作更多的是"细水长流"，需要静下心来才能把工作做好，更注重过程；而销售工作需要较强的"狼性"，非常注重结果。让一个需要"静心工作"的岗位去做非常"狼性"的工作,似乎是一件不合理且不容易的事情。

笔者的观点是,客户成功经理必须掌握一定的销售能力,客户成功管理者对于客户成功经理在销售能力上的提升,需要抱着"必胜"的决心。人不是天生就具备某项技能的,当必须掌握、没有退路时,基本上就被"逼"出来了。有的时候遮遮掩掩、含含糊糊地,反而不如直截了当来得痛快些,明确告诉大家需要掌握的销售能力,这样大家就无路可退了。

而且对于绝大多数 SaaS 公司而言,如果客户成功经理不做续费,而让提成较高的销售团队去做续费,盈利就更加困难了。所以不管是从个人层面还是公司层面,客户成功经理都必须想办法提升销售力,具体来看可以分为 4 个能力等级,如表 8-4 所示。

表 8-4　销售力能力等级

等级	销售力
1	能够完成客户合作相关商务动作
2	传递产品价值,留存不稳定客户
3	挖掘客户需求,扩大客户价值
4	帮助客户发声,赢得客户信赖

(4)运营力。

运营力是指客户管理及运营能力,包括客户分层、阶段管理及数据分析等能力。

运营能力是客户成功经理的加分项,尤其是当你需要管理较多客户时(如负责 SMB 客户),良好的运营能力能够提升效率,并提升不同阶段、不同层级客户的交付能力。

运营能力同样是客户成功经理晋升为管理者或客户运营岗位的重要能力维度,运营力,简单来讲就是"1 对多"的能力,通过流程、标准及运营机制来实现业务目标,具体可以分为以下几个等级,如表 8-5 所示。

表 8-5　运营力能力等级

等级	运营力
1	做好数据盘点,管理好不同阶段的客户
2	准确交付不同阶段客户的产品价值
3	能够针对不同层级客户采取不同运营动作
4	形成标准化动作并推广到其他成员

对客户成功经理来说，**运营能力的基础是做好自己客户的数据盘点工作**，自己所管理的客户中，北极星指标、活跃率/健康度、续约率、续费率、增购、转介绍等数据目标完成情况如何，处在交接、交付、成长、续费等不同阶段的客户应该侧重做什么工作来交付产品价值或者获得价值回报，这些是基本功。

而根据不同层级的客户采取不同的运营动作，并形成标准化流程就是较为具体的工作了，比如处于交付期内的客户，由于客户对于产品不熟悉，想要帮助客户快速获得产品价值，就需要保证每周和客户有效沟通，推动客户尽快完成产品上线。

处于成长期内的客户，对于产品比较熟悉，只需要保证"脸熟"，并给客户传递新的产品价值，就可以采取定期回访（2～3个月一次）+定期产品更新/客户案例/行业资讯推送的方式。

（5）协同力。

协同力是指资源整合的能力，客户成功经理需要基于客户的需求去协调相关资源，解决客户问题。原因在于很多问题不是客户成功经理一个人能够解决的，需要销售、产品、研发、市场等多个部门来协作解决。

比如，假设客户有一场大型的直播活动，需要客户成功经理做线上保障，这时客户成功经理需要协调产品和研发的资源来做线上保障，如果有相关协作机制还好，如果没有相关机制，就需要较强的沟通及协调能力。而且这种情况往往是动态的，很难通过一个固定的协作机制来解决，需要客户成功经理灵活地根据客户需求来调动资源，因此对于客户成功经理的跨部门合作等协同能力要求较高。

优秀的客户成功经理能够在团队中具有较高影响力，并以客户成功为中心去调度资源和协作，主导问题解决，具体能力等级如表8-6所示。

表8-6　协同力能力等级

等级	协同力
1	反馈客户问题至相关部门，推动单个问题解决
2	协同产品、技术、销售等部门，彻底解决客户问题
3	主导相关岗位协作，为客户提供良好体验
4	制定跨部门协作机制，整合资源服务客户

当然协同能力的提升也取决于公司整体客户成功文化的推广及践行，这是

后面要讲的第 4 点"文化推广"。

2）明确客户成功经理招聘画像

关于客户成功经理的招聘，笔者所接触到的信息是，几乎所有的客户成功负责人都在反馈"人太难招了！"尤其是垂直行业的 SaaS，友商的人才相互看不上，其他行业的人才经验又不匹配。

那么究竟怎么样才能招到合适的人呢？笔者的经验是，降低招聘门槛，尤其是对于经验需求的门槛，原因如下：

- 市面上客户成功经理人才真的很少。SaaS 在国内真正发展起来也就是从 2015 年开始的，至今也不过 7 ～ 8 年时间，而且大部分 SaaS 厂商都是原来做 ERP 软件或者传统 IT 厂商转型来的。客户成功这个岗位真正进入大众的视野，也就是近一两年的时间，所以可想而知，正儿八经有客户成功经验的人，少之又少！
- 经验对口的人才更少。通用行业的 SaaS 毕竟是少数，绝大部分 SaaS 还是垂直行业的，那么对口的人才就更少了。
- 客户成功经理是可以培养出来的。客户成功经理不是一个全新岗位，只是工作维度比实施和客服岗位多了一些运营和销售的要求：比运营岗位多了一些对客的要求，比销售岗位多了一些服务和运营的要求，这些技能树是可以被点亮的，不必在招聘时就要求全部具备。

所以，笔者的建议是，对于大部分中小 SaaS 厂商，尤其是做垂直行业的 SaaS，适当降低对于经验的要求，多注重人才的底层能力和综合素质。

从底层能力排序来看，笔者认为，**靠谱＞逻辑能力＞沟通能力＞同理心**，**行业经验是加分项**，分析如下：

- 所有的能力及品质中，靠谱第一重要，靠谱就是守时、守信，凡事有交代、件件有着落、事事有回音，靠谱决定了工作的执行力，也影响团队整体的执行力。如果一个候选人面试迟到、临近面试改约、追问工作细节时一带而过、夸夸其谈工作成绩而不谈遇到的问题及挑战，这些都是不靠谱的表现，不靠谱的人招进来，大家都会很痛苦。
- 其次是逻辑能力，笔者把这项能力排这么靠前，是因为根据它基本能判断候选人后期的学习力和产品力。大部分 SaaS 产品的逻辑性还是比较强的，产品的底层逻辑、工作流程都是非常严谨的，如果逻辑能力很差，那么理解和学习起来会很费劲，跟客户沟通的时候也比较难让人理解。

- 再次是沟通能力和同理心，沟通表达能力没问题，基本能够保障兜底的服务这一块了，而同理心较为难得，能够具有同理心的人，能够从对方的角度思考问题，更能够体谅客户及同事的难处。
- 最后是行业背景，尤其是甲方背景，这是加分项，团队中也需要有意识地去引入这些人，一是能够增加团队对于用户实际场景的理解，二是后期有可能去做一些轻咨询的事情。

4.文化推广

认知决定行为，毫不夸张地讲，客户成功文化的推广是客户成功负责人90天作战计划是否能成功的关键。

无论是客户成功顶层设计体系的落地，还是客户成功团队的搭建，都需要调动整个公司的资源，这需要高管团队（CEO或业务一号位）的支持，也需要其他兄弟部门支持，而支持的前提是认可这个事情。

文化是一个很虚的东西，但推广起来需要务实，文化差异的一个重要原因在于信息获取程度的差异，也就是对于客户成功相关知识的了解程度差异。

所以做客户成功文化推广，重点需要做的是普及客户成功相关知识。推广的具体形式包括培训分享、会议宣导及日常沟通，并在影响对象上适当做一些区分。

- 针对兄弟部门及自己所在的部门，需要利用好较为正式的场合去做推广：
  - ➢ 一是通过整块的培训分享，给相关人员做客户成功相关理念、经济价值及当前存在的问题的分享，让大家意识到客户成功的价值及当前存在的问题。
  - ➢ 二是在重要会议上做适当宣导，在讲具体工作的时候，顺带提到目前在文化上存在的问题及客户成功相关指标提升后所能带来的经济价值，让大家对于客户成功的顶层设计有更多的了解。
- 针对直接上级和公司高层，需要利用好日常的沟通，比如一对一的沟通谈话，尽量聚焦目标和规划来沟通，不要大谈特谈文化、价值观这些东西，具体的事情及问题达成一致后，文化和价值观也就没问题了。

- 针对所有同事，可以进行群内日常的文章及课程分享，通过分享业内专业文章、数据或课程，让大家尽量多了解客户成功相关知识。

总之，当团队所掌握的知识及信息到一致水平时，认知基本也就同频了。

8.3 如何从 1 到 10 发展客户成功团队

所谓"从 0 到 1""从 1 到 10"这些数字的变化及发展，并不是客户成功团队人数的体现，而是其团队贡献价值的体现。如果说从 0 到 1 这个阶段所贡献的价值是持续交付产品及服务价值，并拿到对应的价值回报，那么从 1 到 10 这个阶段贡献的价值就是，用更加高效的方式来实现数量级的价值回报增长。

从 1 到 10 阶段既需要明确的业务目标策略，又需要投入更多资源来加强基础设施建设，打造一个流程化、产品化的客户成功体系。

8.3.1 客户成功团队的发展需要服务于经营增长

8.1 节提到过扩大客户成功团队的目的及必要条件，其中扩大客户成功团队的目的是需要花时间想清楚的，也是从 1 到 10 发展客户成功团队的前置条件。客户成功团队从 1 到 10 发展，往往意味着 SaaS 企业投入更多的资源，如需要引进更资深的人，需要建设本地服务团队或者增加更多岗位，需要投入产研资源来完善客户成功管理系统等。

但实际的情况是，不少 SaaS 企业对于客户成功团队的资源投入情况并不清楚：

- 客户成功负责人说"忙不过来，需要加人"，人力资源部就根据需求来增加 HC，但增加的人员的标准是什么并未能够达成共识，也不清楚加人是否能够带来对应的业绩增长。
- 客户成功团队反馈说"需要投入产研资源来完善内部系统"，或者"需要从外部采购一套客户管理系统"，产研负责人或财务负责人由于缺乏对客户成功体系的了解，没法准确评估是否应该增加这部分投入，结果就是双方为这个问题来回拉扯沟通，错过了资源投入的最佳时期。

而导致这些问题的原因通常有两点，一是客户成功负责人被动陷于日常的琐事，未主动思考当前阶段的经营目标，二是人事、财务、产品研发等负责人对于客户成功的了解太少，缺少判断资源投入与否的知识储备。

因此对于客户成功负责人来说，"百忙之中下一步闲棋"也很重要，需要花时间思考当前业务阶段的经营目标，并通过阶段性经营目标的解读，去影响其他成员做出正确的决策。

具体来看，从 1 到 10 发展客户成功团队这个阶段，通常会涉及以下几个目标选择。

1.续约率VS续费率

这个阶段是继续主抓数量续约率的提升，还是努力提升金额续费率，或者是面对不同层级的客户采取不同的策略，需要有清晰的思考结论。

1）首先要判断续约率和续费率本身的提升空间

（1）续约率的提升空间。客户成功负责人需要对续约率的提升空间有一个大致的判断：当前产品及客群下，续约率的天花板是多少，当前续约率还有多少提升空间。续约率天花板的判断可以参考以下几个因素：

- 流失报告分析：通过每个月或季度的流失报告分析，判断流失原因中哪些是通过自身的努力能够改善的，比如产品原因、服务原因、价格原因等；哪些是自己没办法改善的，比如客户经营不善。如果把这些能够改善的因素都改善，就可以推算出理论上可以达到的续约率天花板是多少。
- 细分行业 / 地区 / 人员分析：在当前大盘续约率下，不同细分行业或地区最高的续约率是多少；所有团队中，做得最好的人的续约率是多少，既然团队中有人能够做到，那么理论上其他人也有可能做到这个值。
- 同行业参考：通过同行业或者同类产品的续约率，了解续约率的天花板。

通过以上因素，我们大致能够判断当前产品及客群下，续约率还有多少提升空间，如果提升的空间较大，那么聚焦精力去做续约率的提升是一个可取的策略。

（2）续费率的提升空间。续费率的提升空间比续约率更难判断，通常影响续费率的因素如下：

- 续约率：续约率和续费率呈正相关关系，续约率越高，留存的客户金额也就越高，续费率自然就越高。

- **产品拓展增购现状**：产品的拓展增购是影响续约率的主要因素之一，通过了解目前增值产品数量、商机挖掘情况及签约金额，可以大致判断目前增值产品的潜力。其中增值产品数量是比较容易忽略的一个点，如果增值产品很少，客户成功经理能够做增购的点就比较有限，这也是为什么笔者建议产品部门也要背续费率。

- **客户需求满足情况**：无论是原有产品的扩增（如账号数），还是其他产品的增购，都是基于客户需求的增加的。

  - 纵向来看，可以看客户业务链条上下游需求的完成情况，比如教培行业的课前－课中－课后，以及市场主导的获客－教务主导的课消－财务主导的核算，电商行业的产品供应（选型）－营销获客－仓储发货－客户管理。

  - 横向来看，可以看客户某个链条需求的覆盖面，比如教培行业需要做课消，那么除了提供排课及上课提醒等工具，在家校服务等方面客户存在哪些需求，这些需求如果满足是否能够促进课消；如果可以，客户是否愿意为此功能单独付费或者升级更高版本。通过客户需求满足情况，可以判断增值产品的机会，也是提升续费率及 NDR 的潜力。

2）其次要结合公司整体的阶段性经营目标

如果公司当前的经营目标是提升数量续约率，来提升总体留存的客户数，那么就聚焦续约率来做更多的客户成功资源投入，绩效考核、奖金激励、产品资源、人才画像等都往这个方向靠拢。

如果公司当前的经营目标是提升金额续费率，公司面临较大的收入或利润压力，需要创造更多的现金收入来提升整体人效，那么就聚集续费率，客户成功团队除了做续费，还要专注于增购商机的挖掘及增值产品的销售。

总之客户成功团队的增长目标，不能脱离于公司的阶段性经营目标，没有永远合理和正确的目标，只有当下需要的目标。

2.产出增长VS人效提升

产出的提升和人效的提升非常考验客户成功负责人体系化建设的能力，在从 1 到 10 这个阶段，客户成功负责人在这个问题上面临着巨大的考验。

因为大多数 SaaS 公司 CEO 不做选择题，而且对于大多数不像大厂资金那么宽裕的 SaaS 公司而言，也很难去做选择题，因此，笔者认为客户成功团队的**人效提升在任何阶段都应该摆在较高的优先级**。

在客户成功团队从 1 到 10 这个阶段，需要更高的增长，而且需要以较高效率的方式去完成。能产品化的尽量产品化，减少对人的依赖；能流程化的尽量流程化，减少对人员能力的要求。

人效提升上来，人均收入水平也有更高的天花板，人员成长空间更大，反向促进团队战斗力的提升，带动业绩增长，形成正向循环。

3.聚焦自身VS反哺产品和销售团队

客户成功团队有一部分很重要的价值是反哺产品和销售团队，客户成功发展到中后期，如果客户成功团队直接的增长指标已经到瓶颈了，可以将更多精力来做反哺的工作。

（1）客户成功团队可以反哺产品团队。客户成功团队每天都在接触客户，更了解客户的真实想法及需求，如果客户成功经理能够掌握一定的产品运营的能力，收集客户的需求，并做甄别判断，结合当前产品价值，给产品部门在短期需求迭代及中长期规划上贡献建设性的意见，能够促进产品价值的提升，从而反向促进新签及续费业绩的增长。

（2）客户成功团队可以反哺销售团队，包括转介绍及销售能力提升。

最直接的是转介绍，销售团队的新客获取成本是非常高的，如果客户成功团队能够获取更多的转介绍线索，提升新签业绩中转介绍的占比，就能够大大降低获客成本，并提升业绩的稳定性。客户成功团队如果能够将客情维护好，帮助客户解决问题，会比销售团队有更多的触点去要转介绍，再通过一定的转介绍激励机制，就非常有可能带来更多的线索。

其次是销售能力的提升，客户成功通过最佳实践案例的打造、行业解决方案的输出，能够帮助销售新员工快速掌握产品的价值及客户需求场景，能够帮助销售团队提升高价值客户的服务能力，提升整体客单价。

要做到这一点并不容易，如果客户成功经理不具备相关能力，可以考虑通过建设运营专家团队来加速实现，再通过内部培养及带教的方式培养出一批资深的客户成功经理来完成上述要求。

上述这几个目标需要结合公司整体业务规划去做选择，目标不宜过多，确定 1～2 个主攻方向，集中资源和精力服务于这 1～2 个目标。

关于阶段性目标的选择，笔者在实践过程中发现经常会犯的一个错误就是，目标追求大而全，这个也重要，那个也重要，都舍不得放弃，但实际的情况是，在有效的时间及资源下，4～5 个目标都抓，反而都完成得不太好。不如集中去抓 1～2 个目标，其他的目标降低权重，反而会获得意想不到的效果，而且实践来看，在半年或者一年时间内，如果 1～2 个核心指标能有数量级的提升，就非常不错了。

8.3.2 客户成功团队的发展需要体系化的能力

在从 1 到 10 这个阶段，如果还是依赖于"人治"，例如各项能力的掌握依赖于老员工、"客户成功三板斧"相关的流程依赖于团队的自驱力或者管理上的督促，那么客户体量越大、团队人员越多，整体运营的效率就越低，整个客户成功团队也会变得非常臃肿，新的策略和方向尝试及落地难度巨大。

因此笔者认为，在从 1 到 10 这个阶段，明确客户成功阶段性增长目标后，需要以体系化的能力去促进目标的达成。

体系化能力在团队人员上的核心体现就是，降低对一线人才的综合能力要求，提升对一线人才的执行力要求，提升对策略部门的综合能力要求，具体路径包括运营的精细化、方法的标准化、产品化以及中台的打造。

1.运营的精细化

客户成功团队在从 0 到 1 阶段，北极星指标体系、主被动服务体系、客户生命周期管理、人员考核制度等基本框架都搭建好了，客户成功的各项指标也应该有较大幅度的提升，但如果还想继续提升，就需要做运营的精细化，提升各个环节的效率。

1）最基础的客户服务的精细化

服务精细化包括两个方面，一是品质服务覆盖率，二是服务体验。

（1）品质服务覆盖率是指，在所有服务渠道中，按照严格的服务标准来提供品质服务的占比。比如通常在 SaaS 服务体系中，在线客服、400 电话等服务过程由于服务渠道的特性，相对容易落地服务标准；但在以微信为主的 IM 服务渠道中，由于这类渠道的特性以及提供服务者的多样性（客服、客户成功经历、销售人员、产品经理等都可能提供 IM 服务），服务标准落地难度大。

后者这类渠道咨询量占比通常较大，因此，为进一步提升服务质量，需要将品质服务覆盖这类渠道。覆盖的方式有多种，最直接的是将客服引入服务群，负责群内被动答疑，同时增加对客户成功经理被动服务的考核，再通过一定的服务过程数据统计工具，保障这类渠道的服务品质。

（2）服务体验主要看服务细节，这个阶段建议不要过多关注客户满意度等指标了，这些指标从 95% 提升到 96%，也并不能完全说明服务品质有所提升。

在从 1 到 10 的阶段，笔者得出的教训是，服务体验已经比较难通过满意度、响应率等数字指标来反映了，服务管理者更多需要**关注服务的过程及细节**，通过一个个具体的案例及服务标杆来推动客户成功服务文化的普及，才有可能进一步提升服务体验。

因此这个阶段，建议更多关注客户投诉、服务沟通话术、一次性解决率（FCR，First Contact Resolution）、服务表扬等内容。

尤其是客户投诉和服务表扬，通过每个月的"客户之声"报告或例会，分析每一例客户投诉所反馈出来的问题，并推动问题的解决，提升服务细节体验，并重点分析服务表扬案例，放大做得好的点，通过服务标杆引领品质服务。

2）不同行业及层级客户的差异化

从行业来看，不同行业的需求场景、业务流程、使用习惯、审美，甚至综合素质都可能存在差异，即使是垂直行业型 SaaS，也会有细分的品类及客群。

如果能够根据不同行业的客户特征，提供更加匹配的产品及服务，那么客户用得就会更"爽"，有机会获得更多的产品价值，也有可能挖掘更多细分行业及客户的需求，获得更多的价值回报。

因此这个阶段，对于客户成功团队来说，一是要收集细分客群的**产品需求**，推动产品满足客户需求；二是要根据不同细分客群的特征，提供更加匹配的**服务**。

服务上，如果行业的差异性较大，且客户基数达到一定数量级的情况下，可以考虑根据行业来重设整套体系，包括组织架构及招聘体系、北极星指标、客户生命周期管理、主被动服务标准等。

如果行业的差异性不是很大，且客户基数未达到区分行业的基础，那么可以考虑在原有体系上做一定的行业化差异，比如设置不同行业的虚拟运营小组，通过虚拟运营小组来输出带有行业属性的客户生命周期管理 SOP、运营物料等内容，来赋能整个客户成功团队。

从客户层级来看（通常通过客户价值贡献来区分），不同规模的客户对于公司的价值贡献程度是不一样的，而且未来能够贡献的潜力也很可能存在差异。而且从客户需求来看，大客户对于服务品质及专业性的要求更高。

因此针对不同层级的客户，需要设计差异化的价值交付体系，设计的原则参考如下：

- 设计不同层级客户的运营目标（如中小客户主做续费率，中大客户主做增购）。
- 根据客户价值贡献大小（如 ARR）来分配服务资源，因为资源总是有限的。
- 根据不同层级客户特质设计不同的价值交付体系（人、流程）。

每个行业及产品的情况差异很大，关键是要明确分层的目的，并根据目的来匹配资源。

3）生命周期管理各个阶段 SOP 的细化

在从 0 到 1 阶段已经搭建了初步的生命周期管理 SOP，划分了几个大致的阶段并明确了关键动作；在从 1 到 10 阶段，需要进一步细化 SOP 的阶段、动作、话术等内容，提升各个环节的工作质量。

比如在客户交接期，进一步补充及完善客户交接后的第一通电话话术、客户高层拜访的流程及话术、项目启动会制度等内容，通过 SOP 串起客户对接的全流程，并不断更新迭代每个节点的员工最佳实践。

2.方法的标准化

标准化是精细化工作中会涉及的一部分，但侧重点不同。标准化是指业务流程、操作流程等需要按照一定标准来执行，即设立客户成功体系中各个板块的工作标准，包括但不限于绩效考核标准、客户服务标准、生命周期各个阶段的动作执行标准、内部产品需求对接标准。

标准化的意义有两点：

- 一是通过标准来保障稳定的产出。客户服务有了标准，对客服务水平就有一定的保障；客户培训有了标准，培训的质量就不会太差。标准能够保障工作产出的下限。
- 二是通过标准来降低执行难度。新人可以按照标准来"照葫芦画瓢"，快速掌握基本的对客能力及技巧，降低学习成本；老员工也可以按照团队内优秀员工总结出来的"最佳实践"来执行，提升工作产出；管理者可以通过管理并维护标准来提升团队人均产出，降低管理的难度。

3.产品化

产品化是指将业务流程中需要人工操作的部分通过工具来完成。比如客户回访任务的下发及统计，原来通过人工表格来完成，现在通过回访任务工单来完成；再比如将企业微信侧边栏和 CRM 系统打通，来降低两个系统同时操作的成本。

产品化不仅能够大大降低一线员工执行的难度，提升工作效率，也能降低管理成本，提升客户成功体系运转的效率，甚至能够通过产品化实现人工很难做到或者没法做到的工作。比如在产品中设计客户流失预警工单，当客户活跃层级发生严重下滑，或者有数据批量导出/清空操作时，系统自动触发流失预警，提醒客户成功经理去做干预。

然而对于大多数 SaaS 企业来说，产品化是不容易的一件事情，原因如下：

- 首先市面上缺少成熟的客户成功系统，客户的管理及运营严重依赖于内部自研系统。
- 其次 SaaS 企业产研资源会优先倾斜于商业化产品，能够给到客户成功团队的资源少之又少。
- 最后，即使产研资源能够给到位，也不一定能够做出"称手"的工具，因为这对于产品经理的要求较高。在内部产品的设计过程中，业务方往往会将自己加工过的需求提供给产品经理，而忽略甚至掩盖业务实际的需求，导致最终产品经理接到"伪需求"，而无法解决或者无法很好解决实际的业务问题。

但产品化又是从 1 到 10 这个阶段非常重要的工作，所以需要客户成功负责人在争取更多产研资源的同时，加强自身的产品思维及基础能力，能够剖析清楚业务问题及需求，并通过产品化的语言给产品经理更多的有效输入。

4.中台的打造

当客户成功团队（含客服、实施团队等，不单指客户成功经理）扩大到一定数量级（如100人左右），或者客户成功体系复杂度增加、对于客户成功团队的要求增加的时候，可以考虑设立服务中台来提高整体运营效率，如图8-5所示。

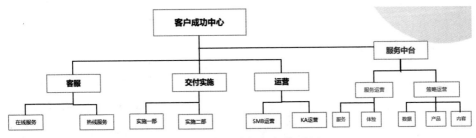

图8-5　服务中台组织架构示例

服务中台需要承担两个职责：一是输出整体运营策略，并设计配套的运营及管理制度；二是推动精细化、标准化及产品化，提升执行效率，降低执行要求。

当前国内的客户成功从业者数量及质量还没法完全满足 SaaS 企业日益增长的用人需求，而同时客户成功岗位所匹配的薪酬及发展空间又没法匹配优秀人才的需求及期望，这样就造成了求职者和雇主之间的错位，这个问题需要整个市场良性发展后才能得到很好解决。

因此，在客户成功经理没法做到既是服务专家，又是产品专家，还是运营专家的情况下，通过付出更高成本去招聘综合能力较强的服务中台岗位，来弥补这部分的短板，是一个相对容易落地的选择。

服务中台可以设计各板块工作标准及流程，来降低对客户成功经理的能力要求。比如针对客户案例的打造，服务中台可以设计客户案例框架，客户成功经理只需要按照要求填充内容即可，而不是自己独立地去设计一个案例。

由服务中台来统一对接产品经理，推动产品化，也是一个更高效的选择，能够弥补客户成功管理者在产品及运营能力上的不足。

8.4 本章小结

　　本章阐述了客户成功团队的组建条件、组建方法以及扩大客户成功团队等相关问题。

　　SaaS 企业不同阶段对于客户成功团队的需求不一样，需要根据业务目标来组建及扩大客户成功团队，切忌盲目组建和扩大客户成功团队。

　　而客户成功团队的组建需要先物色到合格的客户成功负责人，这个角色非常关键，客户成功是一个非常体系化的工作，如果一号位的能力不够出色，那么客户成功战略的落地也会受影响。

客户成功战略落地需要有持久耐心

客户成功战略的落地过程很琐碎，甚至有点枯燥，充满不确定性，因为影响客户续约和增购的因素非常之多，我们只有在抓住关键因子的同时，尽可能做好每一件相关的事情，减少不确定性，增加续约和增购的概率。

而且落地客户成功战略是一件长期的事情，因为今年做的事情，可能要明年才会有正向结果反馈，如果没法坚持长期主义，很可能就会半途而废。

做 SaaS 生意没有大招，客户成功的路上也没有大招，在客户成功价值观及顶层设计的指引下，一步一个脚印，一点一滴地积累，才有可能真正帮助客户成功，然后实现 SaaS 企业的成功。

9.1 客户成功认知的三种境界

从商业的本质来看，客户成功战略的落地是 SaaS 商业模式是否能成功的关键，只有坚定不移地落地客户成功战略，始终坚持以客户价值创造为中心，并设计对应的价值回报体系，才有可能获得老客户源源不断的利润贡献，真正实现"躺着"挣钱。

而对于客户成功不同层次的理解和认知，决定了我们在企业的不同阶段如何去定位和勾勒客户成功。

只有心中看到了云后面山顶的风景，才会知道如何坚定不移地一步一步爬上去。王国维老师讲过"人生三境界"，今天笔者尝试从 SaaS 增长的角度来解读一下"客户成功三境界"，这三种境界代表三种不同层次的认知。

1.境界一：客户成功是为SaaS挽回利润的

一般企业开始关注到客户成功是因为客户的严重流失，签 10 个丢 6 个，签 100 个丢 60 个，新签越多，流失越多。

早期的时候，由于客户基数不大，且新签基本处于扩张期，通过市场活动的扩大及销售团队的扩张，很容易就弥补上这个漏洞。

但当新签的增长开始放缓，或者市场增量开始放缓的时候，新签就会变得非常吃力，假设新签的客户数无法弥补流失的客户数，留存的客户数就会出现负增长。

如表 9-1 所示，假设这家 SaaS 公司过去每月平均新签 100 家客户，每月到期时 100 家客户的流失率为 60%，那么每个月流失客户数为 60 家。当新签客户数低于 60 家的时候（表中 6、7 月），期末客户数（即留存客户数）就会出现负增长。

表 9-1 客户留存推演表

月份	1 月	2 月	3 月	4 月	5 月	6 月	7 月
期初客户数	1200	1240	1280	1320	1360	1400	1390
新签客户数	100	100	100	100	100	50	50
流失客户数	60	60	60	6	60	60	60
期末客户数	1240	1280	1320	1360	1400	1390	1380

在客单价变化不大的情况下，客户数的负增长就意味着营收的下滑。这还不是最可怕的，最可怕的是客户数增长很快，却没有利润贡献，甚至巨额亏损，就是生意做得很热闹，但赔钱赚吆喝。

这个时候企业创始人着手去了解客户流失的原因，才发现我们不能按照客服、交付的方式来做，需要增加客户成功的资源投入，组建客户成功团队。

客户成功开始从被动服务转向主动服务，从成本部门转向利润部门，客户成功是要为企业创造大部分利润的。但要想守住利润，光靠客户成功战略还不行。

SaaS 企业出现亏损通常有两种情况：

一种是客户流失率太高，老客户贡献利润不足以覆盖新客户获取及产品研发等成本。

第 1 章提到过 SaaS 企业涉及的各项收入及成本情况，要想实现盈利，需要做到收入大于成本，而且这里的收入是确认收入，不是现金收入。

而由于新签几乎是没有利润的，通常新签不亏本就不错了，续签由于没有高额的获客成本及销售提成，利润有可能做到 50% 以上。所以想要实现盈利的前提是，老客户续费及增购所贡献的利润，需要覆盖新客户获客成本、产品研发成本及其他经营成本。

另一种是企业获客成本和产品研发成本高，导致入不敷出。

如果企业的获客成本、产品研发成本或服务成本很高，在流失率较低的情况下，仍然有可能入不敷出。

比如 NDR 即使大于 100%，但老客户的续费和增购成本很高，老客户的订单也需要付出较高的商务成本及提成率，同时老客户的实施及日常服务模式较重，人工成本高，那么老客户收入利润率也较低，同样会无法覆盖前端获客及产研等相关成本。

这也是为什么部分客群为中大型客户的 SaaS 产品，尽管 NDR 还可以，但仍然亏损的原因之一。

针对这两种情况，**客户成功需要解决以及能解决的是第一种**，减少客户的流失，只要其他成本项控制好，实现盈利是有可能的。当有了利润思维以后，SaaS 模式开始回归生意的基本面，就是不做亏本的买卖，收入＞成本。

因为要做利润，所以需要减少客户流失，提升续约率，将第一次签约付出的巨额成本赢回来。因为要做利润，所以需要评估每一项的投入产出比，这笔投入能提升多少续约率，能带来多少营收。因为要做利润，所以要提高服务效率，在保障续约目标的前提下，尽可能减少成本支出。

此为客户成功的第一境界是，减少流失，挽回利润。

2.境界二：客户成功是SaaS指数型增长的强力引擎

图 9-1 所示的这个漏斗大家应该都不陌生，这张图来自 SaaStr 峰会，这个模型充分体现了 SaaS 产品的真正魅力。通过增购、拓展销售以及忠实客户的推荐，让后续收入超过首次新签收入，实现金额负流失，强势发动 SaaS 增长引擎，真正实现靠老客户"躺着"挣钱！

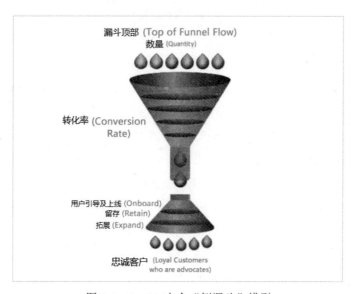

图 9-1 SaaStr 大会"倒漏斗"模型

但想要真正实现负流失，非常不容易，除了落地好客户成功战略外，也非常依赖于 SaaS 产品的收费模式。SaaS 产品的收费模式主要有以下三种类型：

（1）年费型 SaaS。

针对年费型 SaaS，想要实现负流失，需要增加客户平均付费的账号数及模块订阅数，通过账号的增加、付费模块的增加来逐年提升 ARR。这里有两个成功关键要素：

- 一是需要 SaaS 企业具有较多的 SKU，能够满足企业多样化场景的需求。
- 二是要打造一支具备多 SKU 销售能力的 CSM 团队。

只有这两个要素都具备，才有可能实现 NDR 持续大于 100%，甚至更高，实现金额负流失。

（2）年费＋消耗型 SaaS。

年费＋消耗型 SaaS 其实是比较好的一种商业模式，只要续约率不太差，比较容易实现金额的负流失，常见的有 CRM+ 短信充值、CRM+ 外呼语音充值、ERP+ 广告费用充值等账户充值型的产品。

客户成功要做的就是在保障客户续约基本盘的前提下，挖掘客户更多的需求部门或场景，增加客户的消耗，或者跟着客户一起成长，帮助客户把业务做大，满足客户业务增长的需求。

这需要客户成功经理深入了解客户行业及经营情况，对于客户成功经理的商务能力要求较高。

（3）年费＋增值服务型 SaaS。

年费＋增值服务型 SaaS，已经不算纯粹的 SaaS 了，属于企业服务。

通过 SaaS 的方式获得一定基数的客户，再依赖于 SaaS 产品和客户的黏性及客户关系，去拓展客户其他非 SaaS 产品的需求，比如广告、金融、内容、供应链等业务，通过这些业务开发第二增长曲线。尽管在 SaaS 产品上没法盈利，或者盈利较差，但通过增值业务的拓展，可以获得更多的利润。

这种模式的前提是 SaaS 客户黏性及客户关系都较好，在这个条件下去做增值业务的拓展，才有可能降低增值业务的获客成本，否则不仅没法发展第二曲线，可能还会影响原有业务。

上述三种模型想要实现指数级的增长，都离不开客户成功战略的落地。此为客户成功的第二境界，实现负流失，拉动增长。

3.境界三：客户成功是SaaS模式的一种经营思维

做客户成功就一定要招客户成功经理，一定要组建客户成功团队吗？不一定，企业的早期阶段不一定要组建客户成功团队，可以由产品经理或者销售经理来承担客户成功经理的职责。客单价较低的产品可能只需要客服就够了，最多配几个客户运营人员，通过批量化的方式来做客户成功运营工作。笔者之前带过的团队，就没有任何一个岗位叫客户成功经理，是运营＋客服＋技术支持等职能一起做客户成功经理这个岗位的事情。

在某种意义上，客户成功更多是 SaaS 企业的一种**经营思维**，这种经营思维包括以下几个方面：

- 需要看到倒漏斗下的增长飞轮，怀揣终极理想。
- 需要坚守长期主义，因为 SaaS 是一个慢生意。
- 最重要的是需要始终以客户为中心，持续给客户带来价值，帮助客户在商业上取得成功，只有这一点实现了，才能实现上面两点。

以客户成功的视角去看待企业的经营和增长，这又是一个境界的跨越。

对于客户成功负责人来说，需要了解商业的本质、了解行业的情况、洞察客户的需求，通过客户成功反哺 CEO 制定出更合理的经营战略。只有具备经营的思维，才称得上是客户成功一号位，否则只能算客户成功负责人。

而且随着客户成功越做越深，笔者清晰地感知到，这个漏斗下方应该还有很多大大小小的漏斗，通过 SaaS 工具切入形成第一个漏斗，然后掌握客户的大量实际业务数据和需求，通过洞察行业和需求，发掘客户更多的痛点，提出解决方案，长出一个个新的漏斗来。这不仅是产品部门、市场部门或者 CEO 需要做的事情，客户成功部门也需要贡献自己的智慧。

此为客户成功第三种境界，客户成功是 SaaS 模式的一种经营思维。

客户成功三境界，每个境界的要求都不一样，认知决定边界。笔者认为，客户成功经理、客户成功主管需要完全掌握第一种境界，客户成功负责人 / 总监需要充分了解第二种境界，客户成功 VP、企业 CEO 需要深刻认知第三种境界。

9.2　客户成功路上没有大招

从带客户成功团队，到带 SaaS 团队，笔者最深的一个感受就是，做 SaaS 生意没有大招，客户成功的路上也没有大招。我们没有办法通过“一招制胜”，没有爆款，没有大单品。在客户成功价值观及顶层设计的指引下，有的是一点一滴的积累，一步一步的完善，日复一日的坚持。

在这种看起来不太性感甚至有点无趣的工作下，客户成功这个岗位似乎没有想象中的那么美好。而且国内客户成功发展之路十分曲折，就如同国内 SaaS 的发展窘境一样，客户成功理念在经过一轮又一轮的普及、各个公司开始组建客户成功团队之后，客户成功团队开始面临“价值拷问”。

是不是客户成功真的不重要了？ SaaS 不需要客户成功团队吗？

在此笔者还是希望更加客观地看待客户成功战略以及客户成功团队。

1.不是所有的SaaS企业都需要客户成功

首先，不是所有的 SaaS 企业都需要客户成功战略。

SaaS 也是众多生意形式中的一种，做生意，关键是要有利润。

并不一定要做到高复购率才能赚钱，笔者也见过像卖传统软件一样卖 SaaS 产品的企业，靠的是卖多年单加每年的服务费。只要控制好市场营销费用及销售提成率，基本上也能做到盈利，只是利润较低，且每年需要做大量的新签才能维持盈利。但只要能活下来，能挣钱就是一门好生意，不要执着于高增长和估值，先控制成本，活下来才是关键。

其次，不是所有的 SaaS 企业都需要客户成功团队。

SaaS 是一个前期比较烧钱的生意，前期需要投入大量的产研成本及获客成本，在 PMF（Product Market Fit，产品市场匹配）阶段之前去组建客户成功团队会消耗公司大量的资源。

如果公司账上不是那么宽裕，建议更多地考虑让客服、产品等岗位去做客户成功相关的事。同时也可以倡导全员客户成功文化，每个岗位都需要具备客户成功思维，公司高层也需要定期拜访客户，了解客户使用情况。

2.客户成功团队不是万能钥匙，不是救命稻草

从产品来看，谜底就在谜面上，SaaS 的全称道出了 SaaS 模式的本质——Software as a Service，软件及服务——产品才是 SaaS 的关键。

客户成功团队也是基于产品去做价值交付的，**产品价值是 1，服务价值是后面的 0**，如果没有 1，再多的 0 也无济于事：

- 如果本身的产品就存在很大问题，无法满足目标客户的需求，那么客户成功团队也没办法改善客户流失的情况。
- 从销售来看，如果销售签约了很多非目标客户，或者承诺了很多无法做到的需求，那么客户成功团队也没办法解决这些问题，因为客户成功没法选择客户。
- 从客户自身来看，国内中小企业的平均生存周期不超过 3 年，餐饮、零售等行业的闭店率更高，这些结果不是客户成功团队能够改变的。

所以客户成功团队不是万能钥匙，也不是救命稻草，只有在对的产品、对的客户前提下，才能发挥出作用。

3.客户成功战略是SaaS企业一号位工程

客户成功战略和产品战略一样，是一个非常系统的工程，需要非常强的顶层设计能力，顶层设计越科学、越清晰，客户成功战略落地越靠谱。反之，如果客户成功只停留在口号层面的话，客户成功团队的价值会面临无数次的拷问，团队成员会越来越迷茫。

而且客户成功体系的建设是 SaaS 公司整体业务体系的重要部分，续约率等客户成功关键指标的提升需要调动 SaaS 企业整体的资源，需要 SaaS 企业一号位和业务一号位"躬身入局"。

如果 CEO 期望客户成功负责人依靠自身就能完美协同产品、研发、市场、销售，以一己之力提升续约率、NDR 等指标，这几乎不太可能，除非 SaaS 企业本身就有非常好的客户成功文化基因。

4.客户成功一号位需要有经营增长的能力

作为客户成功一号位，需要有直面经营增长的能力，需要深刻理解 SaaS 企业的经营逻辑及法则，理解客户成功在其中的定位和作用，直面各个阶段的经营目标，落地增长策略。

（1）首先需要围绕收入目标来开展顶层设计。

SaaS 商业模式的魅力在于其后期老客户源源不断地贡献收入及利润，而客户成功体系是确保这一模式能够落地的最佳选择。

客户成功体系的顶层设计需要围绕这一经营目标来设计，流程、制度、组织、工具等都需要服务于这一终极目标。而笔者提出的"客户成功三板斧"（参见 8.2.2 节），是确保这一目标得以实现的顶层设计路径。

（2）其次要打造直面收入的组织能力。

现在的客户成功负责人多数是服务背景出身，在这种情况，营销体系及营销人才的建设是一个不小的挑战。

不少客户成功经理没有销售经验，甚至害怕、抵触销售工作，但从某种意义上，客户成功经理就是二次销售的岗位，需要开展续费、增购等销售行为，如果客户成功经理完全不具备销售能力，如何把客户成功部门打造成收入增长和利润中心呢？

因此，客户成功团队需要向多向销售团队请教，多学习营销知识，既要有"让续费成为一个自然而然的结果"的能力，也需要有"临门一脚"的能力。只有这样，客户成功团队才会真正成长为 SaaS 企业的利润中心。

而在当前环境及人才背景下，**客户成功团队直接背业绩指标**，是一个较好的选择。如果风雨早晚要来，不如早点直面风雨，在早期客户体量不大的时候，尽早磨炼营销能力。等客户规模增长上来以后，客户成功团队才有可能接住这个重任，在做好续费的同时，挖掘增购和转介绍商机，把客户成功部门打造成 SaaS 企业的"第一利润中心"和"第二销售中心"。

（3）最后要持续扩大客户成功的影响力。

对于大多数性格内敛的服务背景客户成功一号位，同样面临的挑战是如何提升其在 SaaS 企业中的领导力和影响力。

客户成功毕竟是一个高投入、长周期回报的事，客户成功战略的落地需要调动 SaaS 企业整体的资源，也需要获得更多的发展空间。如果客户成功一号位过于内敛，在公司很少发声，甚至面对关键资源的时候"不争不抢"，或者不善于"挣抢"，那么自己团队的发展也会变得比较被动。

客户成功一号位需要加强和 CEO 或业务一号位的对话能力，需要为充分的沟通做努力，明确企业当前阶段的主要目标，而不是眉毛胡子一把抓，不做选择，"既要、又要、还要"其实是"懒政"。

5.客户成功路上没有大招，需要坚持长期主义

做 SaaS 业务这么久以来，感知越来越深的一件事情是，SaaS 是一个"慢生意"，至少需要抱着做五年才能上规模的想法。而客户成功战略的落地更是一件长期的事情，因为今年做的事情，可能要明年才会有正向结果反馈，如果没法坚持长期主义，很可能就半途而废。

本章开头也讲过，做 SaaS 生意没有大招，客户成功的路上也没有大招，没有大力出奇迹，也没有大单解万愁。在客户成功价值观及顶层设计的指引下，一步一个脚印，一点一滴地积累，才有可能真正帮助客户成功，然后实现 SaaS 企业的成功。